国家自然科学基金2024年面上项目"在线协作问题解决能力的行为–社交–认知建模分析与干预机制研究"（62477008）

2024年度河南省高校哲学社会科学创新人才支持计划（2024-CXRC-08）

河南师范大学学术专著出版基金和智能教育河南省协同创新中心重大专项科研项目

网络学习空间中
协作问题解决学习的交互机制

梁云真◎著

科学出版社

北　京

内 容 简 介

　　本书聚焦网络学习空间中协作问题解决学习活动，以协作问题解决模型为基点，从社会网络分析视角，构建两维度多层次的交互意义性评估框架，深入剖析网络结构、交互意义性及相互影响机制。内容涵盖交互网络构建、多维度交互评估及学习效果影响研究，以期转变网络学习空间的教与学方式，提升教学互动质量，为深层次应用提供支持，促进资源共享，丰富交互研究理论，拓展 CSCL 与信息技术整合领域，并为交互意义性评估提供科学方法，为高质量学习活动设计与实施提供策略支持。

　　本书可供教育研究者、教育技术专家、一线教师及网络平台开发者阅读，同时为网络教育提供理论与实践指南，推动教与学模式创新。

图书在版编目（CIP）数据

网络学习空间中协作问题解决学习的交互机制/梁云真著. --北京：科学出版社, 2024.12. --ISBN 978-7-03-080552-2

Ⅰ. G434

中国国家版本馆CIP 数据核字 2024ED4148 号

责任编辑：崔文燕　张翠霞/责任校对：王晓茜
责任印制：徐晓晨/封面设计：润一文化

科 学 出 版 社 出版

北京东黄城根北街 16 号
邮政编码：100717
http://www.sciencep.com

北京建宏印刷有限公司印刷
科学出版社发行　各地新华书店经销
*
2024 年 12 月第 一 版　开本：720×1000　1/16
2024 年 12 月第一次印刷　印张：13 3/4
字数：252 000

定价：108.00 元

（如有印装质量问题，我社负责调换）

前 言

PREFACE

自刘延东副总理于 2012 年在全国教育信息化工作电视电话会议上提出"网络学习空间人人通"后，国家相继颁布了一系列的政策文件促进与保障网络学习空间的建设与推进，各省、市、学校均积极部署和推动网络学习空间的建设工作，并探索应用模式与方法，同时新兴技术企业提供了坚实的技术支撑与保障。2018 年 4 月，《教育信息化 2.0 行动计划》提出，以建设"人人皆学、处处能学、时时可学"的学习型社会为宗旨，继续深入推进"三通两平台"等系列工作，努力构建"互联网+"条件下的人才培养新模式，各级各类学校无线校园和智能设备应用逐步普及。"优质资源班班通"和"网络学习空间人人通"实现提质增效，在"课堂用、经常用、普遍用"的基础上，形成"校校用平台、班班用资源、人人用空间"。2021 年 12 月，《"十四五"国家信息化规划》首次明确提出"开展终身数字教育"，以"提升教育信息化基础设施建设水平"为目标，优化网络基础设施和升级校园基础设施，努力构建高质量教育支撑体系。自此，网络学习空间的发展与实践进入了拓展能力素质与整合创新阶段，促进信息技术和智能技术深度融入教育全过程，推动改进教学、优化管理、提升绩效，全面提升师生信息素养。

本书正是以此为契机，立足于网络学习空间深度应用层面，以"学习者交互"为核心，以协作问题解决学习活动的设计为起点，采用多种定量与定性研究方法，采集与分析网络学习空间中学习者交互的各种数据，深入探究交互结构与特征、交互意义性及影响机制，旨在为网络学习空间促进教与学的方式变革提供理论与实践的指导。本书的重点在于探究网络学习空间中交互网络结构对交互意义性的影响机制，基于此，本书共分为七章，具体如下：

第一章为绪论，是本书的总体设计部分，包括研究背景、研究问题、核心概念界定、研究目的、研究意义、研究思路及研究方法等几个方面。

第二章为国内外相关研究综述，是本书的问题提出部分，分别对国内外关于网络学习空间、协作问题解决学习（collaborative problem solving learning，CPSL）、计算机支持的协作学习（computer-supported cooperative learning，CSCL）的交互理论及分析方法三个方面的研究进行综合分析及评述。

第三章为本书的整体设计，从协作问题解决学习的解读入手，基于活动理论、问题解决的理论等，提出了包括学情分析阶段、核心要素设计阶段、问题解决阶段三个阶段的协作问题解决学习活动模型，并以"数字视音频的设计与制作"专题学习为本书中协作问题解决学习活动的内容，设计并实施了学习活动，同时对本书的研究环境、参与者、研究过程及相关数据的收集与处理方法等进行了阐述，为本书提供了教学实践及实证研究的理论基础。

第四章至第六章为本书的核心部分，旨在探究网络学习空间中交互网络结构对交互意义性的影响机制。其中，第四章基于社会网络分析的视角，从宏观、中观、微观三个层次分别研究了网络学习空间中协作问题解决学习的交互网络结构；第五章基于有意义学习理论界定了本书中的交互意义性，提出了包括交互过程与交互结果两个维度，针对多类数据，综合采用多种定量与定性研究方法的交互意义性评估框架，并应用该评估框架研究了本书中的交互意义性；第六章采用多种高级统计方法开展了交互网络结构对交互意义性的影响作用的研究，为网络学习空间变革教与学方式提供了重要的理论及数据支持。

第七章为本书的结语部分，重申了本书的主要结论，提炼了本书的主要创新之处。此外，本书认为元宇宙技术凭借多元化的技术融合，为教学空间注入了强大动力，其独特之处在于瓦解教育界限、构筑教育互通桥梁、实现虚拟与现实学习的无缝对接，进而塑造了一个集多样化教学模式、融合性教学环境、多模态教学资源、灵活教学互动及多维度评价体系于一体的教学新生态。同时，生成式人工智能正引领协作学习迈向新的变革纪元，为培育具备创新思维与实践能力的未来人才奠定了坚实基石。此外，人工智能与教育的深度融合，特别是多模态学习分析的应用，已成为驱动协作学习持续演进的关键驱动力。

在研究实施与著作编撰过程中，王玥博士、王洪梁博士在数据采集分析及实证研究等关键环节承担了相关工作，为研究成果的落地提供了重要支撑。本书的完成得益于教育技术领域众多专家学者的智慧启迪。

本书虽经团队反复研琢推敲，但仍难免存有未尽完善之处，诚邀学界同人与广大读者惠予斧正。

目 录
CONTENTS

第 一 章

绪 论

　　2016 年教育部教育信息化工作要点明确指出要重点推动"网络学习空间人人通"，促进教与学的方式变革。网络学习空间是运行于学习支撑服务平台之上，支持教与学、教与教、学与学的有效互动的虚拟空间。在网络学习空间中，学习者借助积极的互动与深入的交流机制，共同探索问题解决方案，协作构建并深化对知识的理解和认识。如何设计有效的教学活动，帮助学习者实现问题解决及知识建构，是网络学习的主要目标之一。研究网络学习空间中教学活动的设计，并深入探究交互网络结构对交互意义性的影响机制等，能够为网络学习空间促进教与学的方式变革提供理论与实践上的指导。

第一节 网络学习空间的起源与发展

一、网络学习空间的起源

空间（space）一词来源于拉丁语的 spatium，其含义包括三层，一是指在日常三维场所的生活体验中符合特定几何环境的一组元素或地点，二是指两地点间的距离，三是指特定边界间的虚体区域。《辞海》中指出"空间"在哲学意义上是指"物质存在的广延性"，与时间同时列为物质存在的两种基本形式之一，广义上指"宇宙空间"，或特指"太空空间"。由此可见，"空间"一词尽管较为人们熟悉，但对其内涵的认识却具有多样性，将其与特定的词语相结合，如"网络空间""赛博空间""学习空间""教育空间""社会空间""物理空间""宇宙空间"等，能够从不同维度与视角尝试对空间进行界定与解读。从字面上来看，学习空间即指能够为学习提供便利条件的一切场所，有学者认为学习空间指用于课程活动，能够为教学与学习提供面对面交流学习的空间，如一间教室或其他物理场所①。

21 世纪初，关于学习空间的研究逐渐引起了国内外学者与领域工作者的关注，2006 年美国高等教育信息化协会（EDUCAUSE）出版了由奥布林格（D. G. Oblinger）主编的著作《学习空间》（*Learning Space*），此后美国、英国、澳大利亚和我国的许多高等学校逐渐掀起开展学习空间研究和实践的热潮，2011 年《学习空间杂志》（*Journal of Learning Space*）的创刊标志着学习空间已经成为重要研究领域。比较典型的学习空间的实践项目有美国的"苹果今日&明日教室"（Apple Classroom of Tomorrow-Today，ACOT2）、英国的《设计高效学习空间：21 世纪学习空间设计指南》（Designing Spaces for Effective Learning：A Guide to 21st Century Learning Space Design）、澳大利亚的"连接教学法和学习

---

① 景玉慧，王成梁，沈书生，等. 高质量学习空间设计：视角、理路与实践——以初中阶段为例. 现代远距离教育，2023（4）：53-60.

空间"（Connecting Pedagogy and Learning Spaces）等。ACOT2 项目从 1985 年开始的由苹果公司与学校、研究机构联合开发的研究项目，其初衷是探索"如果计算机总能及时满足教师和学生的需要，将会发生什么"。该项目实施的十年间，吸纳了 100 所中小学作为实验学校，为技术改变教与学提供了宝贵的经验。2008 年，第二轮 ACOT2 启动，主要尝试为新一代学习者提供能够解决其高辍学率、低毕业率的可行措施。英国的《设计高效学习空间：21 世纪学习空间设计指南》是由英国联合信息系统委员会（Joint Information Systems Committee，JISC）牵头，通过对全国范围内多家教育机构的调查所得的研究报告。报告在 21 世纪学习的技术、学习者等特征的基础上提出了未来学习空间设计的核心，即"激发学习动机""支持协作学习""提供个性化的环境""灵活布局"，同时提出移动学习、连接式、视听交互式与辅助式学习能够为学生提供最佳学习体验[①]。澳大利亚的费希尔（K. Fisher）博士开展的"连接教学法和学习空间"项目明确指出学习空间与学习活动的映射关系，为讲授、应用、创造、交互与决策等五类教学活动分别提供了学习空间设计方案[②]，如图 1-1 所示。拉德克利夫等认为，信息技术的迅猛发展使得我们在课堂教学过程中必须要综合考虑信息技术、教学法和学习空间三者间的相互作用，并在此基础上提出了"教学法-学习空间-技术"（pedagogy-space-technology，PST）框架，用于学习空间的设计与评估[③]。

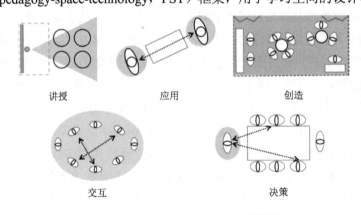

讲授　　　　　应用　　　　　创造

交互　　　　　决策

图 1-1　教学活动与学习空间映射图

---

① 杨俊锋，黄荣怀，刘斌. 国外学习空间研究述评. 中国电化教育，2013（6）：15-20.

② Fisher K. Linking pedagogy and space. [2016-08-30]. http://www.eduweb.vic.gov.au/edulibrary/public/assetman/bf/Linking_Pedagogy_and_Space.pdf.

③ Radcliffe D, Wilson H, Powell D, et al. A pedagogy-space-technology (PST) framework for designing and evaluating learning places//Radcliffe D, Wilson H, Powell D, et al. Proceedings of the Next Generation Learning Spaces Colloquium. Brisbane: The University of Queensland, 2008: 11-16.

学习空间是 20 世纪以来新兴的一个研究方向，在信息技术蓬勃发展的今天，为学习者学习的有效性、自主性与灵活性提供良好的环境，其研究主要包括学习空间的理念基础、规划与设计、应用与评价等多个方面，其中美国、英国、澳大利亚等国家均开展了丰富的实践应用与较为深入的研究。总的来说，学习空间的实践与研究具有以下特征与趋势：①学习空间是物理空间与虚拟空间的无缝连接。教室作为传统意义上的固定的物理空间，在高清摄像技术、网络技术与多屏切换技术等信息技术的支持下，与虚拟空间无缝连接，实现混合同步网络课堂，已经成为解决教育资源配置均衡问题的主要途径。②学习空间是正式学习空间与非正式学习空间的有机融合。建设"人人皆学、处处能学、时时可学"的学习型社会，学习空间不能仅局限于正规学校教育，而应拓展为能够为人们的学习提供条件的各种正式与非正式的学习空间，其中包括传统的物理空间、新兴的网络空间，以及虚实结合的混合空间等。③逐渐重视信息技术为学习空间带来的理念变革及其应用。体感技术、虚拟现实技术、学习分析技术等较为先进的技术均被引入学习空间的规划与设计，为物理空间与虚拟空间的融合提供坚实的技术支撑。④较为重视教育教学理论与方法的影响。费希尔博士就在多年实践的基础上，为不同的教学活动提供不同的学习空间设计方案，在教学法与学习活动间建立映射关系。

二、网络学习空间发展的三个阶段

尽管"网络学习空间"这一专有名词是 2012 年才由刘延东副总理在全国教育信息化工作电视电话会议上正式提出，但它的萌芽与出现最早可以追溯到 20世纪末期互联网的广泛应用以及 21 世纪初期的 Blackboard、Moodle 等网络教学平台的建立。这些网络教学平台均为用户提供了丰富的学习资源、教学与学习工具，同时便于开展各类教学活动，因此可以认为是网络学习空间的雏形。从 20世纪末至今，可以认为网络学习空间的发展主要经历了初步萌芽、应用探索与深化创新三个阶段。

（一）初步萌芽阶段（20 世纪末至 2011 年）

由于受到网络技术、计算机技术发展的影响，20 世纪末我国从国外引进了各种网络教学平台、博客、维基等，这些为学习者与教育者提供了构建个人网络学习空间的有利条件。此时，网络学习空间主要指网络教学平台、网络课程开发系统、网络教学管理系统和网络教务管理系统、博客、维基、播客等，形成了以网络教学平台为核心，以课程教学、学生学习、师生交互、自主测试、作业答疑等为主要功能的网络学习空间系统，为广大教师与学习者提供网络教育教学与学习服务。该阶段的显著特征是：不同的系统与平台之间相互独立，不能做到多系统及平台之间的互通共享；用户范围较为狭窄，往往局限于一门课或者一个系统及平台。

2004 年，数字校园的兴起，打通了学校多个信息化系统与平台，形成了具有丰富网络资源、集成多个系统与平台、整合多重业务的校园信息化生态，使得个性化的、智能化的、集成性的网络教学与学习服务成为可能。随后，随着云计算、移动通信技术等新兴信息技术的蓬勃发展，基于云计算等技术的教育信息化综合服务系统开始出现。到 2011 年，基于云计算技术的个性化、集成性的网络学习服务模式被广泛应用，此时，无论是技术先进性、用户规模还是用户体验与服务质量都得到了较大的发展，在原有基础上上了一个新台阶。

总的来说，在初步萌芽阶段，网络学习空间对教育教学的重要性还没有被充分认知；其主要用途为将传统的教育教学及其管理工作原封不动地搬到网络空间；推广应用上还以学校自主为主，没有形成国家层面上的顶层设计推进机制；空间的功能与形态往往较为单一，综合性与集成性不强；"网络学习空间人人通"的范围仍然有限。

（二）应用探索阶段（2012—2015 年）

"十二五"期间，教育信息化工作得到了国家的高度重视，教育部颁布的《教育信息化十年发展规划（2011—2020 年）》对我国在"十二五"期间的教育信息化工作进行了顶层设计，并将信息技术与教育教学的深度融合作为核心理念，以应用驱动、机制创新为基本路径，这期间采取的一系列举措，特别是"三通两平台"工程使得我国的教育信息化工作取得了突破性的进展。该阶段网络学习空间成为国家教育信息化工作的重点任务，党和政府相继颁布了一系列的政策文件促进与保障网络学习空间的建设与推进；各省、市、学校均积极部署积极推动网络学习空间的建设工作，大量开拓机构空间及教师、学生个人空间，并探索应用模式与方法；新兴技术企业为网络学习空间的建设与推进提供了坚实的技术支撑与保障，政府、学校、企业协同并进推进空间建设及应用。"十二五"期间，党和政府相继颁布了一系列政策文件（图 1-2），保障"三通两平台"工程的顺利进行，推动"网络学习空间人人通"工作的展开。

图 1-2 "十二五"期间网络学习空间相关的政策文件

截至 2015 年 12 月，"三通两平台"工程取得了良好的成绩，全国各级各类学校中，师生实名空间开通数量达到 5822 万个，超过 36.5%的学校开通了学校空间，483.6 万名教师应用空间开展网络教研，352.2 万名教师应用空间开展课堂教学[①]。其中，湖南省在网络学习空间的建设及应用中积累了丰富的经验，从 2007 年开始，主要在基础教育与职业教育阶段借助"基教在线""湖南省基础教育资源网""世界大学城"等平台，开展"网络学习空间人人通"的应用实践。目前，湖南全省基本实现中小学教师网络学习空间人人通，职业教育阶段建设学校空间 190 个，教师与学生空间 50 余万个[②]，并在课堂教学、人才培养、资源建设等方面积极探索，依托空间开展多种教学模式、资源建设模式、专业人才培养与技能训练模式等。

（三）深化创新阶段（2016 年至今）

2016 年 6 月发布的《教育信息化"十三五"规划》提出，以建设"人人皆

---

① 2015 年 12 月教育信息化工作月报. [2016-08-31]. http://www.moe.gov.cn/s78/A16/gongzuo/gzzl_yb/202112/t20211221_588981.html.

② 杨现民，赵鑫硕，刘雅馨，等. 网络学习空间的发展：内涵、阶段与建议. 中国电化教育，2016（4）：30-36.

学、处处能学、时时可学"的学习型社会为宗旨,进一步深化开展"三通两平台"等系列工作。"十三五"期间,"三通两平台"仍然是教育信息化工作的重要任务之一,其中"网络学习空间人人通"方面主要是进一步普及推进网络学习空间,坚持应用驱动,力争融合网络学习空间创新教学、学习、教研等模式与方法。这说明网络学习空间的发展在经历了"十二五"期间的探索应用阶段,即将进入深化创新阶段。"深化创新"包含"融合创新"与"深化应用"两个层面的含义,二者均为"十三五"期间教育信息化工作的基本原则。网络学习空间的深化应用与整合创新对我国新时代教育信息化工作具有重要意义。截至 2016 年 6 月,全国各级各类学校共开通师生实名空间 6300 万个,开通学校空间、教师空间和学生空间的学校比例分别为 38.3%、43.9%和 44.4%①。网络学习空间建设及实践将从"普及推广"转向"深化创新",深化与创新应用是新时代空间建设工作的核心任务。

创新是民族进步的灵魂,是国家兴旺发达的不竭动力。在深化创新阶段,一方面,要积极鼓励学校、教师、学生依托空间开展教学与学习的深入应用,如教师可应用网络学习空间进行备课、上课、师生交互、网络研修等;学生可应用网络学习空间进行预习、复习、测试、阅读等。同时,网络学习空间应改变传统的注重结果性评价的思想观念,关注学生的学习过程,基于大数据与学习分析技术对学生的学习过程进行数据采集、记录、分析与呈现,优化教与学的过程与模式,促进教学与学习方式的真正变革,以期达成信息技术与教育教学的深度融合,基本形成与社会发展相适应的信息化支撑与服务体系。另一方面,"深度融合"不是指技术与教学的简单相加,而是要用技术去创新教学,引起整个教学流程的重组,达成教育体系的变革。

因此,新时代的网络学习空间的应用及研究具有以下趋势:基于大数据与学习分析技术,采集与记录教学与学习过程中的教育大数据,变革仅仅注重总结性评价的方式,创新教育教学评价理论;结合人工智能、认知与学习科学等最新研究成果与技术,精准把握教学与学习的需求,提供个性化、定制化、精准化的教育教学服务。本书正是以此为契机,尝试探索对基于网络学习空间中学习过程的大数据进行采集与分析,为空间的深层应用提供理论与实践支撑。

在 2017 年发布的《2017 年教育信息化工作要点》与 2022 年发布的《教育

---

① 2016 年 6 月教育信息化工作月报. [2016-08-31]. http://www.moe.gov.cn/s78/A16/gongzuo/gzzl_yb/202112/t20211221_588987.html.

部 2022 年工作要点》中，网络学习空间的建设与应用普及精准落实从"网络学习空间人人通"到"一人一空间，人人用空间"的相关工作。尤其是近几年实施教育数字化战略行动以来，积极发展"互联网+教育"，强调丰富数字教育资源和服务供给，建设国家智慧教育公共服务平台，深化信息技术与教育教学融合创新。《教育信息化 2.0 行动计划》的颁布，强调信息技术和智能技术深度融入教育全过程，进一步深化"三通两平台"的建设与应用，推动教育信息化从融合应用向创新发展的高阶演进。

2019 年 2 月 13 日，《加快推进教育现代化实施方案（2018—2022 年）》发布，《加快推进教育现代化实施方案（2018—2022 年）》提出了推进教育现代化的十项重点任务，其中包括大力推进教育信息化，着力构建基于信息技术的新型教育教学模式、教育服务供给方式以及教育治理新模式，推动以互联网等信息化手段服务教育教学全过程，加快推进智慧教育创新发展。在该方案实施期间，党和政府相继颁布了一系列政策文件（图 1-3），以保障信息化时代教育变革的顺利开展，建设智能化校园，统筹建设一体化智能化教学、管理与服务平台。

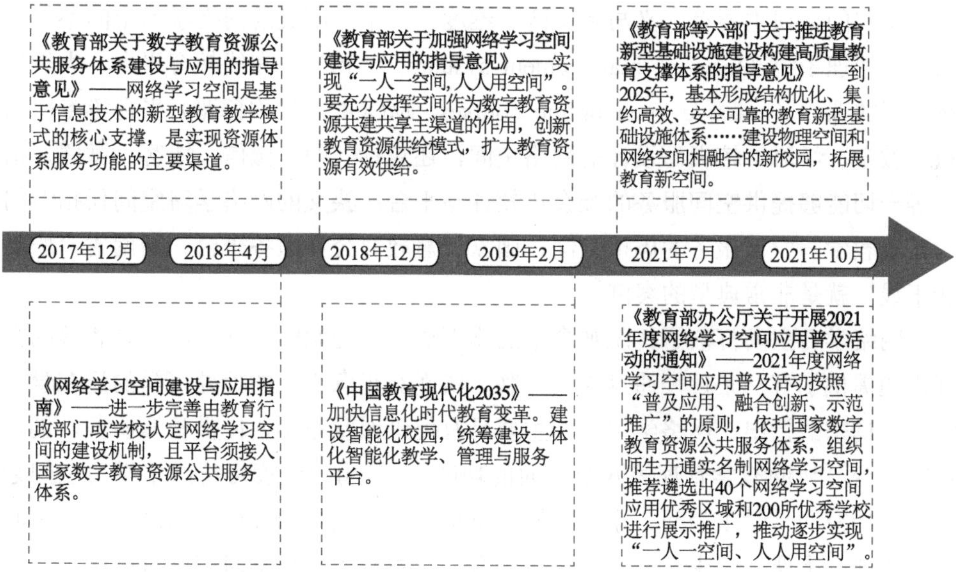

图 1-3 《加快推进教育现代化实施方案（2018—2022 年）》实施期间
网络学习空间相关的政策文件

2021 年 12 月发布的《"十四五"国家信息化规划》明确要求，"提升教育信息化基础设施建设水平，构建高质量教育支撑体系"，在提升网络基础设施水平上，应充分利用现有的网络基础和国家公共通信资源，进一步落实各级各类学校数字校园建设规范，加快学校教学、实验、科研、管理、服务等设施的数字化和智能化升级；该规划明确提出，要"推进信息技术、智能技术与教育教学融合的教育教学变革"，尤其在教学模式、教学评估等方面，要充分利用技术赋能，全面推进教学模式创新和评价方式改革。

第二节　相关概念界定

一、网络学习空间

尽管"网络学习空间人人通"的工作开展得如火如荼，但对于网络学习空间这一概念的认识，无论是学术界还是实践者均未达成共识。归纳起来，对于网络学习空间的认识主要有广义与狭义两个维度。其中，广义的网络学习空间不仅包括学习管理系统（learning management system，LMS）、在线教育平台、大规模在线开放课程（massive open online courses，MOOC，又称慕课）平台等专门为教育教学、学习、培训而设计的网络空间，还包括 QQ、微信、博客、微博、播客等一切能够提供空间服务的社会化软件与平台；狭义的网络学习空间仅指专门为在线教学与学习服务的虚拟空间，国家智慧教育公共服务平台、湖南省"职教新干线"就是非常典型的案例[①]。

网络学习空间打破了传统观念下的物理边界，为教师、学生、管理者等的交互沟通提供了有利条件，通过人人互联，实现真正意义上的处处可学的泛在学习时代。杨宗凯指出，网络学习空间主要具有促进课堂教学、提供资源服务、创建社交平台、协助教学管理等四个方面的功能[②]。从用户维度可将网络学习空间划分为教师空间、学生空间、家长空间、机构空间四类，教师可应用网络学习空间进行备课、上课、师生交互、网络研修等；学生应用网络学习空间进行预习、复习、测试、阅读等；家长可通过网络学习空间与教师、学校保持紧密联系，关注

① 梁云真，赵呈领，阮玉娇，等. 网络学习空间中交互行为的实证研究：基于社会网络分析的视角. 中国电化教育，2016（7）：22-28.

② 杨宗凯. 促进信息技术与教育深度融合. 中国教育报，2016-08-27（3）.

与监测孩子学习及身心发展状况；管理者可应用网络学习空间关注学生的学习过程，基于大数据与学习分析技术对学生的学习过程进行数据采集、记录、分析与呈现，开展形成性评价，改变传统的仅注重成绩的总结性教育评价方式与理念。

本书研究中的网络学习空间特指华中师范大学依托"云课堂"构建的专门为本科生、研究生日常教学与学习服务的网络学习空间。华中师范大学作为全国第一批教育信息化试点学校，以"云课堂"为依托，为每位教师和学生开通网络学习空间。近几年来，华中师范大学依托网络学习空间，将教与学的物理空间、资源空间和社交空间等三个层面的空间有机融合，为无缝学习的实现提供支持服务，实现物理课堂与虚拟课程的一体化，所有本科师范生课程采用混合课堂教学的方式在网络学习空间开展，教学过程中师生交互甚密、协同良好，取得了明显好于传统课堂教学的教学效果。该平台基于云计算、大数据、物联网及人工智能等前沿技术，将课程作为核心驱动力，以空间为承载平台，专注于服务高校师生。通过有机整合校园的物理课堂与云端虚拟课堂，该平台提供了一系列教学服务，包括但不限于备课协助、在线授课、作业管理、测验系统、讨论平台、笔记工具、小组协作学习、课堂实时互动、学情深度分析、学业综合评价以及教学督导等。这些服务不仅实现了校园空间、院系空间、教师空间、学生空间和课程空间的无缝连接，而且有效支持了高校开展线上线下融合的混合式教学模式，进一步提升了教学质量和学习体验水平。

二、网络学习空间中的交互

教育本质上是一个对话过程，如果缺乏对话，教学就成了教条式的内容传授。一直以来，交互都是教育领域的重要研究内容，但无论是国外还是国内研究者对于交互的内涵、特性等本质方面的认识都还未能达成共识。穆尔指出："交互是一个承载了过多含义的重要术语，除非进一步明确其子含义并取得一致的认识，不然这一概念将没有任何意义。"[1]追根溯源，"交互"一词在汉语中最早出现于《京氏易传·震》"震分阴阳，交互用事"中，与互动、对话、交往、沟通等意义相近。英文中一般用 interaction 表示，最早起源于传播学领域，控制论的代表人诺伯特·维纳（Norbert Wiener）在其 1948 年出版的代表作《控制论》

---

[1] Moore M G. Editorial: Three types of interaction. American Journal of Distance Education, 1989, 3(2): 1-7.

中提出交互（interaction）即反馈（feedback）[①]。

　　网络学习空间作为一种新兴的网络学习环境，要能够激发学生的学习动机、支持个性学习、适应多种教学理念与教学模式（以教为中心、以学为中心，线上教学、混合学习），是以学习者为中心、支持学习者开展协作学习的虚拟学习环境，是优质学习资源汇聚平台，交互是其重要功能与本质特征之一。促学者、学习者与学习内容在网络学习空间中相互建构、共同生成，形成一个学习生态系统。网络学习空间中的交互是发生在学生和网络学习空间之间的事件，它不仅包括学生与教师、学生与学生等人与人之间的交互，还包括学生与网络学习空间、教师与网络学习空间等人与物之间的交互，其交互的最终目的是使学习者做出符合教育目标的行为和反应，对学习内容产生正确的意义建构。为了更好地表征网络学习空间中的交互，笔者尝试采用如图 1-4 所示的模型来表征，网络学习空间中的交互主要是在依托网络学习空间构建的学习环境中，产生于促学者、学习者、学习内容与网络学习空间之间的相互交流与相互作用。既包括各要素之间产生的直接交互，也包括间接交互即替代交互，既有同步交互也有异步交互。

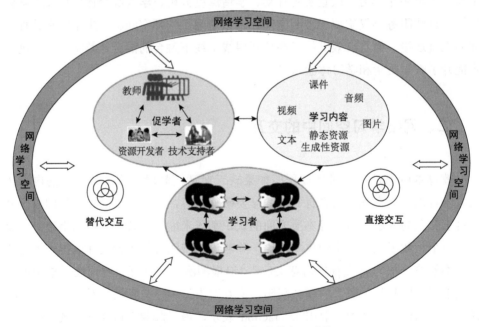

图 1-4　网络学习空间中的交互系统

　　① 转引自郭莉，张悦，周冬梅，等. 虚拟社区中的社群交互：研究综述. 技术经济，2014，33（12）：30-38，64.

网络学习空间中的学习内容不再仅是静态的课件、各种类型与格式的学习资源等，同时也包括在线答疑、讨论、聊天室等产生的交互内容，学习者提交的作业、测试等生成性资源。促学者与学习者之间围绕学习内容展开交互、指导、学习等各类学习活动。在网络学习平台中，促学者这一新兴角色超越了传统教师的范畴，涵盖了资源开发者、技术支持者等，他们共同为学习活动的顺畅进行提供必要的支持、辅助与激励。此外，教师群体也经历了转变，不再局限于单一的个人身份，而是形成了一个由教师、技术支持及资源开发等多方构成的学习社群。这一社群内的成员致力于资源的共享、信息的交流、协同备课以及合作教学研究。以促学者为主体的交互主要是促学者与学习者、学习内容、网络学习空间以及促学者之间的交互，这些交互主要是为学习者的学习提供资源、技术、人员等方面的支持。网络学习空间中的学习者交互不再仅指学习者个体，同时也指由多位学习者组成的学习共同体（包括小组、班级及其他形式学习者）为主体的交互，主要是学习者与促学者、学习内容、网络学习空间以及学习者之间的交互。

本书主要关注网络学习空间中学习者之间的在线交互，既包括同步交互，又包括异步交互，同时本书研究的是协作问题解决过程中发生的学习者之间的同步交互、异步交互，为学习者的问题解决与学习任务的完成提供支持服务的交互。这种在线交互主要具有如下特征：①以网络学习空间为媒介进行交流；②为问题解决和知识建构服务进行交互；③在共同体内，学习者之间建立紧密的关联，通过积极的互动与合作，共同面对挑战，实现知识的构建与深化。

三、协作问题解决学习

基于网络的协作问题解决学习活动日益成为 CSCL 领域关注的重要课题。协作问题解决学习将协作学习与问题解决学习这两种学习方式有效融合，有机发挥二者的优势与特色，形成了一类融合型的学习方式。协作问题解决学习，从其名称即可直观理解，是协作学习与问题解决学习两大学习模式的深度融合与创新。这两种学习模式不仅构成了协作问题解决学习的理论基础，更为其提供了稳固的支撑框架，是探索与实践协作问题解决学习的出发点与核心指导原则，引领着该学习模式的发展方向。

协作学习（collaborative learning）是与个别学习（individualistic learning）相对的概念，是一种通过小组或团队的形式组织学生进行学习的策略，具有以下几个特征：学习者以小组形式学习，一般为 2—5 人；学习任务是精心设计的；成员的学习成绩依赖于小组成员的共同付出，具有高度正互赖性（positive interdependence）；教师不再是传统意义上的"统治者""发号施令者"，而是作为促学者。相关研究表明，与个别学习相比，协作学习能够提高学习效率与学习成绩，增强学习者之间的亲密关系与自尊心、社会责任感等。而问题解决学习是一种认知过程，其具有四个重要特征：①从待解问题的本质而言，它们必须是新颖且具备解决价值的未知挑战。此外，问题解决并非遵循一套通用的认知模板，而是深深根植于特定的情境脉络或专业领域之中，即问题的解决方式依据其所属领域或具体情境的不同而各异，凸显了问题解决的多样性和情境特殊性。②从问题解决的过程上来看，问题解决由建构、生成假设、测试方案等一系列认知操作序列组成，主要包括问题表征建构问题空间或心智模型、对所建构的问题模型进行实施与测试这两个关键组成部分。③从问题解决的结果上来看，这一过程促使学习者构建起问题图式（schema），这些图式是基于专业知识的提炼与活用，是针对特定类型问题解决方案的经验结晶。拥有丰富问题图式的个体，能够迅速在问题与既有图式间建立直接联系，实现高效思维映射。这种能力差异显著体现在专家与新手之间，专家凭借大量的问题图式，能够迅速识别问题本质，精准匹配解决方案，而新手则往往缺乏这种快速表征与匹配的能力。④从影响问题解决的因素来看，问题解决主要受问题的结构性、情境性、复杂性、动态性、领域特殊性五个方面因素的影响，具有良好的结构、较为简单和静态的问题往往容易解决，而结构不良、复杂与动态的问题难于解决。总体而言，问题解决学习着重强调问题的情境适应性和领域特殊性，这意味着不同类别的问题要求采用差异化的认知策略与方法，进而导向各具特色的解决方案，凸显了问题解决过程的灵活性和针对性。

因此，从协作学习与问题解决学习的解读来看，二者在理论基础、核心要素、学习过程、学习结果与特征等方面均存在差异。从学习过程维度来看，协作学习关注学习者小组整体的学习过程，而问题解决学习关注学习者个体的学习过程；从学习结果维度来看，协作学习关注学习者小组整体的认知发展，小组成员之间通过交互、对话与意义协商，最终达成共识，而问题解决学习则仅关注学习者个体的认知发展，学习者个体通过学习能够形成问题空间表征，解决问题，以达成对领域知识的建构；从关注侧重点来看，协作学习较为注重学习情境，社会性的、交互性的真实学习情境对学习者小组的学习具有至关重要的作用，而问题解决学习则较为关注问题的设计，不管是乔纳森还是其他问题解决学习相关的学者均对问题的类型、问题的设计模型等开展了广泛且深入的研究；同时，问题解决学习并没有一定要求学习者以小组形式开展学习，而协作学习也并没有要求必须将学习置于问题情境中，二者之间并不存在谁包含谁的问题。基于以上论述，协作问题解决学习并不是二者的简单叠加与堆砌，即协作学习+问题解决学习≠协作问题解决学习。

候冬玲[①]、付强[②]在分析协作学习与问题解决学习概念的基础上，结合二者在教育教学实践中的应用及评价，认为协作问题解决学习具有以下几个方面的特征：①学习环境是基于情境的，以学习者为中心的；②强调"做中学"；③鼓励学习者通过多视角多维度全方位开展探究学习内容；④注重社会背景的丰富性对学习的影响；⑤培养学生的批判性思维能力和问题解决能力；⑥培养师生之间、生生之间的相互支持与尊重；⑦培养学习者终身学习的愿望和技能。蔡慧英[③]认为协作问题解决学习并算不上是一种新型学习方式，而仅是耦合了协作学习与问题解决学习，不仅关注学习者个体的学习过程，还注重学习者小组整体的学习过程，她将协作问题解决学习界定为：学习者以协作的方式在问题解决中建构知识并促进自我认知发展的过程。维果茨基认为学习者在社会性、真实的学习情境中，通过交互、对话、协商等方式学习，是促进全面发展的最好方式，不仅有助于学习者个体的能力、学习绩效的提升，还能够在协作、交互中促进团体的认知发展[④]。

鉴于上述对协作学习与问题解决学习的深入剖析与对比，笔者提出，协作问题解决学习实为两者的精髓融合，它聚焦于学习中的实际问题，借助社会性互动、对话协商等协作手段，旨在就某一问题达成共识，并共创解决方案，以此推动学习者的认知深化与领域知识构建。为确保协作问题解决学习的顺利实施，营造富含社会性的真实学习场景、设计精细周密的问题以及保障充分便捷的交互协作机制，均属不可或缺的关键要素。协作问题解决学习要求学习环境是一个有益于协作、实践和探究，鼓励观点和信息公开交流的环境[⑤]。网络学习空间本质上

① 候冬玲. 基于局域网的协作问题解决学习策略研究. 中国远程教育，2001（9）：15-17，78.

② 付强. 基于网络的协作问题解决学习活动模式探析. 现代远距离教育，2005（5）：43-46.

③ 蔡慧英. 语义图示工具支持的协作问题解决学习的研究. 华东师范大学博士学位论文，2016.

④ 王光荣. 维果茨基的认知发展理论及其对教育的影响. 西北师大学报（社会科学版），2004（6）：122-125.

⑤ 查尔斯·M. 赖格卢斯. 教学设计的理论与模型：教学理论的新范式（第 2 卷）. 裴新宁，郑太年，赵健主译. 北京：教育科学出版社，2011：302.

是建构主义的学习环境，强调以学习者为中心，因此能够为协作问题解决学习提供协作、探究、学习者为中心、支持学习者充分互动与交流的学习环境。

第三节　研究价值与意义

本书重点在于探讨网络学习空间中协作问题解决学习活动的设计、交互网络结构、交互意义性及其影响机制，旨在为网络学习空间的深层次应用提供支撑与依据。本书的研究价值与意义主要体现在以下两个方面。

第一，网络学习空间支持优质资源的共建、共享，是一种有效的学习和教学方式。本书在建构主义理论、活动理论、教学系统设计理论等教育教学、学习理论的基础上，建构网络学习空间中的协作问题解决学习活动模型，不仅有利于丰富和发展网络学习空间中交互研究的理论建构，还有助于扩展 CSCL、信息技术与课程整合等相关领域的研究内容，提供一种深入探微的研究视角。本书同时也为网络学习空间中的交互意义性评估提供一种多维度且科学有效的方法。

第二，本书以网络学习空间的协作问题解决学习活动模型为起点，通过基于社会网络分析视角的交互网络结构研究框架、两维度多层次的交互意义性评估框架，深入分析与研究交互网络结构、交互意义性以及相互影响机制等，以为教师和学习者提供精准的交互过程监测与评估的方法，诊断学习者交互效果及问题所在。这些研究成果为如何支持和促进深层次、高质量的学习活动的设计与实施提供建设性的原则与策略，以推动与促进网络学习空间转变教与学方式。另外，本书建构的网络学习空间中协作问题解决学习活动模型，以及提出的交互网络结构分析框架、交互意义性评估框架等理论与方法，可供其他研究借鉴与应用。

第二章

网络学习空间及协作问题解决学习相关研究

为了对本书主要内容涉及的相关理论与方法的现状进行总结与分析，以确定研究的核心论题及具体操作，有必要对课题相关国内外研究进行综述。文献综述是一种书面认证，可以帮助研究者在已有研究的基础上找到可靠的理论基础和论据支持，从而为研究问题服务①。本章主要从网络学习空间、协作问题解决学习、交互三个方面对本书涉及的相关研究进展进行梳理与述评，为整体研究的设计及开展奠定了坚实的理论与方法基础。

---

① 劳伦斯·马奇，布伦达·麦克伊沃. 怎样做文献综述：六步走向成功. 陈静，肖思汉译. 上海：上海教育出版社，2011：20.

第一节 网络学习空间及协作问题解决学习

一、网络学习空间的相关研究

本书在中国知网（CNKI）学术期刊数据库和学位论文数据库、万方数据库、百度学术等数据库，分别以"网络学习空间""人人通""三通两平台"等作为主题词检索文献，采用文献计量分析软件 CiteSpace，结合共词分析、聚类分析等方法与技术，对有关网络学习空间的相关研究文献进行统计与分析，探究网络学习空间相关研究的主要内容。

从图 2-1 中可以看出，目前关于网络学习空间的研究主要聚焦于其内涵、分

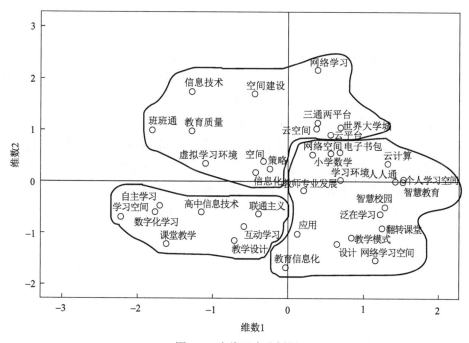

图 2-1 多维尺度分析图

类、特征等基础理论研究，网络学习空间的建设、设计、规划等基础应用研究，网络学习空间促进教与学模式变革的应用、评价等方面的研究。

（一）有关网络学习空间的基础理论研究

尽管从 2012 年网络学习空间这一概念提出至今，关于网络学习空间的实践与应用开展得如火如荼，但学术界对网络学习空间内涵的理解与阐释还没有达成共识。归纳起来，大致有狭义与广义两类观点，根据不同的观点，对网络学习空间的划分也截然不同。

网络学习空间是一种虚拟学习环境，在对实践领域的案例分析基础上，可将其划分为教学资源型空间、直播教学型空间、学习社区型空间、角色扮演型空间和课程服务型空间五种类型[①]；从网络应用系统的角度，可将网络学习空间按使用者的不同分为机构空间和个人空间两种类型[②]。从文献来看，研究者大多是对网络学习空间的内涵进行界定，剖析教育云、智慧校园与网络学习空间之间的关系，分析当前网络学习空间发展中存在的问题，并提出发展建议，扎实的理论研究为后续网络学习空间的规划与设计奠定了良好的基础。

（二）有关网络学习空间的建设等基础应用研究

该主题由"虚拟学习环境、三通两平台、云空间、世界大学城、空间建设"等关键词组成。其中，"空间建设、云空间"等关键词结构松散，表示学习空间建设方面还有一定的发展空间；"三通两平台、世界大学城、云空间"等结构紧密，目前有较多研究者对此开展研究。在网络学习空间建设方面，祝智庭和管钰琪提出从空间结构、接入环境、支持服务、用户能力四个维度建构"人人通"建设的一般框架，并强调将重点放在构建个人学习空间的功能模式上[③]。目前，已有研究者分别提出了学生个人学习空间建设模型[④]、基于网络教研备课平台的教师网络学习空间建设模型[⑤]、班级网络学习空间建构模型[⑥]，为实现优质资源共建

① 胡永斌，黄如民，刘东英. 网络学习空间的分类：框架与启示. 中国电化教育，2016（4）：37-42.
② 钟绍春. 教育云、智慧校园和网络学习空间的界定与关系研究. 中国教育信息化，2014（6）：3-8.
③ 祝智庭，管钰琪. "网络学习空间人人通"建设框架. 中国电化教育，2013（10）：1-7.
④ 祝智庭，郁晓华，管钰琪，等. 面向"人人通"的学生个人学习空间及其信息模型. 中国电化教育，2015（8）：1-9.
⑤ 王世曾. 基于网络教研备课平台的教师个人空间建设研究. 中国电化教育，2012（11）：140-142.
⑥ 黄利华，周益发，陈学军. 班班通背景下班级网络学习空间的构建. 中国电化教育，2014（3）：86-90.

共享、学生个性化学习、教师跨区域协作教研等提供空间平台。也有研究者提出基于云服务架构的网络学习空间建设模型[①]，以及基于虚拟环境的体验式网络学习空间设计方案等[②]，为网络学习空间的建设提供思路和有价值的参考。

（三）网络学习空间促进教与学模式变革的应用研究

该主题由"设计、应用、智慧教育、翻转课堂、教学模式"等关键词构成，主要探讨基于网络学习空间的教学设计、结合翻转课堂的教学模式、智慧课堂教学环境等如何应用。吴忠良和赵磊在分析网络学习空间的功能及技术路线的基础上，构建了基于网络学习空间的翻转课堂教学模型，包括教学资源开发、课前知识传递、课上拓展升华、课后评估总结四个阶段[③]；唐烨伟等以网络学习空间在小学数学课堂教学中的应用为研究点，分析应用情况及存在的问题，从教学设计、教学实施、教学评价三个方面提出基于网络学习空间的小学数学智慧课堂教学策略[④]。在教学活动中，网络学习空间可突破时空限制，为学习者提供丰富的信息资源，自由接入更大范围的学习共同体，改变传统学习形态，实现知识协作与共享。根据文献分析，网络学习空间在教学中的应用以中小学、高校、职业院校教育为主，在具体学科如小学数学、高中语文、大学计算机编程等学科研究中也占有部分比例。除了在教学中的应用，网络学习空间在学校教学管理、教师教研、教师网络培训等方面也得到广泛应用。

（四）网络学习空间建设与应用的典型案例

1. 国家智慧教育公共服务平台

国家智慧教育公共服务平台（https://www.smartedu.cn）依托先进的人工智能与大数据技术，在现有坚实的教育数字化基建之上，实现与各类区域教育资源中心、多元社会教育服务平台的深度融合，构建起全方位、一体化的教育服务生态。它是国家充分利用新技术，促进教育信息化工作更上一个台阶的重大举措，是新时代的重要工作之一，也是实现"网络学习空间人人通"的充分必要条件。

---

① 武峥，郝文清. 基于云架构模式的"网络学习空间人人通"体系研究. 中国电化教育，2016（3）：65-68.

② 梁为. 基于虚拟环境的体验式网络学习空间设计与实现. 中国电化教育，2014（3）：81-85.

③ 吴忠良，赵磊. 基于网络学习空间的翻转课堂教学模式初探. 中国电化教育，2014（4）：121-126.

④ 唐烨伟，樊雅琴，庞敬文，等. 基于网络学习空间的小学数学智慧课堂教学策略研究. 中国电化教育，2015（7）：49-54，65.

2022 年 3 月 28 日，国家智慧教育公共服务平台正式上线启动。主要采用云计算技术、移动通信技术、物联网技术等，汇聚国内名校、名师及企业开发的教育教学资源，为学校、教师、学生提供满足个性化学习需要的优质资源，以促进教育公平，实现优质数字教育资源的共建共享和可持续发展。该平台聚合了国家中小学智慧教育平台、国家职业教育智慧教育平台、国家高等教育智慧教育平台、国家 24365 大学生就业服务平台等，可提供丰富的课程资源和教育服务。据悉，截至 2023 年底，国家智慧教育平台累计注册用户突破 1 亿，浏览量超过 367 亿次、访客量达 25 亿人次[①]，现已成为世界第一大教育数字化资源中心和服务平台。[②]两年间，国家平台资源总量迅速增长。中小学平台资源总量达到 8.8 万条，高等教育平台拥有了 2.7 万门优质慕课，职业教育平台遴选国家在线精品课程超 1 万门。[③]截至 2024 年 2 月，平台浏览量已超过 373 亿，访客总量超过 25.6 亿人次，覆盖了全球 215 个国家和地区。[④]国家智慧教育平台在现有公共基础设施的基础上，借助云计算等先进技术，逐步实现了与区域教育资源平台及企业资源服务平台的无缝对接，共同为各级各类教育提供服务。这一平台不仅为资源提供者和使用者构建了一个网络交流、资源共享和应用的平台，更将国内教育优势地区的名校、名师资源进行了有效整合，为全国师生提供了个性化的服务空间。此举旨在推动"优质资源全面覆盖"与"网络学习空间全面开放"，确保每个人都能享受到优质的教育资源和创新应用。

2. 国家中小学智慧教育平台

"国家中小学智慧教育平台"（https://basic.smartedu.cn/）是教育部在总结"国家中小学网络云平台"运行服务经验的基础上，研究制定了《国家中小学智慧教育平台建设与应用方案》，并将原云平台改版升级为"国家中小学智慧教育平台"，于 2022 年 3 月 1 日上线试运行。该平台以中小学生、教师、家长及其他社会各界人士为主要服务对象，致力于提供专业、精良且系统化的教育资源服务。作为教育部深入推进国家教育数字化战略行动的一环，该平台旨在贯彻"双

---

① 教育部：国家智慧教育平台累计注册用户突破 1 亿. [2024-04-25]. http://www.moe.gov.cn/jyb_xwfb/xw_zt/moe_357/2024/2024_zt02/mtbd/202401/t20240129_1113178.html.

② 国家智慧教育公共服务平台访客量已超 11 亿人次 智慧课堂让学习更有趣. [2025-02-18]. https://www.news.cn/2023-05/24/c_1129640885.htm.

③ 开辟新赛道 塑造新优势——写在国家智慧教育公共服务平台开通两周年之际. [2025-02-18]. http://www.moe.gov.cn/jyb_xwfb/s5147/202403/t20240328_1122780.html.

④ 我国建成世界最大教育资源中心. [2025-02-18]. http://sc.people.com.cn/n2/2024/0202/c345515-40736085.html.

减"政策，优化教育资源分配，以达成教育公平与质量的双重提升。平台聚合了海量的优质教育资源，内容涵盖专题教育、课程教学、课后服务、教师研修、家庭教育以及教改实践经验等多个领域。这些资源内容广泛且深入，覆盖小学、初中至高中的全年级与主要学科，并提供了与教材同步的课程和学习资源。此外，该平台还提供了线上作业提交、互动答疑、体育、美育、劳动教育等多样化的服务，以满足用户的多元化需求。截至 2024 年 1 月 26 日，国家中小学智慧教育平台的资源总量已增至 8.8 万条，相较于 2023 年初（4.4 万条）实现了成倍的增长。这不仅进一步丰富了多版本教材课程资源，教材版本从年初的 30 个版本共 446 册次增加到 65 个版本共 565 册；还加强了中小学科普资源的建设，例如与中国科学院合作打造的"科学公开课"，并上线了"实验教学精品课""实验教学说课""给孩子们的大师讲堂"等优质资源[①]。平台设计充分考虑到教育信息化的发展趋势，着重推进资源的数字化与智能化升级，旨在为学生、教师及家长提供更加便捷、高效的教育服务，以满足现代教育的多样化需求。

3. 中国大学 MOOC

中国大学 MOOC（https://www.icourse163.org/）作为网易与高等教育出版社联手打造的在线教育平台，承载着教育部国家精品开放课程的重任，为广大用户提供了众多中国顶尖高校的 MOOC。自 2014 年启动以来，该平台凭借丰富的资源和优质的服务，迅速成为在线教育领域的佼佼者。教育部在推动在线教育的发展中起到了举足轻重的作用。2018 年 1 月 15 日，教育部正式推出了首批 490 门"国家精品在线开放课程"，这些课程代表了我国在线教育的顶尖水准，为广大学习者提供了丰富且优质的学习资源。中国大学 MOOC 等平台的崛起，不仅极大地推动了在线教育的普及与发展，还深刻影响了高等教育教学模式的创新与变革。这些在线开放课程的构建和应用，使得高校能够更加灵活地开展教学活动，从而有效提升教学效果和质量。同时，对于学习者而言，他们能够更加便捷地获取到这些优质的教育资源，实现个性化的学习体验，并追求终身学习的目标。截至 2024 年 1 月，中国慕课已上线超过 7.68 万门课程，服务了国内超过 12.77 亿人次的学习需求。更值得一提的是，通过"慕课出海"行动，中国慕课已走向世界，为全球高等教育领域贡献了中国智慧和力量。如今，中国慕课的建设与应用

---

① 教育部：国家智慧教育平台累计注册用户突破 1 亿. [2024-04-25]. http://www.moe.gov.cn/jyb_xwfb/xw_zt/moe_357/2024/2024_zt02/mtbd/202401/t20240129_1113178.html.

规模已跃居世界首位，成为国际高等教育领域中的一张亮丽"名片"①。

二、协作问题解决学习的相关研究

（一）问题与问题解决

"问题"（problem）从词源上看，起源于希腊语 problema，意同 obstacle（障碍/阻碍）。心理学家纽厄尔和西蒙认为，问题是由一组给定的已知条件、期望达到的目标、克服障碍的系列操作等三个基本要素组成的问题空间（problem space），即给定的已知条件与期望达到的目标状态之间需要一系列操作才能克服的疑难情境②。此定义将 problem 与 question 进行了区分：个体运用已有知识（从记忆中提取的信息）就能解决的问题称为 question，如"你昨晚睡得好吗？"这类问题仅需要回答者从记忆中提取答案，而不需要任何思维活动；而"晚上喝咖啡为什么会影响睡眠"这类问题，仅凭记忆中的信息则不足以回答，必须通过一系列的思维活动才能解决，该类问题则是 problem。

美国教育心理学家乔纳森从认知的角度将问题（problem）看作需要解决的疑问或质疑（question），或者不确定的事件（issue），并从学习活动、输入、成功的标准、问题的情境、问题的结构、抽象程度等方面的差异将问题划分为十一类③，具体如图 2-2 所示。此分类体系将问题视为一个从明确结构到模糊结构的连续变化体，其中运算与故事问题作为结构清晰的一端，表现出静态与简单性，倾向于拥有标准答案和既定规则。相反，设计问题与两难问题则属于结构不良的一端，展现出动态性与复杂性，其边界模糊且解决方案多样。此外，心理学家还依据不同维度对问题进行分类，比如基于问题定义的清晰度，区分为界定清晰（well-defined）的问题与界定模糊（ill-defined）的问题，进一步丰富了问题的分类视角。根据问题解决者是否有对手，分为对抗性问题（adversary problem）与非对抗性问题（non-adversary problem）；根据问题的答案是否唯

① 教育部：中国慕课已上线超 7.68 万门 服务国内 12.77 亿人次. [2024-04-28]. http://www. moe.gov.cn/jyb_xwfb/xw_zt/moe_357/2024/2024_zt02/mtbd/202401/t20240126_1112589.html.

② Simon H A, Newell A. Human problem solving: The state of the theory in 1970. American Psychologist, 1971, 26(2): 145-159.

③ 戴维·H. 乔纳森. 学会解决问题：支持问题解决的学习环境设计手册. 刘名卓，金慧，陈维超译. 上海：华东师范大学出版社，2015：11.

一，分为封闭性问题与开放性问题；根据问题的层次与水平分为呈现型问题、发现型问题与创造型问题等[1]。

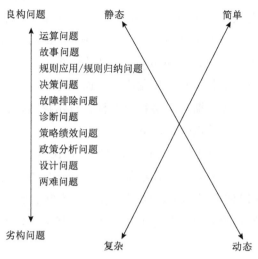

图 2-2　乔纳森的问题分类图

　　"问题解决"一词来自心理学关于人类认知与思维的研究，德国著名心理学家科勒开启了问题解决研究的先河。他通过黑猩猩取香蕉的实验将问题解决分为常规性的问题解决与创造性的问题解决两类。此后，研究者尝试从不同维度对其进行界定，安德森认为问题解决即一系列的认知操作序列，且具有明确的目标性，当且仅当一项活动同时具有明确的目标、操作序列与认知操作三个条件时才属于"问题解决"的范畴[2]。乔纳森认为问题解决是一种认知过程，当然情感、动机等因素在问题解决中也具有重要的意义与作用[3]。

　　总的来说，问题解决具有以下几个特性：①被解决的问题是第一次遇到，多次遇到的问题只能是重复练习，而不是问题解决；②问题解决要达到确定的目标状态；③问题解决由一系列的操作序列组成；④问题解决形成新概念、新规则或者新策略，有助于个体能力的提高。

①　汪凤炎，燕良轼. 教育心理学新编. 广州：暨南大学出版社，2006：351-353.
②　韩仁生，李传银. 教育心理学. 济南：山东人民出版社，2008：279.
③　戴维·H. 乔纳森. 学会解决问题：支持问题解决的学习环境设计手册. 刘名卓，金慧，陈维超译. 上海：华东师范大学出版社，2015：11.

（二）问题解决的过程

关于问题解决的过程，研究者们从不同的研究维度有不同的认识，刘儒德[①]、谢幼如[②]、胡艺龄[③]等均对问题解决的理论与过程模式进行了梳理与整理，其中主要包括美国心理学家桑代克的试误说（trial-and-error theory）、格式塔派心理学家苛勒的顿悟说（insight theory），以及杜威、华莱士、罗斯曼、奥苏贝尔和鲁宾逊、格拉斯、德苏里利亚和戈德弗里德、海斯、特芬格和伊萨克森、布兰斯福特和斯滕、基克等、斯滕伯格和史渥林、吉尔福特、高文等提出的多种问题解决的过程模式，本书重点解读以下几种。

（1）杜威的问题解决过程的"五阶段说"：1910 年，美国教育家杜威在著作《思维术》中，将多年的教育实践经验进行总结与分析，提出问题解决的"五阶段说"[④]，五个阶段依次是困惑、诊断、假设、推断、验证。该说法简单，易于操作，并对一般的问题解决具有通用性，尽管年代久远，但仍是经典的问题解决过程说。

（2）奥苏贝尔和鲁宾逊的问题解决模式：1969 年，教育心理学家奥苏贝尔和鲁宾逊以几何问题解决为例，提出了一个包括呈现问题情境命题、明确问题目标与已知条件、填补空隙、检验四个阶段的问题解决模式[⑤]。奥苏贝尔将该模式在学校教育中应用发现，很多学科的内容并没有像数学或其他自然科学一样有序列地组织，因此问题解决过程也有较大差异，但该模式对于非自然科学中的劣构问题等复杂的问题适用。

（3）基克等的问题解决模式：1986 年，基克在对问题解决策略的实验研究的基础上，提出一般的问题解决包括理解和表征问题、寻求解答（选择或设计解决方案）、尝试解答（实施计划）与评价四个阶段[⑥]。

（4）吉尔福特的智力结构问题解决模式：美国心理学家吉尔福特在其 1986 年的著作《创造性才能——它们的性质、用途与培养》（*Creative Talents：Their Nature，Uses and Development*）中，基于智力三维结构模型提出了智力结构问题

① 刘儒德. 论问题解决过程的模式. 北京师范大学学报（社会科学版），1996（1）：22-29，92.

② 谢幼如. 网络课堂协作知识建构模式研究. 西南大学博士学位论文，2009.

③ 胡艺龄. 基于学习分析技术的问题解决能力评价研究. 华东师范大学博士学位论文，2016.

④ 杜威. 思维术. 刘伯明译. 上海：上海社会科学院出版社，2017.

⑤ Ausubel D P, Robinson F G. School learning: An introduction to educational psychology. New York: Holt, Rinehart and Winston, 1969: 505-506.

⑥ Gick M L. Problem-solving strategies. Educational Psychologist, 1986, 21: 99-120.

解决模式（Structure of Intellect Problem-Solving Model）。该模式以记忆储存为基础，记忆不但为问题表征、建模提供信息支持，同时有效记录问题解决的过程以用于评价。当外界信息输入个体时，首先通过注意过滤器，将认知不断地运用求异思维与求同思维进行丰富，同时通过评价给予反馈。

（三）问题解决学习

问题解决学习作为一种学习方法，追根溯源至古代，如：称为启发式教学经典论述的《论语》中的"学而不思则罔，思而不学则殆""不愤不启，不悱不发"，对学习、思考、启发关系的论述；《学记》中的"君子之教，喻也：道而弗牵，强而弗抑，开而弗达"，对启发和诱导的强调；古希腊哲学家苏格拉底的"产婆术"等均强调发挥学生主动学习、解决问题的能力，此可认为是问题解决学习的萌芽阶段。20世纪初期，美国著名教育家杜威提出反思性思维（reflective thinking）、做中学、做中教等理论，强调了发现和解决问题对学习的重要性，为问题解决学习的产生与发展奠定了坚实的基础[1]。

心理学界对问题解决学习的研究主要存在两种维度，分别是信息处理的维度与建构主义的维度。信息处理论者认为问题由一系列初始状态、目标状态和路径约束组成，问题解决则表示从初始状态起步，满足于路径约束，到目标状态结束这样一条跨越整个问题空间的完整路径。戴维森等[2]于1994年提出问题由三个部分组成，分别是包括初始状态的要素、关系和条件的假设条件，被称为理想解决方案的目标，作为阻力的问题解决者的特征或者引起初始状态向目标状态转化困难的问题情境。这种问题解决的信息处理的视角仅能解释结构良好的问题，而对于那些目标状态和路径约束不确定、达到目标状态的路线没有事先建立好的劣构问题则不能很好地表征，特别是情景复杂的、动态的社会性问题。

该研究视角产生了一系列的用以解读问题解决过程的信息处理模型，如纽厄尔和西蒙[3]的经典通用问题解决者（general problem solver，GPS）模型将问题解决的过程分为理解过程与搜索过程；布兰斯福德的 IDEAL 问题解决模型，认为

---

① 宋时春，田慧生. 问题解决学习：综合实践活动实施的重要方法. 课程·教材·教法，2015，35（7）：23-28.

② Davidson J E, Deuser R, Sternberg R J. The role of metacognition in problem solving//Metcalfe J, Shimamura A P. Metacognition: Knowing about Knowing. Cambridge: The MIT Press, 1994: 207-226.

③ Simon H A, Newell A. Human problem solving: The state of the theory in 1970. American Psychologist, 1971, 26(2): 145-159.

问题解决包括五个阶段，依次是 identify the issues to be solved（识别待解决的问题）、define the characterization problem（定义表征问题）、explore possible strategies to solve problems（探索解决问题的可能性策略）、apply strategy（运用策略）、feedback and evaluation of effectiveness（反馈与评估效果）[①]。基克在整合前人研究的基础上，提出了包括问题表征、寻求解决问题的策略或方案、执行和评估的简化模型[②]。尽管这些问题解决模型都从信息处理的视角阐释了问题解决的过程，但是能够解决的问题类型往往局限于一般性的问题，仅能够较好地阐释一般性的问题解决过程，而对个体的专业知识、模式识别等在问题解决中的重要作用却忽略不计。

从建构主义维度研究问题解决的代表性人物是美国教育心理学家乔纳森。乔纳森认为问题解决是一种认知过程，其具有四个重要特征，分别是：①从问题解决的对象上来看，所解决的问题必须是未知的，值得解决的。并且不是所有类型的问题解决都需要相似的认知技能，而是具有境脉性或领域特殊性，不同境脉或领域的问题的解决方式不同；②从问题解决的过程上来看，问题解决由建构、生成假设、测试方案等一系列认知操作序列组成，主要包括问题表征建构问题空间或心智模型、对所建构的问题模型进行实施与测试这两个关键组成部分。③从问题解决的结果上来看，问题解决能够使学习者习得问题图式，深度建构领域知识。问题图式源于专业知识的萃取与应用，是个体所积累的特定类型问题解决的经验，拥有问题图式的个体能够直接在问题图式与问题之间建立映射关系，以进行思维表征。专家与新手的最大区别即专家具有较多的问题图式，能够快速进行问题表征，匹配解决方案。④从影响问题解决的因素来看，问题解决主要受问题的结构性（structuredness）、情境性（context）、复杂性（complexity）、动态性（dynamicity）、领域特殊性（domain specificity）等五个方面因素的影响，具有良好的结构、较为简单和静态的问题往往容易解决，而结构不良、复杂与动态的问题难于解决[③]。总的来说，建构主义视角下的问题解决强调问题的情境性与领域特殊性，并且主张不同类型的问题需要不同类型的认知操作，具有不同的解决方案[④]。

---

① Bransford J D, Stein B S. The Ideal Problem Solver: A Guide for Improving Thinking, Learning, and Creativity. Maryland: W. H. Freeman & Co. Ltd., 1984: 12.

② Gick M L. Problem-solving strategies. Educational Psychologist, 1986, 21: 99-120.

③ 蔡慧英. 语义图示工具支持的协作问题解决学习的研究. 华东师范大学博士学位论文, 2016.

④ 姜坤. 论建构主义理论及其在课堂教学中的应用. 教育教学论坛, 2012（31）：205-206.

（四）计算机支持的协作学习

顾名思义，计算机支持的协作学习（computer-supported cooperative learning，CSCL）是指包括多媒体技术、网络技术等在内的计算机技术支持下的协作学习[①]。1990 年国际上第一个 CSCL 研究中心成立，紧接着 1995 年召开了第一届国际 CSCL 学术会议，实践领域及学术研究的关注，使得 CSCL 逐渐备受瞩目[②]。2021 年，*International Handbook of Computer-Supported Collaborative Learning*（《计算机支持的协作学习国际手册》）正式出版[③]。该书由全球超过 90 位杰出的国际研究者共同编纂。这部手册从四个关键维度——理论基础、学习历程、技术支撑与研究策略，对 CSCL 领域过去 30 年的演进进行了详尽而系统的回顾与总结。这一成果不仅为 CSCL 领域的研究人员提供了宝贵的参考资料，也为该领域的未来发展指明了方向。研究者从不同的领域与视角开展了探索 CSCL 的征程，克诗曼提出"CSCL 主要是指以智慧产品（artifacts）为媒介的共同活动情境中意义建构的实践领域"[④][⑤]。从该定义可以看出："意义构建"是 CSCL 学习的主要形式与最终目标；"共同活动"体现了 CSCL 与传统的信息加工学习理论的区别；"意义"不仅作为学习结果，同时还包括意义建构活动，并且能够进行观察与测量；"以智慧产品为媒介的共同活动"表明 CSCL 中学习者要积极主动地通过协作的方式进行技术学习活动。彭绍东根据协作学习中使用的交互媒介与时空不同，将协作学习划分为面对面的协作学习（face-face CL）、CSCL 与混合式协作学习（blended collaborative learning，BCL），并在比较合作学习与协作学习、面对面的协作学习等概念的基础上，提出 CSCL 是指这样一个理论与实践的领域，即在计算机网络技术的支持下，学习者依托学习共同体进行交互及共同活动，交流情感、协同认知，以培养协作技能与提高学习绩效[⑥]。另外也有学者从计算机支持的协同工作（computer supported collaborative work，

---

① 黄荣杯. CSCL 的理论与方法. 电化教育研究，1999，20（6）：25-30.
② 任剑锋，焦建英. CSCL 研究的几个基本问题述评. 电化教育研究，2005，26（11）：25-29.
③ Cress U, Rosé C, Wise A F, et al. International Handbook of Computer-Supported Collaborative Learning. Cham: Springer, 2021.
④ Koschmann T. Dewey's contribution to the foundations of CSCL research//Proceedings of the Conference on Computer Support for Collaborative Learning: Foundations for a CSCL Community. CSCL'02, Boulder, Co, USA, 2002: 17-22.
⑤ 任剑锋，焦建英. CSCL 研究的几个基本问题述评. 电化教育研究，2005，26（11）：25-29.
⑥ 彭绍东. 从面对面的协作学习、计算机支持的协作学习到混合式协作学习. 电化教育研究，2010，31（8）：42-50.

CSCW）视角探讨了 CSCL 的内涵，从主要关注内容、应用领域、目的等三个维度比较 CSCW 与 CSCL，结果发现 CSCW 较为关注技术本身、一般应用于商业领域、目的是提高工作绩效，而 CSCL 关注技术传输的内容、属于教育领域的实践、目的是提高学习效率与学习效果。而李海峰和王炜深入探讨了 CSCL 的理论基石、核心流程、技术支撑以及研究策略的演变，这一分析横跨了历史脉络、当前状态和未来趋势。他针对当前 CSCL 各领域的特性以及即将面临的关键挑战，提出了构建复杂理论体系的新策略，这些策略包括多元理论的"本土化"实践、"融合化"创新以及"持续化"发展。研究者应当从生态系统的宏观视角出发，分析多元化的数据模式，从而构建出协作学习的完整过程框架。此外，他倡导在技术开发与理论创新之间寻求平衡，推动协作学习系统的融合发展。他还强调，以 CSCL 为核心，将其作为研究的出发点和分析对象，从技术与流程、数据类型以及研究方法的选择等层面，逐步深入到 CSCL 方法论的深层理论探讨，最终构建出面向协作学习领域全面而系统的研究方法论模型[①]。

总的来说，不管是从 CSCW 的视角，还是教育与学习本身的视角来探讨 CSCL，研究者均认为 CSCL 具有以下几个特征：①CSCL 是在技术支持下，特别是计算机、移动通信、网络技术等技术环境建构的学习环境中进行的；②学习共同体是 CSCL 的学习主体，学习者与助学者、促学者等建构具有共同学习目标与任务的学习共同体；③协作、交互、对话是学习共同体成员开展学习活动的必要途径；④CSCL 的目的不仅是提高学习效率、学习效果，还在于加强共同体成员的情感联系与协作、问题解决、批判性思维等高阶思维能力的培养。

狄隆伯格等对协作学习与 CSCL 进行了系统梳理，考察相关理论及研究领域的演变，并指出情感与动机对 CSCL 的重要性将逐渐受到更多重视，以及 CSCL 活动与具体教学情境整合应用等方面的发展趋势明显[②]。谢幼如对国内外关于 CSCL 的相关研究进行了综述与发现，发现研究主要聚焦于教学评价特别是技术的作用的评价方面（如技术环境与协作学习质量之间的关系等，一般从交互、学习动机、知识与技能等维度评价学习效果）、教学设计特别是技术支持的学习环境的设计方面（如技术支持的协作学习系统的设计与开发等）[③]。马婧采用文献

---

① 李海峰，王炜. CSCL 研究 30 年：研究取向、核心问题与未来挑战：基于《计算机支持的协作学习国际手册》的要点分析. 现代远程教育研究，2022，34（5）：101-112.

② Dillenbourg P, Järvelä S, Fischer F. The evolution of research on computer-supported collaborative learning. Technology-Enhanced Learning: Principles and Products. Dordrecht: Springer Netherlands, 2009: 3-19.

③ 谢幼如. 网络课堂协作知识建构模式研究. 西南大学博士学位论文，2009.

计量学的方法以知识图谱的方式，对协作学习与 CSCL 的理论与研究进行梳理，结果发现 CSCL 是词频最高的关键词，并且国外主要围绕 CSCL 中的社会交互的类型与质量效果评估、交互及知识建构的机制等方面开展了开拓性的研究①。李海峰和王炜针对 Web of Science（WoS）中主题为"Computer Supported Collaborative Learning"的文献进行了多视角细致分析，发现 CSCL 的研究重心主要聚焦于技术进步的脉络，并将理论与技术的实际应用作为关键节点。经过深入分析，五大核心研究脉络逐渐浮现：在线协作技术支持、认知与社会脚本分析、群组协作参与度探讨、在线协作知识构建以及在线协作学习组织与管理的策略。此外，他们还针对专注于 CSCL 领域的国际性学术期刊《计算机支持的协作学习》进行了系统研究，涵盖了 2006—2018 年 240 篇论文的关键词分析。这一研究揭示，CSCL 是这些研究主题社会网络中出现频率最高的关键词，它与学习、协作学习、协作和知识构建共同构成了 2006—2018 年研究主题的核心②。江毅和王炜对 WoS 数据库中关于 CSCL 领域的相关文献进行系统的梳理和分析，发现国际学术界在 CSCL 领域的研究热点主要集中在三个核心主题上：技术驱动下的协作研究、协作过程中的交互机制，以及协作环境下的知识构建策略③。梁博对 CSCL 国际会议收录到的长文章进行检索分析，发现文献中的高频关键词涵盖了 CSCL、协作学习、知识构建、技术以及慕课等多个领域。研究范围比较广泛，不仅包括 CSCL 领域的核心研究问题与策略，还探讨了 CSCL 与最新技术的融合应用，以及 CSCL 在跨学科领域中的创新成果④。

第二节　网络环境下交互理论及分析方法

最早关注远程教育中交互的学者是巴斯（J. A. Bääth）。巴斯于 1979 年提出

① 马婧. 国外协作学习理论的演进与前沿热点：基于科学知识图谱的研究. 开放教育研究，2013，19（6）：95-101.

② 李海峰，王炜. 计算机支持的协作学习研究热点与趋势演进：基于专业期刊文献的知识图谱可视化分析. 现代远距离教育，2019（1）：67-76.

③ 江毅，王炜. 国际 CSCL 研究现状：知识基础与热点主题. 数字教育，2019，5（3）：32-37.

④ 梁博. CSCL 新近进展研究：基于 2015 年计算机支持的协作学习（CSCL）大会视角. 中国教育技术装备，2021（9）：30-31，34.

双向通信是函授教育的中心，而函授教育是当时远程教育的主要形式[①]。从 20 世纪 90 年代起，网络环境下的交互研究逐渐成为研究者关注的焦点。我国关于交互的研究是从 2000 年开始的，并且最初仅把交互作为其他研究中的一个分支，如技术设计与开发中的交互研究等。2000 年之后，关于交互的研究逐年增多，交互逐渐成为国内学术界研究的重要领域，研究内容也逐步扩充到有关交互理论与交互质量的探讨，因此陈丽认为 2000 年是我国交互研究的重要转折点[②]。而国外的交互研究内容则主要是第三代远程教育中的交互，并且涉及从教与学的视角探讨交互的过程和交互水平等方面的研究。本书主要从交互理论、交互策略、交互分析的方法与工具等几方面对国内外的研究现状进行综述。

一、交互理论的研究

（一）交互的类型

教育领域对交互的关注与研究以远程教育领域居多，如美国远程教育专家穆尔认为远程教育中的交互包括师生交互、生生交互、学习者与学习内容的交互三类[③]。其中，师生交互主要体现在设计教学过程、开发教学材料、激励与保持学生的学习动机与兴趣等方面，师生交互的效果与质量往往与教师的个人特征（性格、教学风格等）、学生的受教育程度（学习基础等）密切相关。但是传统的远程教育（函授教育、基于卫星电视和计算机技术的单向远程教育）中，师生交互往往产生于教学设计、教学评价的实施，或者一对一的咨询与答疑等环节，较多停留在单向层面，缺少师生双向交互。而生生交互是学习产生的重要的、有价值的途径之一，包括学习者与他人间的交互、学习小组内部的交互、学习小组间的交互、学习者个体内部新知识与旧知识的交互等。学习者与学习内容的交互是最为根本性的交互形式，没有这一类型的交互，就不能称为有教育的存在，有学习的发生。海尔曼等则提出了第四类交互——学生与界面的交互，即学生操作媒体

---

① 陈丽. 术语"教学交互"的本质及其相关概念的辨析. 中国远程教育，2004（3）：12-16，78-79.
② 陈丽. 远程教学中交互规律的研究现状述评. 中国远程教育，2004（1）：13-20，78.
③ 苏孝贞，王志军. 严谨的网络学习交互研究：对未来远程学习研究的启示. 中国远程教育，2014（5）：5-10，95.

等技术工具完成学习任务的过程①。安德森和加里森将交互类型扩展为六种核心类别：学生间交互、学生与内容交互、学生与教师交互、教师间交流、教师与内容互动，以及内容间的相互关联。这六大类交互可进一步概括为两大维度：一是以学生为主导的交互，涵盖学生间的协作、学生对学习内容的探索及学生与教师间的互动；二是以教师为核心的交互，涉及教师间的专业交流、教师对教学内容的整合优化，以及教学内容间的内在逻辑联系②。其中，教师-教师交互为教师专业发展提供了新的内容与途径；教师-内容交互主要体现在教学设计过程中，该类交互不仅发生于课程准备阶段，在课程实施阶段教师仍然能够借助网络教学管理平台进行设计与开发，保证教与学活动的顺利开展；内容-内容交互的出现主要是人工智能技术使得交互能够在人类缺失的状态下发生，其最典型的案例即网络搜索引擎。

上文所述的交互不管是穆尔的三大交互，还是海尔曼的第四类交互、安德森和加里森的六类交互，均为教师、学生、学习内容、技术这四类教育要素间直接发生的交互，而萨顿③认为尽管潜水者不直接参与在线讨论，但却能够通过观察他人交互而从中受益，在此基础上，萨顿提出了替代交互（vicarious interaction）的概念，并认为在线讨论中存在直接交互者、替代交互者、行动者和非行动者四类交互人群。位广红在其研究中证实，替代交互与直接交互的信息加工过程及其学习效果类似④。有学者通过研究也发现，替代交互对学习者的学习满意度和学习过程都具有重要的作用⑤。

除此之外，很多学者从不同视角提出了对交互的分类与解读，吉尔伯特和穆尔根据交互内容的性质将交互分为社会交互和教学交互⑥。其中，社会交互包括肢体语言交流、问候行为、社交活动、个人信息交换、进度安排活动、后勤事务和班级管理工作等与教学关系不大甚至没有关系的活动。尽管社会交互不能直接促进教学交互，但良好的社会交互有助于积极的学习环境的产生，使学生有较高

① Hillman D C A, Willis D J, Gunawardena C N. Learner-interface Interaction in distance education: An extension of contemporary models and strategies for practitioners. American Journal of Distance Education, 1994(2): 30-42.

② Anderson T, Garrison D R. Learning in a networked world: New roles and responsibilties//Gibson C. Distance Learners in Higher Education. Madison: Atwood, 1998: 97-112.

③ Sutton L A. The principle of vicarious interaction in computer-mediated communications. International Journal of Educational Telecommunications, 2001, 7(3): 223-242.

④ 位广红. 网络远程学习过程中的替代交互特征. 北京广播电视大学学报，2009，14（2）：29-31.

⑤ Fulford C P, Zhang S Q. Perceptions of interaction: The critical predictor in distance education. American Journal of Distance Education, 1993, 7(3): 8-21.

⑥ Gilbert L, Moore D R. Building interactivity into web courses: Tools for social and instructional interactions. Educational Technology, 1998, 38(3): 29-35.

的社会临场感，因此如何有效设计社会交互与网络学习环境、学习效果和学习满意度高度相关。

教学交互则主要通过情境、挑战、活动、反馈等提供教学内容并对此做出反应①。诺斯鲁普②从交互内容的目的/属性角度将交互分为内容交互、会话与协作、人际/元认知技能、绩效支持四种。其中，内容交互即穆尔的学习者–学习内容交互；会话与协作即穆尔的师生、生生交互；人际/元认知技能即能够增强内容交互、会话与协作的一种交互属性；绩效支持则包括的范围较广，不仅包括技术支持还包括教学支持以及来自教师与学生的其他支持。

综上所述，国内外研究人员对交互内涵及分类的理解尽管有较大差别，但均围绕教师、学生、学习内容、技术等教学的四个核心要素而进行理解以及直接或间接、同步或异步的划分。之所以对交互的内涵及分类理解不同，不仅与研究人员的学科背景、实践领域及经历有关，还与交互本身是一个复杂的概念有关。陈丽在文献调研的基础上发现，研究中常常出现交互与交互性、自学、教学、学习等概念之间边界模糊、混淆使用的情况，并且认为远程教育领域中的交互是"具有教育意义的交互现象"，具有"特殊的交互规律"。陈丽主张用"教学交互"一词代替"交互"，她认为教学交互是一种发生在学生和学习环境之间的事件，它包括学生和教师以及学生和学生之间的交流，也包括学生和各种物化的资源之间的相互交流和相互作用，其目的是使学习者对学习内容产生正确的意义建构③。由此来看，"教学交互"一词实质上是广义上的交互，既包括学生与学生、学生与教师等人与人之间的交互，又包括学生与技术、学习内容等人与物之间的交互。

（二）网络环境下的交互模型

交互是网络环境下协作学习的基础与核心，随着网络技术、Web2.0 技术等新型技术的蓬勃发展，网络环境下的协作学习越来越被广泛应用，研究者从不同视角探索了网络环境下协作学习中交互的类型及其之间的内在关系，关于交互模型

---

① 胡勇，殷丙山. 远程教育中的交互分类研究综述. 远程教育杂志，2012（6）：100-109；Fulford C P, Zhang S Q. Perceptions of interaction: The critical predictor in distance education. American Journal of Distance Education, 1993, 7(3): 8-21.

② Northrup P T. Online learners' preferences for interaction. Quarterly Review of Distance Education, 2002, 3(2): 219-226.

③ 陈丽. 远程学习的教学交互模型和教学交互层次塔. 中国远程教育，2004（5）：24-28，78.

的研究成果也颇为丰富，如表 2-1 所示。本书主要介绍比较典型的在线学习环境下的交互模型，分别是拉菲利和苏德威克斯于 1997 年提出的在线学习的三类交互、CSCL 的交互研究的 TAP^2 模型与基于认知参与度的联通主义学习教学交互模型。

1. 拉菲利和苏德威克斯于 1997 年提出的在线学习的三类交互

拉菲利和苏德威克斯于 1997 年提出的由单向交互、双向交互、反馈式交互等三类交互构成的交互模型最为经典。其中，单向交互指学生 A 向学生 B 发送信息；双向交互指由学生 A 向学生 B 发送信息，学生 B 响应；反馈式交互是双向交互的高级形式，独特之处在于学生 A 向学生 B 发送信息，学生 B 响应并将学生 A 发送的信息及其传播方式打包反馈给学生 A[①]。

表 2-1　主要交互模型

研究者	模型名称	模型内容
穆尔[②]	三大交互	师生交互、生生交互、学习者与学习内容的交互
海尔曼等[③]	四类交互	师生交互、生生交互、学习者与学习内容的交互、学生与界面的交互
拉菲利和苏德威克斯[④]	在线学习的三类交互	单向交互、双向交互、反馈式交互
劳里拉德[⑤]	学习活动的会话模型	会话性交互、适应性交互
广海敦[⑥]	E-learning 的交互层级模型	学习者自我交互；学习者-人类交互（学习者-学习者、学习者-其他人）；学习者-非人类交互（学习者-内容、学习者-界面、学习者-环境）；学习者-教师交互
艾丽[⑦]	在线学习交互层级模型	学习者-情境交互、学习者-教师交互、学习者-支持交互、学习者-内容交互、学习者-界面交互

① Rafaeli S, Sudweeks F. Networked interactivity. Journal of Computer-Mediated Communication, 1997, 2(4): JCMC243.

② Moore M. Editorial Three types of interaction. American Journal of Distance Education, 1989(2): 1-6.

③ Hillman D C A, Willis D J, Gunawardena C N. Learner-interface Interaction in distance education: An extension of contemporary models and strategies for practitioners. American Journal of Distance Education, 1994(2): 30-42.

④ Rafaeli S, Sudweeks F. Networked interactivity. Journal of Computer-Mediated Communication, 1997, 2(4): JCMC243.

⑤ Laurillard D. Rethinking University Teaching: A Framework for the Effective Use of Learning Technologies. 2nd ed. New York: Routledge, 2001: 81-89.

⑥ Hirumi A. A framework for analyzing, designing and sequencing planned e-learning interactions. Quarterly Review of Distance Education, 2002, 3(2): 141-160.

⑦ Ally M. Foundations of educational theory for online learning//Anderson T. The Theory and Practice of Online Learning. 2nd ed. Athabasca: Athabasca University Press, 2008: 15-44.

续表

研究者	模型名称	模型内容
陈丽[①]	远程学习的教学交互模型和教学交互层次塔	操作交互：学生与媒体界面的交互；信息交互：学生与学生、学生与教师、学生与学习内容的交互；概念交互：学生新旧概念的交互
刘黄玲子等[②]	CSCL 的交互研究的 TAP^2 模型	从话题转换（TC，反映问题解决过程）、情感变迁（AC，反映成员关系变化）和过程模式（PP，反映协作互动策略）三个维度研究 CSCL 的交互
丁兴富[③]	教学交互层次双塔模型	远程教学交互层次塔：人媒交互、通信交互、人际交互、内化交互；校园教学交互层次塔：人际交互、人媒交互、通信交互、内化交互
刘英杰等[④]	远程学习的情感与认知交互层次塔模型	认知交互层次塔：操作交互、信息交互、概念交互；情感交互层次塔：本能层、行为层、会话层、反思层
郭莉等[⑤]	阶梯型虚拟社区交互模型	将沟通方向具体划分为完全单向、一定双向、较多双向、完全双向四个层次，接收者控制水平高低也划分为完全没有、有一定、较多、与发送者同等四个层次
王志军和陈丽[⑥]	基于认知参与度的联通主义学习教学交互模型	由浅入深将联通主义学习中的教学交互分为操作交互、寻径交互、意会交互和创生交互
梁云真[⑦]	网络学习空间中学习者交互	学习者与促进者（如教师、资源开发者、技术支持者等）交互、学习者与学习者交互、学习者与学习内容（如课件、视频、图片等）交互、促学者与学习内容（如课件、视频、图片等）交互、学习者与网络学习空间交互、促学者与网络学习空间交互
崔佳和刘冲[⑧]	协作式在线教学交互模型	学习者个体内在特征与在线学习行为交互；学习者个体内在特征与在线学习环境交互；学习者在在线学习行为与在线学习环境交互；协作小组的内在特征与在线协作学习行为交互；协作小组的内在特征与在线学习环境交互；在线协作学习行为与在线学习环境交互
黄宏程等[⑨]	基于知识图谱波纹网络的人机交互模型	学习者与学习者交互；学习者与内容交互；学习者与机器人交互
郭文丽[⑩]	"实体-交互-目标"学习模型	学习者与学习资源交互；人员交互，即学习者与其他学习者、教师等辅助学习者的交互；概念交互，即学习者新、旧知识概念的交互

① 陈丽. 远程学习的教学交互模型和教学交互层次塔. 中国远程教育，2004（5）：24-28，78.

② 刘黄玲子，朱伶俐，陈义勤，等. 基于交互分析的协同知识建构的研究. 开放教育研究，2005，11（2）：31-37.

③ 丁兴富. 论远程学习的理论和模式. 开放教育研究，2006，12（3）：17-27.

④ 刘英杰，杨雪，马捷. 远程学习的情感与认知交互层次塔模型的构建研究. 中国远程教育，2008（6）：23-25.

⑤ 郭莉，张悦，周冬梅，等. 虚拟社区中的社群交互：研究综述. 技术经济，2014，33（12）：30-38，64.

⑥ 王志军，陈丽. 联通主义学习的教学交互理论模型建构研究. 开放教育研究，2015，21（5）：25-34.

⑦ 梁云真. 网络学习空间中学习者交互评估研究. 现代教育技术，2018，28（11）：73-79.

⑧ 崔佳，刘冲. 协作式在线教学交互模型及动力研究. 重庆高教研究，2021，9（2）：59-70.

⑨ 黄宏程，廖强，胡敏，等. 基于知识图谱波纹网络的人机交互模型. 电子与信息学报，2022，44（1）：221-229.

⑩ 郭文丽. 嵌入式智慧服务视角下的多维度教学交互增强研究. 新世纪图书馆，2023（9）：55-61.

2. CSCL 的交互研究的 TAP^2 模型

刘黄玲子等认为 CSCL 中的交互是学生与学生之间进行的以计算机为媒体的、以协同知识建构为根本功能的信息交流活动。因此，基于活动理论的框架，提出了 CSCL 交互研究的理论框架 TAP^2 模型，即从话题转换（TC，反映问题解决过程）、情感变迁（AC，反映成员关系变化）和过程模式（PP，反映协作互动策略）三个维度研究 CSCL 的交互。其中，话题转换从交互内容维度研究 CSCL 中的交互，采用佩特里网（Petri net）将话题空间定义为一个五元组 GN=$(T, C, F; W; M_0)$，基于该话题空间表征模型能够分析不同话题空间的形成及变化过程、规律，以及成员在话题空间形成中的作用与影响，并有利于发现问题解决的基本策略[①]；情感变迁从交互情感的维度研究 CSCL 中的交互，从交互文本中识别成员的情感维度、性质与强度，并采用马尔可夫链（Markov chain）分析情感状态迁移的概率，以及情感状态与话题转换间的关系；过程模式从交互行为模式的维度研究 CSCL 中的交互，根据交互目的差异将交互言行分为共享、论证、协商、创作、反思、管理、情感交流等七类，从协同知识建构的维度研究小组交互的过程模式，把握交互的基本规律。

刘黄玲子等应用该模型分析了一个采用研究性学习模式的计算机辅助协作学习的案例。研究结果表明，在线交互中的各类交互文本的数目与成员的学习成绩均显现显著正相关，同时采用纽曼提出的公式 $\dfrac{X^+ - X^-}{X^+ + X^-}$（$X^+$ 表示符合深层次交互的个数，X^- 表示符合浅层次交互的个数）判定共享类交互的质量，发现所有小组的共享类交互的质量均偏低。总的来说，交互频率整体较低，社会交往类、反思类、协商类交互尤为缺乏，建议后续研究继续开展实证研究，探讨交互分析的方法与策略等[②]。

欧阳嘉煜和汪琼提出，为学习者设计更高效的"协作脚本"能够显著提升 CSCL 环境中学习者间的交互效果及其高层次认知过程。他们强调，脚本理论的核心要素包含内部与外部协作脚本，进一步从设计细化的角度，可将其划分为剧本、场景、角色和小脚本四个层级。通过系统梳理和分析已有研究，他总结出对 CSCL 领域后续研究具有指导价值的七大原则。这些原则不仅深入探讨了内部协

---

① T 是话题的有限集合，C 是话题迁移事件的有限集合，F 是有向弧的集合，M 是话题活动状态的标识函，M_0 是初始标识，W 是弧的权函数。

② 刘黄玲子，朱伶俐，陈义勤，等. 基于交互分析的协同知识建构的研究. 开放教育研究，2005，11（2）：31-37.

作脚本如何影响学习者在 CSCL 中的具体实践，还揭示了协作脚本在知识获取过程中的作用，以及外部协作脚本对 CSCL 实践及个体知识获取的具体影响，为 CSCL 领域的研究与实践提供了有力的理论支撑[①]。

3. 基于认知参与度的联通主义学习教学交互模型

联通主义（connectivism）学习理论是在因特网、社会媒体等技术迅速发展背景下产生的网络时代的重要学习理论，最早由乔治·西蒙斯于 2005 年在论文《联通主义——数字时代的学习理论》中提出。该理论建立在"知识存在于连接建立过程之中"这一认识论基础上，同时它并不适用于所有学习者，仅适用于受过教育且有良好的信息技术素养，如对网络学习具有较强的自我效能感、能够判断信息正确与有用与否的学习者。联通主义者认为知识存在于连接中，学习即"形成网络"，网络通过连接的形成与节点的编码而形成。但并不是新出现的所有节点都能够带来学习的发生，当且仅当节点被编码，并与其他节点建立连接时，学习才会发生。

王志军等认为教学交互是联通主义学习的核心与取得成功的关键[②]，并应用解释主义的研究范式，采用系统理论模型建构法，按照概念模型、操作化、证实或证伪、应用的方式，通过理论建构和实证检验间的反复互动，提出了基于认知参与度的联通主义学习教学交互分层模型[③]，还对联通主义的概念交互及学习评价进行了总结[④]，之后他还提出了联通主义学习中教学交互研究的新方法——行动者网络理论，强调了关系思维和过程思维，以网络行动化的方法探究"互联网+"时代学习规律[⑤]。该模型基于认知参与度的视角，由浅入深将联通主义学习中的教学交互分为操作交互、寻径交互、意会交互和创生交互四个层次。操作交互的目的主要是使学习者连接知识与网络，建构教学交互所需的空间与学习环境，是最低层次的交互。寻径交互不仅包括个体与个体、个体与群体等人际交互，还包括较浅层次的人与内容间的交互，可以为人与信息之间提供直接连通或间接连通的方式。意会交互是知识与学习网络形成的关键，它是在学习者个体内部及他者之间进行连接时产生的一种内隐的模式识别与信息搜寻。从认知参与度

---

① 欧阳嘉煜，汪琼. 塑造 CSCL 情境下的学习者交互：脚本理论及其研究综述. 现代远程教育研究，2021，33（6）：64-72.

② 王志军，陈丽. 国际远程教育教学交互理论研究脉络及新进展. 开放教育研究，2015，21（2）：30-39.

③ 王志军，陈丽. 联通主义学习的教学交互理论模型建构研究. 开放教育研究，2015，21（5）：25-34.

④ 王志军，陈丽. 远程学习中的概念交互与学习评价. 中国远程教育，2017（12）：12-20，79.

⑤ 王志军. 联通主义学习教学交互研究新视角：行动者网络理论. 现代远程教育研究，2017（6）：28-36.

的维度来看，寻径交互的层次较高，主要有四类交互方式，分别是聚合/分享、讨论/协商、反思/总结、决策制定。创生交互是层次最高的交互形式，联通主义者认为学习不仅是简单地重复与接受他人的观点。创生交互通过学习制品的创建与重新合成来表征其对知识及内容的创造，既包括学习者、促学者与学习内容间发生的教学交互，也包括学习者与学习者间的人际交互。

操作交互、寻径交互、意会交互和创生交互四类交互之间不是线性的关系，而是网络式的关系，具有递归性。较低层次的交互均为较高层次交互的基础，为较高层次交互提供支持，同时较高层次的交互又为较低层次的交互扩展了需求。无论是从学习者个体还是学习者群体来看，操作交互均是建构了学习环境，寻径交互建构了学习网络，意会交互优化学习网络，同时学习网络又催生创生交互，总之联通主义基于四类交互形成了螺旋形的知识创新与优化模式。

二、交互分析方法的研究

交互分析是指通过收集与处理交互数据，对其在时间顺序、交互目的、交互内容等方面的特征进行统计分析，以探究与总结交互行为自身的特征与规律，以及其与学习目标间的关联规律，为有意义交互及有意义学习的有效开展提供支持与指导。

交互分析方法是交互研究的切入点，不同的交互分析方法，具有不同的分析工具与技术，适用于不同的分析对象与研究目的。

从网络学习环境下的交互研究来看，主要包括定性的方法和定量的方法两大类（表 2-2）。

表 2-2　主要交互分析方法

分析方法	研究目的	核心理论与常用工具	操作步骤
内容分析法	分析交互文本的表层信息，揭示在线交互过程及其质量	NVivo 质性分析工具；Atlas2ti；Taphelper 工具	确定问题；选择编码体系；抽样及分析单元；多位研究者独立编码；计算编码信度；统计与分析编码结果
词频分析法	分析交互文本的内涵信息，揭示在线交互的热点和动向	Jieba 分词的微词云软件；Wordsmith Tools；WordStat；CiteSpace；Winisis	确定问题，合并共同话题词；基于词典分词；建立自定义词典；筛选有关关键词；统计词频结果；制作可视化词云图
文本聚类分析法	分析交互文本的类别，探究在线交互的区别	Gephi 软件；K-means	明确研究问题；选择划分方法

续表

分析方法	研究目的	核心理论与常用工具	操作步骤
情感分析法	分析交互文本的情感值，探究成员的交互体验和状态	基于情感词典和规则的分析；基于机器学习的分析；融合词典和机器学习的分析	确定研究问题；文本数据整理；选择分析模型；情感词典训练；情感分析结果导出
社会网络分析法	分析成员间的交互关系与频次	中心性分析、凝聚子群分析、核心-边缘结构分析等；UCINET；NetMiner；Pajek；NetDraw 等	确定研究问题；界定网络边界与关系维度；收集数据、建立关系矩阵；分析数据，并解释研究结果
社会认知网络分析	分析成员之间交互关系以及群体认知情况	ENA web 工具、UCINET 软件	明确研究目标；确定相应理论框架；对交互过程数据编码；构建社会认知网络模型；进行模型分析
系统建模法	计算并预测交互行为的动态变化	有限状态机、规则学习机、决策树、规划识别、Petri 网、隐马尔可夫模型等；Coordinator 系统；AMYSOLLER 等开发 EPSILON 协作学习环境	
多层线性模型分析	分析协作学习中多个层次之间的交互数据，探析多个层级之间的交互作用	线性回归分析等；MLwiN；HLM 等	运行空模型；将层次 2 解释变量纳入空模型；将层次 1 解释变量纳入空模型；检验层次 1 的随机斜率；检验跨层之间的交互作用
滞后序列分析法	研究交互行为随时间变化的模式特征、状态转移等	GSEQ（Generalized Sequential Querier）等	开发行为编码体系；两位研究者独立编码；计算行为间的转移概率；分析结果并解释
基于信息流的方法	采用信息流的分析方法，分析交互过程中信息流与知识网络图的属性	信息流的激活量、信息流激活知识图的深度和聚焦程度等；郑兰琴等开发的基于信息流的协作学习交互分析工具	绘制初始知识网络图，切分信息流，并转换成 IIS 集合（Instructional Information Set）；计算信息流的属性，生成带有激活量标记的知识网络图
话语分析法	分析学习者交互话语的意义、结构等	话轮转换、毗邻语对、纠偏机制等；NVivo 质性分析工具	明确研究问题；选择样本数据；确定分析指标；选择分析方法
扎根理论	发现交互数据隐含的模式与理论	NVivo 质性分析工具	搜集数据；对数据进行编码；动态性比较；开发并生成理论
案例研究法	发现交互案例的交互规律、模式等	探索性、描述性、解释性的案例研究	选择研究情境与案例；聚焦并搜集数据；校对数据与解释
事件分析法	研究交互过程中不同事件之间的关系	协作学习代表人物苏德斯开发的 Uptake Analysis 分析框架	辨认事件；构造 Uptake 示意图；应用理论框架进行解释
叙事分析	通过讲故事的方式分析交互事件	故事是协作学习中学习者进行思考与意义建构的主要工具	

三、交互分析模型的研究

内容分析法是一种在文本等材料进行程序化分析的基础上做出有效推论与结论的研究方法[①]。一般来说，内容分析的目的不仅在于交互文本的表层信息，而且在于揭示在线交互中发生的学习与知识建构过程及其水平。内容分析法的基本过程是：首先确定研究目标；然后，根据研究目标选择研究样本；其次，确定分析单元与分析框架；再次，根据约定的编码规则对样本进行编码；最后，根据量化的统计数据分析编码结果，推导出研究结论。国内外相关研究表明，内容分析是评价在线学习环境中以计算机为媒介的交流（computer-mediated communication，CMC）的一个关键途径，将内容分析应用于交互研究当中也存在一些问题，如：交互文本的内容量较大，时间成本较高；需要足够清晰的编码系统来保证内容分析的"判断能力与信度"[②]。

内容分析的关键在于一个科学有效的分析框架，其中的编码类目应具有完备性、互斥性和信度。交互分析模型的选择需要依据具体的学习环境与研究目的。总之，不管采用什么样的分析模型与方法，交互分析的目的主要是对以下几方面的问题进行深入探讨与研究。学习者是如何与他人（同伴、教师、专家等）进行交互的？学习者遇到问题时，是如何解决的？学习者在解决问题时，是如何进行自我建构和社会协商的？学习者在交互过程中，是如何达到意义协商与共同理解的？对这几个方面的问题的深入分析与把握，有利于我们揭开交互的黑箱，把握交互的本质以及促进学习的机制，为学习环境、学习活动及交互的设计提供有效的支持。

研究者基于不同的研究视角与研究目的提出了多种交互分析模型，本书研究将国内外的交互分析模型从研究者、研究目标、理论基础、分析单元、编码框架等方面进行了总结。如表 2-3 所示（按时间先后顺序排列），尽管国内外主要的交互分析模型多达 20 余种，但有较多模型以亨利模型、古纳瓦德纳等的交互分析模型为基础。

[①] Rourke L, Anderson T, Garrison D R, et al. Methodological issues in the content analysis of computer conference transcripts. International Journal of Artificial Intelligence in Education, 2001, 12: 8-22.

[②] Rourke L, Anderson T, Garrison D R, et al. Methodological issues in the content analysis of computer conference transcripts. International Journal of Artificial Intelligence in Education, 2001, 12: 8-22.

表 2-3　国内外主要交互分析模型

研究者	研究目标	理论基础	分析单元	参照框架	提出的新编码框架
亨利[1]	评价学习过程	认知和元认知理论	意义单元		参与、社会、互动、认知与元认知
纽曼等[2]	测量小组学习中的批判性思维水平	小组学习、深层学习、批判性思维	意义单元	加里森的五阶段批判性思维模型[3]、亨利模型	相关性、重要性、新颖性、是否引入外部知识、明确性、关联性、认证或依据事实做出判断、批判性评价、实用性和广泛性
祝[4]	探究电子会议软件对学生间的交互、学习效果的促进作用	最近发展区、认知理论、建构主义	整条信息	波多野和稻垣[5]小组交互、格雷泽和佩尔森[6]的问题分析	社会交互：垂直交互与水平交互；交互信息分为提问回答、信息共享、讨论、评论、反思和支架五大类
古纳瓦德纳等[7]	研究计算机会议系统中的社会知识建构水平	社会建构主义	整条信息	亨利模型、纽曼模型	探讨与对比观点、发掘并阐述分析、协商以构建新知、验证并优化综合方案、达成一致并确认新意义的理解
布伦和索尔克[8]	探究鉴别批判性思维与非批判性思维的方法，以及批判性思维水平的评估	批判性思维	整条信息	杜威[9]、埃尼斯[10]、加里森[11]等批判性思维理论	是否聚焦于与学习相关的问题；分析问题是否恰当；提问与回答是否恰当；界定术语或主题是否合适

① Henri F. Computer conferencing and content analysis//Kaye A R. Collaborative Learning Through Computer Conferencing. NATO ASI Series, Vol. 90. Berlin, Heidelberg: Springer, 1992: 117-136.

② Newman D R, Webb B, Cochrane C. A content analysis method to measure critical thinking in face-to-face and computer supported group learning. Interpersonal Computing and Technology Journal, 1995, 3(2): 56-77.

③ Garrison D R. Critical thinking and self-directed learning in adult education: An analysis of responsibility and control issues. Adult Education Quarterly, 1992, 42(3): 136-148.

④ Zhu E. Meaning negotiation, knowledge construction, and mentoring in a distance learning course. 1996. https://files.eric.ed.gov/fulltext/ED397849.pdf.

⑤ Hatano G, Inagaki K. Sharing cognition through collective comprehension activity//Resnick L, Levine J, Teasley S. Perspectives on Socially Shared Cognition. Washington D C: American Psychological Association, 1991: 331-348.

⑥ Graesser A C, Person N K. Question asking during tutoring. American Educational Research Journal, 1994, 31(1): 104-137.

⑦ Gunawardena C N, Lowe C A, Anderson T. Analysis of a global online debate and the development of an interaction analysis model for examining social construction of knowledge in computer conferencing. Journal of Educational Computing Research, 1997, 17(4): 397-431.

⑧ Bullen M, Sork T J. A case study of participation and critical thinking in a university-level course delivered by computer conferencing. Vancouver: The University of British Columbia, 1997.

⑨ Dewey J. How We Think. Boston: D. C. Heath and Company, 1933.

⑩ Ennis R H. A taxonomy of critical thinking dispositions and abilities//Baron J B, Sternberg R J. Teaching Thinking Skills: Theory and Practice. New York: W. H. Freeman, 1987:9-26.

⑪ Garrison D R. Critical thinking and adult education: A conceptual model for developing critical thinking in adult learners. International Journal of Lifelong Education, 1991, 10(4): 287-303.

续表

研究者	研究目标	理论基础	分析单元	参照框架	提出的新编码框架
卡努卡和安德森[1]	评价在线论坛中的交互	社会建构主义	整条信息	古纳瓦德纳模型	分享和比较信息、发现和解释分析、意义协商知识建构、测试和修改综合提议、同意新建构的意义
洛克等[2]	分析探究型社区中的社会性存在（social presence）	探究性社区	意义单元	探究性社区指令链（chain-of-instructions, CoI）模型	社会性存在、认知存在、教学存在
费伊等[3][4]	研究计算机中介的交互模式及其特征	社会建构主义	句子单元	古纳瓦德纳等模型	垂直问题、平等问题、陈述或支持、反思、支架、参考/引用/权威
维尔曼和维尔德胡伊斯-迪曼森[5]	从知识建构的视角研究 CSCL	建构主义	整条信息		任务相关：新观点、陈述/阐释、评估；任务无关
加里森等[6]	分析基于计算机的会议的认知性存在	探究性社区	整条信息	探究性社区 CoI 模型	起始阶段；探究阶段；整合阶段；决议阶段
安德森等[7]	研究探究型社区中的教学存在	探究性社区	整条信息	探究性社区 CoI 模型	教学设计者；教学的促进者与共同创造者；学科专家
维尔德胡伊斯-迪曼森[8]	研究 CSCL 中学生的学习	建构主义	意义单元/整条信息	毕格斯[9]的学习结果分类	第一阶段：分析参与互动；第二阶段：分析学习活动（认知活动、元认知知识和元认知技能、情感活动、其他活动等四类）；第三阶段：分析知识建构水平

① Kanuka H, Anderson T. Online social interchange, discord, and knowledge construction. Journal of Distance Education, 1998, 13: 57-74.

② Rourke L, Anderson T, Garrison D R, et al. Assessing social presence in asynchronous text-based computer conferencing. Journal of Distance Education, 1999, 14: 50-71.

③ Fahy P J, Crawford G, Ally M. Patterns of interaction in a computer conference transcript. International Review of Research in Open and Distributed Learning, 2001, 2(1): 1-24.

④ Fahy P J. Addressing some common problems in transcript analysis. International Review of Research in Open and Distributed Learning, 2001, 1(2): 1-6.

⑤ Veerman A L, Veldhuis-Diermanse A E. Collaborative learning through computer-mediated communication in academic education. Proceedings European Perspectives on Computer Supported Collaborative Learning: Euro-CSCL, 2001: 625-632.

⑥ Garrison D R, Anderson T, Archer W. Critical thinking, cognitive presence, and computer conferencing in distance education. American Journal of Distance Education, 2001, 15(1): 7-23.

⑦ Anderson T, Rourke L, Garrison D R, et al. Assessing teaching presence in a computer conferencing context. Journal of Asynchronous Learning Networks, 2001, 5(2): 1-17.

⑧ Veldhuis-Diermanse A E. CSC learning? Participation, learning activities and knowledge construction in computer-supported collaborative learning in higher education. Wageningen University and Research, 2002, 37(3): 325-343.

⑨ Biggs J. Individual differences in study processes and the quality of learning outcomes. Higher Education, 1979, 8(4): 381-394.

续表

研究者	研究目标	理论基础	分析单元	参照框架	提出的新编码框架
洛克哈特等[①]	研究在线协作学习策略对高水平信息交换的影响	建构主义	意义单元	亨利模型	参与、内容的特征、互动、信息的处理、程序性信息
甘永成[②]	研究虚拟学习社区中知识建构的过程与特点	社会建构主义	意义单元	佩纳-沙夫（Pena-Shaff）等的模型、纽曼的内容分析模型、祝的模型	提问、解释/辨别/澄清、冲突、支持、辩护、共识、综合、评估、反思、引用、社交、技术、服务协调
朱伶俐等[③]	设计网络学习社区中的交互文本编码体系，并应用，以评价在线交互的质量与水平	探究性社区理论	意义单元	探究性社区 CoI 模型	认知存在：共享、认证、协商、创作、反思；社会存在：积极情感、消极情感、提问/求助、解释/提供帮助；教学存在：组织教学、促进讨论、引导思考
王晶等[④]	研究 CSCL 中学习者参与交互的积极性以及学习活动的特征	建构主义	意义单元	维尔德胡伊斯-迪曼森关于学习活动的分类	认知活动、情感活动、元认知活动、其他活动
陈向东等[⑤]	研究在线协作学习中的交互内容分析的方法与框架，分析在线异步交互的特征	协作学习、认知与元认知	整条信息	亨利模型、斯塔塞的协作学习框架[⑥]	认知：基本说明、深度说明、推论、判断；元认知：计划、监控、调节；交互：直接回应/评论、间接回应/评论、独立陈述；参与：课程消息、支持消息、其他消息；社会：感情响应、凝聚力反应
李良等[⑦]	分析教师网络培训中交互内容的特征	虚拟学习社区	意义单元	布卢姆教育目标分类	记忆（事实）、记忆（知识）、领会（诠释、举例、分类、总结、推论、比较、说明）、运用（执行、实施）、分析（区分、组织、归征化）、评鉴（检查、评论）、创造（通则化、规划、创作）

① Lockhorst D, Admiraal W, Pilot A, et al. Analysis of electronic communication using 5 different perspectives. Paper presented at ORD 2003, Heerlen.

② 甘永成. 虚拟学习社区的知识建构分析框架. 中国电化教育, 2006（2）：27-31.

③ 朱伶俐, 刘黄玲子, 黄荣怀. 网络学习社区交互文本编码体系的设计及应用. 开放教育研究, 2007, 13（1）：98-104.

④ 王晶, 李艳燕, 王迎, 等. 基于交互分析的协作学习过程研究：以《e-Learning 导论》在线课程分析为例. 中国电化教育, 2007（6）：44-48.

⑤ 陈向东, 马金金, 谢三林, 等. 在线异步交流的交互分析：以《网络远程教育》在线课程为例. 现代教育技术, 2008, 18（3）：29-32.

⑥ Stacey E. Social presence online: Networking learners at a distance // Watson D, Andersen J. Networking the learner: Computers in Education. Boston: Springer, 2002: 39-48.

⑦ 李良, 乔海英, 王淑平. 基于 Moodle 平台的学习者社会性交互特征研究. 电化教育研究, 2012, 33（7）：48-53.

续表

研究者	研究目标	理论基础	分析单元	参照框架	提出的新编码框架
李梅等[1]	分析同伴在线异步交互的质量、模式和成员特点	建构主义理论	句子单元	知识社会建构五阶段交互分析模型	交互频次、交互内容类型、交互质量
马晓能等[2]	分析教师知识交互的现状	社会网络认知理论	句子单元		学员之间的整体网络结构、网络密度、网络中心性
刘君玲等[3]	研究情绪交互在在线协作文本交互中的作用，与其他交互之间的关系	探究社区模型和情绪存在理论	句子单元	探究性社区 CoI 模型	情绪存在、认知存在、社会存在和教学存在
张文兰等[4]	研究在线学习过程中弹幕交互的作用	认知理论	句子单元	编码的概念化-类属化	弹幕的核心价值：情知共助，情感支持、认知帮助
李新等[5]	研究协作学习投入的结构模型，揭示多维要素之间的动态交互关系	动态系统理论、社会认知理论、协作学习情景下的学习投入模型	意义单元	学习投入分析模型	行为交互、认知交互、情感交互
炕留一等[6]	构建在线协作学习知识创造螺旋模型	知识创造理论、协作知识建构理论	意义单元	教师认知结构的逻辑结构	知识创造的共同化、表出化、联结化及内在化
王辞晓等[7]	研究协作问题解决教学交互的规律	联通主义理论、协作学习理论	句子单元	协作学习认知编码框架	操作交互、寻径交互、意会交互、无关交互

亨利[8]认为 CMC 是一座信息金库，能够获取学生的社会与心理动态、把握学习策略的应用效果等。亨利基于认知主义学习理论，从交互言论的视角对交互特征进行了分析与研究，并提出了在线交互文本的分析模型，一般认为该模型是

① 李梅，杨娟，刘英群. 同伴在线互助学习交互行为分析. 中国电化教育，2016（5）：91-97.

② 马晓能，俞树煜，辛一君，等. 教师工作坊中知识交互的现状分析. 电化教育研究，2017，38（3）：55-61.

③ 刘君玲，张文兰，刘斌. 在线协作交互文本编码体系的设计与应用：基于情绪交互视角的研究. 电化教育研究，2020，41（6）：53-59.

④ 张文兰，陈力行，孙梦洋. 弹幕交互为大学生在线学习带来了什么？：基于扎根理论的质性分析. 现代远距离教育，2022（5）：12-19.

⑤ 李新，李艳燕，杨现民. 协作学习投入的结构模型构建与机理阐释. 现代教育技术，2023，33（12）：45-55.

⑥ 炕留一，朱珂，苏林猛，等. 跨学科视阈下在线协作学习知识创造螺旋模型研究. 电化教育研究，2023，44（11）：60-66.

⑦ 王辞晓，张文梅，何歆怡，等. 基于认知网络分析的协作问题解决教学交互规律研究. 中国远程教育，2023，43（5）：43-55.

⑧ Henri F. Computer conferencing and content analysis//Kaye A R. Collaborative Learning Through Computer Conferencing. NATO ASI Series, Vol. 90. Berlin, Heidelberg: Springer, 1992: 117-136.

第一个交互分析模型，它为今后的基于文本的交互分析提供了一个基本框架。亨利的交互分析模型包括三部分内容：交互分析维度的界定、每个维度对应的分析模型、信息内容的分析方法与技术。其中交互分析主要包括参与、社会、互动、认知和元认知五个维度。每个维度又分为具体的类别：参与维度包括总体参与、主动参与两个类别；社会维度包括所有陈述和与学科内容无关的部分陈述两个类别；互动维度包括直接/间接反应、直接/间接评论、独立的评论五个类别；认知维度包括基本澄清、深入澄清、参考、判断、策略五个类别；元认知维度包括元认知知识与元认知技能两个类别。

该模型较为强调社会活动以及小组中个人的互动，并为分析个体的认知与元认知过程提供了重要的依据，因此至今仍然被广泛应用于 CSCL 的交互研究中。但是该模型的一个较为重要的局限是没有从小组的角度对处于讨论状态的小组整体在关于知识的社会协商与合作建构方面提供分析方法与途径。并且亨利仅是从理论上提出该模型，并没有将其应用，验证效果。尽管如此，该模型仍然是基于文本的交互分析的先驱，并且为后续研究提供了重要的参考与指引。

对于建构主义者来说，CMC 的参与者通过协商、对话与交互产生新知识或新观点。古纳瓦德纳等在批判与借鉴原有模型的基础上，采用扎根理论，基于社会建构主义理论对学习与知识建构的解读，对一个在线论坛的讨论内容进行分析，提出了包含分享与澄清、认知冲突、意义协商、检验修正、达成与应用等五个阶段的交互分析模型（interaction analysis model，IAM）。该模型具有如下几个方面的特征：交互是协作知识建构的主要途径；聚焦于会谈过程中出现的所有知识建构类型；适用于社会建构主义及协作（学生中心）的学习环境；较为通俗易懂，易于操作。

本 章 小 结

尽管研究者对网络学习空间、协作问题解决学习、CSCL 的交互理论及分析方法等均开展了广泛的探讨，取得了丰富的研究成果，但整体来看还存在较多有待深入探讨的方向。

就网络学习空间的相关研究来看，基础理论、规划与建设中的关键技术问题等研究较为扎实，而对于网络学习空间与教育教学深度融合应用的模式、策略，如何更好地采用网络学习空间变革教与学的方式，如何分析与评价网络学习空间的学习效果等方面的研究较为薄弱。当前信息技术与教育教学深度融合是我国教育信息化建设的难点与重点，而将网络学习空间与教育教学相结合，基于空间展开教学实践，是实现深度全面融合的切入点之一。目前，我国网络学习空间处于建设期，虽然全国各地响应国家号召，空间平台陆续建设，教师和学生空间陆续开通，但空间的访问和应用并不乐观，应用实践多为一线实践者经验的零碎总结，未形成可推广的、常态化的与教学实践深度融合的应用模式、策略。目前网络学习空间的研究正朝着应用模式与效果等微观层面发展，立足于为学习者提供友好的、自然的交互环境，因此本书研究结合高校教学实践开展网络学习空间的深度应用，探索其中的教学活动设计、交互分析与评价方法、交互策略与机制等。

从 CSCL 的交互研究的内容来看，国内外研究者目前主要从交互类型与结构、交互行为的特征、交互的影响因素、交互的效果等方面，逐渐朝交互过程的行为特征、模式、成员关系等聚焦。从 CSCL 下的交互分析方法来看，主要包括定性的方法和定量的方法两大类。其中，定性方法主要包括话语分析法、扎根理论、案例研究法、事件分析法、叙事分析；定量方法主要包括内容分析法、社会网络分析法、系统建模法、多层线性模型分析、滞后序列分析法。但整体来看，研究者较多采用单一方法，耦合多种定量与定性研究方法，深入探究交互机制的相关研究还较匮乏。基于此，本书研究综合采用多种定量与定性研究方法，全面深入地探究网络学习空间中促进问题解决的交互机制，期望能为网络学习空间促进教学与学习方式的变革提供强有力的理论与实践的支持。

第 三 章

网络学习空间中的协作问题解决学习活动设计与应用

　　本章的核心在于网络学习空间中协作问题解决学习的交互机制研究的整体设计，研究环境、参与者、如何设计与实施网络学习空间中的协作问题解决学习活动、研究流程及数据收集与处理的方法等是本书研究的重要基础。本章主要包括以下三个方面的内容：基于活动理论的视角，探讨作为活动系统的协作问题解决学习活动的要素、设计模型；以《数字视音频的设计与制作》为教学内容设计，从学习目标、学习者特征、核心要素、监测与评估四个方面设计协作问题解决学习活动；依托本书研究中的网络学习空间开展学习活动和分析应用效果，为交互机制的研究提供基础。

第一节　三阶段协作问题解决学习活动模型建构

一、作为活动系统的协作问题解决学习

辩证唯物主义认为人类正是在活动中实现和发展与世界的关系并征服世界的，并认为活动是研究人类发展的切入点。苏联心理学家维果茨基受此思想的影响，并结合巴普洛夫的经典条件反射理论，提出行为刺激（S）与反应（R）之间存在中介（X）的三角模型 [图 3-1（a）]，S 即主体，表示"行为刺激"；R 即客体，指反应；X 即主体与客体之间的中介（工具）。苏联心理学家列昂捷夫（维果茨基的学生）在此基础上，对作为"人类与客观世界交互的中介"的活动开展了深入的研究，建构了活动的层次理论 [图 3-1（b）]。该理论将活动分为活动、行为与操作三个具体的层次。其中，活动属于目的性层次，以客体为导向，通过主体的动机实现特定的目标；行为属于功能性层次，以目标为导向，通过实现活动而满足动机，行为是活动的基本组成部分；操作属于常规性层次，一系列的无意识的、自动化的，但依赖于一定条件的操作构成行为，行为最终构成活动。

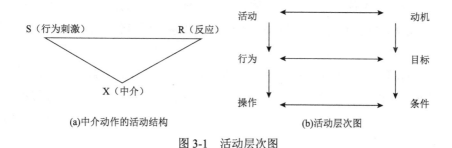

图 3-1　活动层次图

芬兰学者恩格斯托姆吸收了前人关于"活动"的研究成果，并结合达尔文的生物进化论，从生物遗传的视角，提出人类活动经历了动物活动的生物主动适应性模式、动物向人进化过程的工具和规则出现后的活动模式、人类活动的三角模

式三个阶段。人类活动的三角模式阶段认为人类活动是一个包含四个子系统（生产子系统、消费子系统、交换子系统、分配子系统）与六个要素（主体、客体、共同体、工具、规则、劳动分工）的活动系统。主体一般指从事活动的个体或小组，往往处于活动的中心，活动往往遵循主体的意愿而开展；客体可以是物质的或者精神的，是主体所操作与追求的对象，活动往往以客体为导向，并最终转化为特定的目的；共同体指参与活动的个体或小组的整体，特定活动中往往有多个共同体，单个共同体具有特定的规则与建构，但却共享客体；工具是主体作用于客体的中介，不仅包括物质工具还包括思考工具，主体不仅可以使用工具，同时还能够改变、发展工具；规则即调节主体与共同体间关系的行为规范或标准，限制主体活动的显规则或隐规则，显规则指人为规定的、明确的、外在的行为标准，多以文本呈现，隐规则包括共同体中没有明确规定的，却为所有成员认可并无意识遵从的态度、行为规范等；劳动分工指共同体内部成员之间的任务、权利、地位的分配，不同的共同体有不同的劳动分工。

从以上的论述可以看出，经过多位研究者基于不同视角对活动理论开展的多维度的、丰富的、深入的研究，活动理论的层次更为深入，也更具有实践活动分析的可操作性。因此，活动理论是一个清晰的描述性框架，为人类实践活动的分析提供了一般性的通用概念框架。

协作问题解决学习是一种围绕具体问题展开的学习活动，它依赖于社会性互动、对话协商等协作手段，旨在达成对问题的共同理解，并构建出解决方案。这一过程不仅促进了学习者的认知能力发展，还深化了他们对特定领域知识的理解和建构。因此，协作问题解决学习本质上是一个综合性的活动系统。活动理论认为活动系统包括主体、客体、共同体、工具、规则、劳动分工六个基本要素。因此，作为活动系统的协作问题解决学习的基本要素也应该包括主体、客体、共同体、工具、规则、劳动分工六个方面。

协作问题解决学习活动系统中的主体即指学习者，协作问题解决学习活动由教师根据教学内容设定学习目标、分析学习者特征、设计教学活动、选择教学策略与方法、组织与实施教学活动等，但教师仅是学习活动的主导者，学习效果如何，是否达到预期目标，还依赖于学习者，因此学习者才是学习活动的主体。

协作问题解决学习活动系统中的客体即学习内容，是学习者认知与实践的对象，学习内容不仅包括传统意义上的教材、辅助材料，还包括承载内容的媒体、设备等支持性因素。

协作问题解决学习活动系统中的共同体即协作小组，协作问题解决学习以小组为基本单位开展学习活动，学习者以小组为单位通过对话、交互、协商等形式，建构问题空间、提出问题解决方案并实施与评估。

协作问题解决学习活动系统中的工具即学习资源，不仅包括各种形式的学习材料，还包括各种形式的学习工具，学习者通过工具与学习内容发生关联，因此工具是学习者与学习内容间的中介，也是学习内容的人工制品。

协作问题解决学习活动系统中的规则即协作的规则与策略、方法等，规则不仅约束学习者与共同体，维护学习者个体或共同体成员的和谐关系，引导他们共同有序地完成学习任务，而且也会为问题解决提供必要的引导与保障。

协作问题解决学习活动系统中的劳动分工不仅指学习活动中的劳动分工，还包括学习共同体内的劳动分工，学习活动中的角色主要包括促学者与学习者两大类，每个协作小组则至少包括一名组长与一名组员，促学者、学习者、组长、组员分别履行自己的职责。

二、学习活动模型建构

网络学习空间中的协作问题解决学习不仅是一种活动系统，具有活动系统的特征，而且是一种在线学习活动系统。李松等认为：从设计维度来看，在线学习活动设计的六个主要要素分别是学习任务、学习过程、监管规则、学习支持、评价规则和学习资源；从过程维度来看，在线学习活动包括活动导入、活动组织、活动评价和学习支持四个环节[1]。此观点囊括了在线学习活动设计的两个维度十个方面，对一般的在线学习活动设计具有普遍的指导意义，但是协作问题解决学习与一般的在线学习活动相比，具有自身的特殊性与独特性，是否能够直接采用该观点进行设计还需要探究。马志强在借鉴李松等观点的基础上，以活动理论为框架，提出问题解决的在线学习活动的设计要素包括四个核心要素，分别是问题情境、协作学习的角色、协作学习任务、支持协作的资源与工具四个方面，学习活动设计的主要目的即引导学习者分析问题，构建问题空间，形成解决方案[2][3]。

① 李松，张进宝，徐琤. 在线学习活动设计研究. 现代远程教育研究，2010（4）：68-72.
② 马志强. 问题解决在线学习活动设计与应用的实证研究. 中国电化教育，2012（12）：41-46.
③ 马志强. 基于问题解决的网络协作学习活动设计研究. 集美大学学报（教育科学版），2014，15（1）：53-58.

　　以上关于在线学习活动设计的研究往往注重从教师维度探讨问题解决学习活动的要素，而忽略了学习者在问题解决学习中的重要作用，俞树煜等为了弥补此不足，提出了包括教师与学生两个维度的促进批判性思维发展的问题解决学习活动模型。教师维度主要包括问题设计、角色设计、资源及工具设计等与教学设计密切相关的设计性因素，为问题解决学习活动的顺利开展与实施提供支架，夯实基础；学生维度以问题解决过程为主线，包括表征问题空间、确定解决方案、实施解决方案三个阶段；监测与评估则贯穿整个问题解决学习过程，为学习者与教师提供足够的证据以判定是否达到问题解决的目标[①]。上述活动模型分别从教师与学生维度开展问题解决学习活动设计，尽管考虑了学生在问题解决学习中的主体地位，但问题解决过程是非线性的，也是无法设计的。

　　蔡慧英认为协作问题解决学习活动应该分别从问题解决学习的维度与社会性学习的维度进行研究[②]。其中，基于问题解决学习的维度，协作问题解决学习主要包括围绕解决问题这一核心任务进行的问题分析、问题定位、形成解决方案一系列学习活动；基于社会性学习的维度，协作问题解决学习主要包括与协作交互相关的交流与协调活动，以及与学习任务相关的交流与协调活动[③]；蔡慧英在借鉴贝克等提出的协作问题解决学习活动雷恩博分类框架[④]的基础上，将协作问题解决学习活动简化为与学习无关的活动、协作交互活动、学习任务分析活动、与认知发展相关的活动四大类[⑤]。

　　以上研究均从不同的视角对协作问题解决学习活动的设计进行了探讨与解读，但却忽略了协作问题解决学习活动不仅是一个活动系统，还是一个在线学习活动。因此，本书结合前人的相关研究及活动理论等，将问题解决过程与协作问题解决学习活动的要素及子活动序列进行融合，认为协作问题解决学习活动模型是一个三阶段模型（图 3-2），三个阶段分别是学情分析阶段、核心要素设计阶

---

① 俞树煜，王国华，聂胜欣，等. 在线学习活动中促进批判性思维发展的问题解决学习活动模型研究. 电化教育研究，2015，36（7）：35-41，72.

② 蔡慧英. 语义图示工具支持的协作问题解决学习的研究. 华东师范大学博士学位论文，2016.

③ Janssen J, Erkens G, Kanselaar G, et al. Visualization of participation: Does it contribute to successful computer-supported collaborative learning? Computers & Education, 2007, 49(4): 1037-1065.

④ Rainbow 分类框架将协作问题解决学习活动分为七类，主要包括与协作问题解决学习无关的学习活动和与协作问题解决学习有关的学习活动（与协作问题解决学习无关的学习活动如与协作问题解决学习无关的活动、社会性关系管理和交互管理，与协作问题解决学习有关的学习活动如学习任务管理、观点表达、观点认证以及观点的扩展与深化等）。

⑤ Baker M, Andriessen J, Lund K, et al. Rainbow: A framework for analysing computer-mediated pedagogical debates. International Journal of Computer-Supported Collaborative Learning, 2007, 2(2/3): 315-357.

段、问题解决阶段。

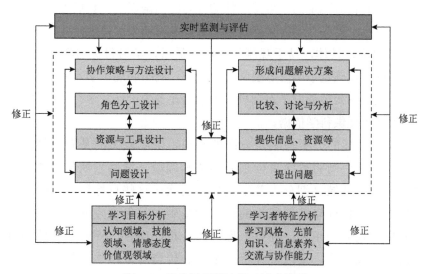

图 3-2 协作问题解决学习活动模型

其中，学情分析包括学习目标分析、学习者特征分析两个要素，学习目标分析为核心要素设计提供依据与支持，学习者特征分析为学习共同体的形成、分组、角色分工等工作的开展提供基础与支持。核心要素设计涵盖了问题设计、资源与工具设计、角色分工设计，以及协作策略与方法设计，这些设计均建立在对学习者特性及学习目标的深入分析之上。在问题解决阶段，学习者主动提出问题，提供信息、资源等，并通过比较、讨论与分析来明确并形成问题的解决方案。而实时监测与评估作为贯穿全程的关键环节，不仅实时监控学习过程，还即时剖析问题，验证解决方案的有效性，并据此灵活调整设计，确保学习活动的顺畅与高效进行。

三、学习活动模型解读

（一）学情分析阶段

1. 学习目标分析

任何一种学习活动都是典型的目标导向的活动，因此学习目标的分析与制定是保证学习活动顺利开展，取得良好学习效果的重要工作。学习目标是对学习者学习后表现出的相对稳定的、可持续性的行为的明确表述。我们可以从以下几方面理解学习目标：首先，学习目标是学习者的学习结果的体现；其次，学习目标的表述尽量明确、具体，易于观测与评估；最后，学习目标与学习结果密不可分。学习目标不仅确定了学习者要学习的内容，同时明确了学习者学习后需要达到的水平，能够有效地激发学习动机，为学习任务的设计、学习过程的监测、学习效果的评估等提供科学依据。

关于学习目标的分类与制定方面的理论，影响较大的是布卢姆的教学目标分类理论。布卢姆将教学目标划分为认知领域、情感领域与动作技能领域三大领域，每一领域又细分为若干子目标层次，这些目标层次之间呈现阶梯状，较高层次的目标以较低层次的目标为基础，且包含较低层次的目标。认知领域的目标划分为识记、理解、运用、分析、综合、评价；情感领域的目标划分为接受或注意、反应、评价、组织、价值与价值体系的性格化；动作技能领域的目标划分为感知、准备、有指导的反应、机械动作、复杂的外显反应、适应、创新[①]。

安德森等[②]在吸收各方对布卢姆教育目标分类理论批判的基础上，对原有的教育目标分类学进行了修订，最大的区别在于对获得知识与习得能力之间的关系的认识有了很大的进步与超越，提出了认知领域目标的二维分类框架，将认知领域的目标从知识维度与认知过程维度进行了区分，如表 3-1 所示。知识被细分为事实性知识、概念性知识、程序性知识与反省性知识四大类，认知过程则将每类知识的认知水平划分为记忆、理解、运用、分析、评价、创造六个层次。学习目标分类理论为学习目标的制定提供了理论基础，指明了方向。科学的学习目标的制定通常不仅需要对课程与教学的政策进行研究，还需要关注学习者个体的学情以及教学实践的检验，并将多方面的依据进行融会贯通[③]。同理，协作问题解决学习的学习目标的制定不仅需要对国家乃至学校对课程教学方面的政策进行分析，还需要把握协作问题解决学习的本质特征。

---

① 谢幼如，尹睿. 网络教学设计与评价. 北京：北京师范大学出版社，2010：85-88.
② 洛林·W. 安德森，戴维·R. 克拉思沃尔，彼得·W. 艾拉沙恩，等. 布卢姆教育目标分类学：分类学视野下的学与教及其测评. 蒋小平，张琴美，罗晶晶译. 北京：外语教学与研究出版社，2009.
③ 吴刚平. 学习目标的多重依据及其关系. 全球教育展望，2013，42（3）：11-16.

表 3-1　学习目标分类

知识维度	认知过程维度					
	1.记忆	2.理解	3.运用	4.分析	5.评价	6.创造
A.事实性知识						
B.概念性知识						
C.程序性知识						
D.反省性知识						

刘儒德认为基于问题的学习以高级知识学习为主，同时有机地融合了初级知识学习，学生在解决问题的过程中习得知识与技能，又通过将知识应用于问题解决而促进高阶思维能力的发展。因此，基于问题的学习的目标不仅在于培养学生灵活的知识基础，还在于发展学习者的自学能力、协作能力、问题解决能力等高阶思维能力，使学习者成为主动的知识建构者、自主学习者、有效的协作者[①]。

结合前文对协作问题解决学习的界定，我们认为协作问题解决学习的学习目标即解决问题，达成知识建构，培养高阶思维能力。解决问题是学习的直接目标，知识建构的达成与高阶思维能力的培养是间接目标，知识建构属于认知领域的目标，问题解决能力等高阶思维能力属于能力领域的目标。

2. 学习者特征分析

不管是良构问题还是劣构问题，均与问题解决者自身的认知技能密切相关，如个体的智慧、认知能力、个性特点等，因此学习者个体的先前专业知识、先前解决类似问题的经验、认知技能（特别是因果推理、类比推理、认知信念）等在问题解决过程中扮演的重要角色是不容忽视的。学习者特征分析能够了解学习者的一般特征、认知技能、学习态度、学习风格等因素，为学习活动的设计提供依据。谢幼如和尹睿提出，网络学习设计中，通常从学习者的认知风格、学习起点、学习动机与态度、信息素养及自我效能感等几方面对学习者进行特征分析[②]。协作问题解决学习中学习者特征分析要紧密结合协作问题解决学习的性质、特点，重点关注对协作问题解决学习活动的顺利开展与取得良好学习效果起直接与关键作用的核心要素。

因此，协作问题解决学习对学习者的分析主要从学习者的学习风格、先前知

---

① 刘儒德. 基于问题学习对教学改革的启示. 教育研究，2002，23（2）：73-77.

② 谢幼如，尹睿. 网络教学设计与评价. 北京：北京师范大学出版社，2010：112-153.

识、信息素养、协作与交流能力等四个方面进行。学习者特征分析帮助教师了解学习者个体的特征，便于分组工作的进行。

学习风格这一概念是 1954 年由美国学者塞伦首次提出的，通常指学习者持续一贯的带有个性特征的学习方式和学习倾向。换句话说，一方面，学习风格是指学习者喜欢的或经常使用的学习方式或倾向；另一方面，学习风格具有稳定性，不受学习内容、学习环境等因素的影响。美国学者科纳克认为，学习者信息加工的风格、习惯的感知或接受刺激所用的感官、鼓励或坚持等感情的需求、与同伴交往等人际需求、对环境的偏好与需求等方面的信息对设计适合学习者的个别化学习活动具有重要的指导意义①。

研究者关于学习风格的研究取得了丰富的成果，主要存在学习风格研究的信息加工理论、经验学习理论、人格类型理论等几种研究的视角。其中，信息加工理论视角的研究以弗莱明的 VARK②学习风格分类为代表，弗莱明依据学习者的感觉通道偏好（VARK 学习风格调查量表）将学习风格划分为视觉型、听觉型、读写型、动觉型③；经验学习理论视角的研究以库伯的学习风格理论为代表，库伯认为学习过程按照具体经验→反思观察→抽象理解→主动试验的路径进行，以此为基础，将学习者划分为聚敛型、发散型、同化型和顺应型四类，并提出了学习风格测试量表（KLSI-1984），该量表的科学性与实践性已经经过了长期的实践检验④；基于人格类型理论的视角的学习风格研究主要是 Myers Briggs 的人格类型模型和测量量表，该理论根据学习者人格特质的差异将学习者分为内倾/外倾、思维/情感、判断/观察、感觉/直觉八类。

康淑敏认为，学习者的学习风格不应该单单是心理、生理或者其他层面，而应该涵盖多方面的内容，而现有关于学习风格的研究如上述的三种视角均将学习风格简单化，仅涉及某一层面，存在试图以局部代表整体的现象⑤。在此基础上，陈丽等综合三种研究视角提出了远程学习者的三维学习风格模型，该模型不但将三种不同的研究视角有机融合，建构了完备的学习风格理论框架，还提供了

---

① 转引自谢幼如，尹睿. 网络教学设计与评价. 北京：北京师范大学出版社，2010：125.

② VARK 即视觉型（visual）、听觉型（aural）、读写型（read/written）和动觉型（kinesthetic）。

③ Fleming N D, Mills C. Not Another Inventory, Rather a Catalyst for Reflection. To Improve the Academy, 1992, 11(1): 137-155.

④ Sharp J E. Applying Kolb Learning Style Theory in the communication classroom. Business Communication Quarterly, 1997, 60(2): 129-134.

⑤ 康淑敏. 学习风格理论：西方研究综述. 山东外语教学，2003，24（3）：24-28.

便利的操作性，为学习者学习风格的测量提供了有力的支持①。

先前知识一般指学习者在学习特定的学习内容时，已经具备的有关学科与领域知识、技能的基础。一般认为先前知识分析是指学习者的认知结构分析。认知结构是认知主义学习理论中的概念，就特定的学习内容来讲，认知结构是指学习者大脑内按一定结构组织的，关于某个学科或领域的知识与经验。美国著名的教育心理学家奥苏贝尔认为，认知结构的可利用性、可分辨性、稳固性是影响有意义学习发生的重要因素，所以认知结构分析即指分析学习者的认知结构的可利用性、可分辨性、稳固性。可利用性指学习者的认知结构对于新概念与新知识能否起到固定、吸收作用；可分辨性指学习者的认知结构与新概念、新知识之间的差异是否能够分辨清楚；稳固性指学习者的认知结构是否牢固。

"信息素养"（information literacy）一词最早由美国信息产业协会主席保罗·泽考斯基于 1974 年提出，即指"人们在解决问题时利用信息的技术和技能"②。美国教育技术 CEO 论坛 2001 年的报告中指出，信息素养被列为 21 世纪的五大能力素养之一，其他四个分别是基本的学习技能、创新思维能力、人际交往与合作精神、实践能力。21 世纪是信息技术蓬勃发展的世纪，21 世纪的社会是信息社会，因此，信息素养是每一位 21 世纪生存的人应具备的基本能力之一，但并不是人类与生俱来的能力，而是能够通过后天学习习得的。1994 年麦克卢尔（Charles R. McClure）提出了包括四个层次的基于网络的信息素养模型，分别是传统素养（读、写、算能力等）、计算机素养、媒体素养、网络素养四个层次，该模型体现了网络时代解决信息问题的能力。1997 年纽约州立大学图书馆馆长理事会指出，信息素养包括三个基本内容，分别是信息技术的应用技能、对信息内容的批判与理解能力、运用信息且融入信息社会的态度与能力。

信息素养的内涵随着时代的发展会发生变化，网络技术、移动通信技术迅速发展的今天，信息素养通常同"计算机素养""网络素养""信息技术素养"等概念混淆使用。常见的信息素养评价量规有美国科罗拉多州信息素养评价量规③、廖仁光和臧凤梅④提出的大学生信息素质评估体系等。

协作与交流能力如正确的表达、流利的阅读以及清晰的书写能力一直都是教

---

① 陈丽，张伟远，郝丹. 中国远程学习者学习风格特征的三维模型. 开放教育研究，2005，11（2）：48-52.
② 转引自杨帆，詹德优. 数字参考服务中的信息素养分析. 图书馆杂志，2004，23（4）：2-7.
③ 龙正龄，莘海亮. 高职《园林植物环境》的教学分析及信息化教学设计. 农村经济与科技，2019，30(24)：269-270.
④ 廖仁光，臧凤梅. 论大学生信息素质评估体系的建立. 图书馆论坛，2006，26（1）：60-63.

育领域致力于培养与强调的核心能力，但随着网络技术、移动通信技术的发展，基于网络的虚拟学习与交流的出现，时代对人与人之间的交流提出了更高的要求，不仅需要人类具备出色的个体交流能力，协作、合作、团队精神等也逐渐被重视。协作与交流能力是协作问题解决学习能否取得良好学习效果的关键因素，协作问题解决学习主要通过协作小组成员之间的交流与协作，共同表征问题空间、探索问题解决的方案，并实施与评估方案的可行性。协作问题解决学习要求学习者在学习过程中能够清晰地表达与聆听，能够与小组成员及其他学习同伴、教师等促学者有效地交流与合作。

（二）核心要素设计阶段

1. 问题设计

协作问题解决学习活动中，问题设计是基础，也是整个学习活动能否顺利开展的前提条件，并且决定着学习效果的优劣。有研究者提出，问题设计对激活学习者的先前知识、开展团队协作、发展高阶思维能力均有重要的影响作用[1]。史密斯认为，影响问题解决的因素可以归纳为外部因素和内部因素，外部因素指人类是如何构想与解决问题的，内部因素则指问题本身的性质[2]。研究者之所以关注问题的分类，是因为他们相信不同类型问题的解决需要不同的技能，不同类型问题的解决具有不同的风险级别。因此，问题设计主要包括两个方面的内容：问题的类型选择与不同类型问题的解决过程设计。

心理学家依据不同的分类标准，将问题分为不同的类型，如：根据问题的明确程度，分为界定清晰的问题和界定模糊的问题；根据问题解决者是否有对手，分为对抗性问题与非对抗性问题；根据问题的答案是否唯一，分为封闭性问题和开放性问题；根据问题的层次与水平，分为呈现型、发现型与创造型等问题[3]。

一般认为依据问题空间明确与否可以将问题划分为良构问题与劣构问题两大类，Hong 等对良构问题与劣构问题从问题本质、问题解决的过程与条件等方面

① Perrenet J C, Bouhuijs P A J, Smits J G M M. The suitability of problem-based learning for engineering education: Theory and practice. Teaching in Higher Education, 2000, 5(3): 345-358.

② Smith M U. Toward a unified theory of problem solving: A view from biology. Biological Sciences, 1988. https://files.eric.ed.gov/fulltext/ED295978.pdf.

③ 汪凤炎，燕良轼. 教育心理学新编. 广州：暨南大学出版社，2006：351-353.

进行了详细的对比研究[1]。从问题本质上来看，良构问题具有良好的初始状态、明确的条件限制与目标状态，并且拥有唯一的解决方案，而劣构问题则具有限制性的已知信息、不确定或相互矛盾的限制条件与目标状态，拥有多种解决方案或路径；从问题解决过程来看，良构问题按照激活图式→搜寻解决方案→实施与监控方案的程序进行，劣构问题则按照搜寻并选择与问题相关的信息为认证提供理由→提出多样化的问题解决策略并确定最终选择的方案→对解决方案进行评估并认证其合理性的程序进行；从问题解决条件来看，良构问题主要包括领域性知识、结构性知识等认知与元认知方面，劣构问题除此之外还包含态度、价值观等非情感因素，以及认证技巧等方面[2]。

美国教育心理学家乔纳森认为问题与问题之间的差异主要体现为结构、情境、复杂性、动态性、领域特殊性等五个方面[3]，并以此为依据将问题划分为逻辑问题、运算问题、故事问题、规则应用/规则归纳问题、决策问题、故障排除问题、诊断问题、策略绩效问题、政策分析问题、设计问题、两难问题等十一类[4]。该分类方法将问题看作是良构到劣构的连续统，运算问题与故事问题属于清晰界定的一端，它们倾向于静态、简单，并伴随着明确且统一的答案以及既定的规则。相对地，设计问题与两难问题则位于模糊复杂的一端，展现出更强的动态性和复杂性，其边界往往模糊不清，且可能包含多种可行的解决方案。问题分类的相关研究能够帮助问题解决者区分问题的性质与类型，有效调用先前知识，建构相对的解决策略与方案。但是研究者关于问题分类的研究往往将不同类型的问题视为相互独立的，而日常生活中或专业领域中遇到的问题通常不够分散与独立，以"问题集群"的形式呈现。各类问题的聚集与交叉，使得问题的性质及类型不容易独立辨别，因此在分析问题时，首先要分析形成问题集群的各类问题，这样使得问题的结构更为复杂。

研究者认为，解决各类问题所需的技能各异，且这些问题的解决各自承载着不同水平的风险。很多研究者均尝试从问题情境设计的维度分离出问题解决过程中的重要因素。Lee 认为问题解决需要考虑学习目标、学习者先前知识、问题解

① Hong N S. The relationship between well-structured and ill-structured problem solving in multimedia simulation. The Pennsylvania State University, 1998.

② 马志强. 问题解决在线协作学习中的问题设计研究. 远程教育杂志，2013，31（3）：51-56.

③ 戴维·H. 乔纳森. 学会解决问题：支持问题解决的学习环境设计手册. 刘名卓，金慧，陈维超译. 上海：华东师范大学出版社，2015：11.

④ Jonassen D H. Toward a design theory of problem solving. Educational Technology Research and Development, 2000, 48(4): 63-85.

决需要的领域知识、问题的结构性复杂性以及其他限制条件等①。Hung 提出问题解决的 3C3R 模型，认为理想的问题解决过程的要素包括核心部分与过程部分。其中，核心部分指 3C，即 context（情境）、content（内容）、connection（连接），包括问题的内容、背景等，如问题的内容知识是否充分、问题的境脉等；过程部分指 3R，即 researching（研究）、reflecting（反思）、reasoning（推理），主要包括学习者在问题解决过程中对知识的提取、相关技能等方面的发展等②。

协作问题解决学习中的问题通常包括多个类型的问题，是问题集群，属于劣构问题，因此协作问题解决学习中的问题解决需要先对问题集群进行分解，再确定问题解决的过程。而 Lee 和 Hung 的观点过于关注通用性的问题解决过程需要关注的因素，忽略了问题类型对问题解决过程的重要影响。马志强认为应该首先确定问题的类型，从问题的状态、内涵、基本的信息结构等方面确定问题的基本性质，然后在此基础上，从意义信息（问题发生的情景）、支持信息（限制问题解决的条件或线索）、知识线索（为学习者问题解决提供的相关线索）三个方面设计问题解决过程。该观点从问题自身性质出发，根据问题的状态、类型、内涵以及信息结构等，有针对性地开展问题的设计，遗憾的是马志强在验证该观点有效性的准实验研究中仅仅说明"干预组采用该问题结构设计问题，控制组则提供未经过问题结构设计的问题"，并未交代实验中具体的问题设计过程与案例③。

乔纳森在分析讨论问题的类型、性质等的基础上，讨论了故事问题、决策问题、诊断与故障排除问题、策略绩效问题、政策问题、设计问题等六种不同类型问题的设计模型，并针对每类问题提供了相关的案例与认知技能，如表 3-2 所示。

表 3-2　不同类型问题的设计

问题类型	案例组成部分	认知技能
故事问题	问题、实例、类比物	问题图式、类比、因果推理、质疑
决策问题	问题、案例研究、先前经验、不同观点	因果推理、思辨、建模、心理模拟
诊断与故障排除问题	问题、先前经验	因果推理、思辨、建模

① Lee J. Problem-based learning: A decision model for problem selection//Proceedings of Selected Research and Development Papers Presented at the National Convention of the Association for Educational Communications and Technology [AECT]. 21st, Houston, TX, February 10-14, 1999.

② Hung W. The 3C3R model: A conceptual framework for designing problems in PBL. Interdisciplinary Journal of Problem-Based Learning, 2006, 1(1): 55-77.

③ 马志强. 问题解决在线协作学习中的问题设计研究. 远程教育杂志, 2013, 31（3）：51-56.

续表

问题类型	案例组成部分	认知技能
策略绩效问题	问题、先前经验、模拟	问题图式、类比、因果推理、心理模拟
政策问题	问题、案例研究、先前经验、不同观点	类比、因果推理、质疑、思辨、建模
设计问题	问题、先前经验、不同观点	因果推理、思辨、建模

2. 资源与工具设计

在协作问题解决学习活动系统中，所提及的资源与工具，实际上与活动系统框架中的客体与工具要素相对应。活动系统中的客体是指主体为达到特定的目的所追求的物质产品或精神产品，在协作问题解决学习活动中，学习者是活动的主体，客体则指学习内容，主体通过对客体的认识、加工、改造而达到认识世界、改造世界的目的。学习内容往往不能独立呈现，而需要通过一定的媒体作为载体，因此协作问题解决学习中的学习内容即指学习者开展协作问题解决学习活动所必需的相关资源、媒体、工具、设备等。活动系统中的工具则指主体将客体转化为结果的过程中所需要用到的物质工具与思考工具，是主体与客体之间相互作用的中介。协作问题解决学习活动中学生借助工具与学习内容之间建立互动，并获取加工与学习相关的资源和信息。这些工具指学习过程所用到的所有纸质、电子或其他形式的学习材料，如任何传统的词典、工具书等学习工具、信息技术支持的认知工具、建模工具等。

协作问题解决学习中的资源与工具，是活动系统中客体与工具的深度融合与统一体现，二者在此框架下实现了有机结合。资源与工具是协作问题解决学习活动开展的基本条件，同时也是学习者与学习者、教师及学习环境进行交互，开展协作问题解决学习的中介，不仅包括一切与学习相关的学习资源、学习工具，还包括学习者之间协作过程中创造的人工制品等。网络学习空间本质上是一个资源聚合空间，为学习者的学习提供丰富的、个性的学习资源与学习工具。其中，学习资源包括课件资源、试题资源、课程资源、案例资源、素材资源等，学习工具则包括支持交流与协作的工具、认知工具、建模工具等。

3. 角色分工设计

协作问题解决学习中的角色分工与活动系统中的"规则"相对应，规则即为了协调主体及共同体之间关系而建立起来的规则与标准体系，是人类从事有关行为的基本性准则。规则的出现，起源于人类协调角色冲突，维持社会稳定的期许。"角色"就是在社会或特定群体中处于一定地位并遵循相应的行为规范的人，社会学家对角色开展了深入的探究，认为角色首先处于人类社会所期望的某种地位，其次也是自我期望的体现，最后角色由一定的行为规范所限制。因此，角色代表了特定群体的规则总和，是规则的基本单位。协作问题解决学习活动系统中的规则可以用角色表征。

协作问题解决学习的角色首先可以从社会性学习维度与问题解决维度两个方面解读。一方面，从社会性学习维度来看，角色分工中需要包含支持小组进行社会性交互与协作的角色，以维持小组的社会性关系；另一方面，从问题解决维度来看，角色分工中需要包含围绕问题进行问题表征、提出解决方案、实施与评估方案等认知操作的角色，以完成问题解决的任务，达成学习目标。

协作问题解决学习的角色也可以分为促学者与学习者两大类。促学者是教师在网络学习空间中协作问题解决学习的新角色，不仅包括传统意义上的教师，还包括技术支持人员和资源设计开发人员，以及在线辅导教师等对网络学习空间中的学习活动的开展起支持、帮助与促进的相关工作人员，同时教师也不再仅是传统意义上的教师个体，而是由网络学习空间中的 N 位教师组成的学习共同体，学习共同体的教师成员之间共享优质资源、交流沟通、协作备课、合作教研等。协作问题解决学习的学习者不再仅指学习者个体，同时也指由 N 位学习者组成的学习共同体（包括小组、班级及其他形式的共同体）。共同体中的学习者通过内部的密切联系、积极交互，解决问题，达成知识建构。

4. 协作策略与方法设计

协作问题解决学习与一般的问题解决学习的最大区别在于它要求小组成员通过交互、对话、协商共同完成问题解决任务，因此协作策略与方法的设计是协作问题解决学习活动中的一个关键要素。

常见的协作策略有学生小组成绩分工法[1]（student-team achievement divisions，STAD）、小组游戏竞赛法[2]（teams-games-tournament，TGT）、切块拼接法[3]（jigsaw instruction method）、小组调查法[4]（group investigation，

---

[1] 黄荣怀. 计算机支持的协作学习：理论与方法. 北京：人民教育出版社，2003：66.

[2] 赵建华. Web 环境下智能协作学习系统构建的理论与方法. 华南师范大学博士学位论文，2002.

[3] Aronson E, Al E. The Jigsaw Classroom. Thousand Oaks: Sage Publications, Inc. 1978: 179.

[4] Sharan S, Sharan Y. Small-group Teaching. Upper Saddle River: Prentice Hall, 1976.

GI）、团队促进教学[①]（team accelerated instruction，TAI）、合作集成阅读与写作[②]（cooperative integrated reading and composition，CIRC）、共同学习法[③]（learning together，LT）、综合教学[④]（complex instruction，CI）等。

本节从策略的主要思想、适用学科与学段、分组策略、主要要素等几方面对几种协作策略进行了分析与比较（表 3-3）。研究发现，各种协作策略与方法所适用的学科、学段及学习内容的类型不同，因此，在协作问题解决学习活动设计时，还要根据学习目标、学习者特征等学情分析的结果来选择适当的协作策略与方法。

表 3-3 常用协作策略的比较分析

协作策略	主要思想	适用学科与学段	分组策略	主要要素
STAD	促进学习者的互相帮助与支持，提升学习的主观能动性	适用数学、语言艺术、社会科学等，学段从小学二年级到大学	异质分组 4—5 人	课堂展示、团队实践、测试、个体提高成绩、团队奖励
TGT	促进学习者的互相帮助与支持，提升学习的主观能动性	适用数学、语言艺术、社会科学等，学段从小学二年级到大学	异质分组 4—5 人	"游戏"代替"测试"
GI	学习者不仅是学校生活的积极参与者，也是学习的决策者	多学段与多学科通用	按兴趣与异质分组 2—6 人	选题并分组、小组调查设计、小组总结报告、评价
jigsaw	学习者之间的竞争与相互依赖能够提高学习成绩	社会研究或文献与科学研究中强调概念学习的领域	异质分组 5—6 人	分配阅读任务、提供专家表、专家组讨论、向同伴传授学习内容、测试
TAI	将个体学习与小组协作学习有机融合	小学 3—6 年级的数学学习	异质分组 4—5 人	定向测试、课程材料、团队学习、团队成绩与奖励、教学组、规则测试、全班单元
LT	不仅强调小组成员间的相互依赖，同时强调学习者个体的职责	没有说明	异质分组 4—5 人	面对面交互、积极的相互依赖、个体责任、个体及小组技能

各种协作策略与方法也存在相同的特征，如均主要采用异质分组，并且小组规模一般为 2—6 人。费尔德和布伦特认为，非异质分组时，小组成员的能力与

① Slavin R E. Student Team Learning: An Overview and Practical Guide. 2nd ed. San Francisco: Jossey-Bass, 1988.

② Stevens R J, Madden N A, Slavin R E, et al. Cooperative integrated reading and composition: Two field experiments. Reading Research Quarterly, 1987, 22(4): 433.

③ Johnson D W, Johnson R T, Holubec E J. Circles of learning. Cooperation in the Classroom, 1984(22): 89.

④ Cohen E G. Designing groupwork: Strategies for the heterogeneous classroom. New York: Teachers College Press, 1986.

知识水平易呈现普遍较强或较弱的现象。较强的小组容易将任务独立分配，缺少协商与对话，不利于小组协作的开展；较弱的小组则整体实力不强，影响学习任务的进度，同样不利于小组协作的开展[1]。因此，采用异质分组。异质分组时，可以兼顾能力强与能力弱的学习者：弱者可以得到强者的帮助与支持，学习动机与自我效能感得到激励；强者在帮助弱者的同时，不仅能够更深层地认识与理解问题，还可以增强满足感与成就感。

相关研究表明，大学阶段的学习者进行异质分组的学习效果更明显[2]。进行异质分组，不仅要明确需要考虑学习者哪些方面的特征，遵循什么原则，还要考虑学习目标、学习的境脉、学习内容等因素。另外，在学习活动开始前详细介绍为什么进行协作问题解决学习，以及如何评价学习过程与学习结果，并开展建立友好协作氛围的"热身活动"等；在学习活动的实施过程中，应细致规划小组任务，明确组内成员职责分工，并设立合理的奖惩机制以促进活动顺利进行；在学习活动结束后，了解学习者的态度与收获、做好反思与总结工作、展示学习成果等；另外，小组成员的分工、职责、交互规范、解决冲突的办法、允许和禁止的行为、会话的规则、奖励措施等事先告知的策略与方法均有利于协作问题解决学习的开展。

（三）问题解决阶段

本书认为问题解决包括四个阶段，分别是提出问题阶段，提供信息、资源等阶段，比较、讨论与分析阶段，形成问题解决方案阶段。乔纳森认为，问题本身的属性如问题的结构、情境、复杂性、动态性、领域特殊性等均会影响问题解决的方法与策略[3]，即不同类型的问题解决方法有较大差异，并对其中几种比较常见问题类型的解决方法与策略进行了研究，如故事问题、决策问题、诊断与故障排除问题、策略绩效问题、政策问题、设计问题等。

（四）监测与评估设计

协作问题解决学习活动中的监测与评估是对设计过程的监测与活动效果的评

---

① Felder R M, Brent R. Cooperative learning in technical courses: Procedures, pitfalls, and payoffs. Cooperative Learning, 1994, 1: 23.

② 黄荣怀. 计算机支持的协作学习：理论与方法. 北京：人民教育出版社，2003：72.

③ 戴维·H. 乔纳森. 学会解决问题：支持问题解决的学习环境设计手册. 刘名卓，金慧，陈维超译. 上海：华东师范大学出版社，2015：11.

价，不仅包括对学习目标、学习者特征、问题设计、资源与工具设计、角色分工设计、协作策略与方法设计等的监测与评估，还包括活动实施后的效果的评价。在协作问题解决学习活动中，监测与评估扮演了至关重要的角色，它具备诊断问题、调整策略及激励学习者的功能。通过持续监控学习设计的实施过程，能够迅速识别并剖析潜在问题，进而实施即时调整，确保学习活动的流畅性与高效性。同时，对学习活动效果的评估能够使学习者与教师认识到学习过程及活动设计中存在的不足，对学习与教学工作进行调整与完善，激发他们的内部动机，使其积极主动地参与到学习活动中。

第二节　协作问题解决学习活动的设计

本书以师范生公共必修课"现代教育技术"课程为教学内容开展网络学习空间中的协作问题解决学习。该课程的主要内容包括教育技术的基本概念与基本理论、常规教学媒体、现代教学媒体的基本特性及使用、多媒体课件与教育资源的设计、开发、应用、信息化教学设计的基本方法等，旨在通过该课程的学习使学习者（未来的教师）能够认识现代教育技术在 21 世纪教育教学中的地位和作用，具备开展信息化教学的意识与能力。面向华中师范大学大二、大三的师范生，采取自由选课的方式组班，学习时间为 9 周。本书以《数字视音频的设计与制作》专题的学习为教学内容开展网络学习空间中的协作问题解决学习活动，并以此为背景研究其中的交互机制。

一、学习目标分析

任何学习行为均植根于明确的目标导向，故对学习目标进行深入分析及合理设定，是确保学习进程顺畅进行并达成优异成效的关键环节。学习目标陈述模型以泰勒的理论最为经典与通用，他明确指出："陈述目标的最有用形式是按行为类别和内容两个维度陈述，行为类别指意欲通过教学发展的学生的行为类型，内容指被学生的行为加以运作的教材内容。"[①]安德森以此理论为基础，认为目标

---

① 泰勒. 课程与教学的基本原理. 施良方译. 北京：人民教育出版社，1994：69.

的陈述应采用"动词+名词"的形式：动词指欲达到的认知过程，代替"行为"，不再以行为主义学习理论为指导，而是以认知主义、建构主义等学习理论为基础；名词指学生要学习的知识，代替"教材内容"，表示知识不仅指静态的教材内容，还包括学科发展的最新知识与动态①。如上所述，目标往往描述期望学生通过学习活动后达成的结果与变化，学习活动是过程，学习目标是结果，设计与实施良好的学习活动可能导致学习目标的出现，因此目标陈述中要区分活动与目标的差异，一般使用"能够""学会"等词语，一般情况下目标陈述的标准格式为"学生将能够或者学会+动词+名词"。

按照整个课程规划，《数字视音频的设计与制作》的主要学习目标是掌握数字视音频设计与制作的基本理论与方法，能够设计与制作一个优质的视音频。依据目标陈述的标准格式，本专题的学习目标可以具体化为三个：①能够掌握数字视音频的设计与制作的一般过程与基本原则；②能够撰写分镜头脚本，学会视音频素材的采集方法；③能够使用数字视音频处理与集成工具对视音频素材进行合理的编辑、处理与整合。

二、学习者特征分析

（一）学习风格

学习者在学习过程中的习惯和风格略有不同，受课程中多媒体设计及技术工具使用的影响，视觉型与序列型风格的学习者较多，他们偏好结构化知识框架，具有较强的线性知识整合逻辑。同时还有部分场独立型倾向的学习者，他们的网络自主学习经验促使其具备较强的自主规划能力，表现出对理论与实践结合的直觉型感知特征。因此，这些学习风格的学习者适合进行网络学习环境中协作问题解决学习活动。

（二）先前知识

首先，学习者已经具备教育学、心理学相关课程知识；其次，学习本专题

---

① L. W. 安德森，D. R. 克拉斯沃尔，P. W. 艾雷辛，等. 学习、教学和评估的分类学：布卢姆教育目标分类学修订版. 皮连生主译. 上海：华东师范大学出版社，2008：12-20.

前，已经学习了现代教育技术概述、现代教育技术的理论基础、教师和学生的信息素养、信息化学习环境与资源等专题，了解了教育技术的概念、历史及重要性，认识了视听教学理论、教育传播理论、系统科学理论等对现代教育技术的支持与影响，明确了作为 21 世纪的学习者及未来的教师应具备的信息素养及提升路径，学习了传统及新兴的信息化学习环境与资源的分类及特征等。同时，通过课前访谈得知，学习者对视音频素材的采集与处理、分镜头脚本的写作、资源的设计过程等知识与技术了解较少，因此，学习者一方面具有学习本专题的相关知识与基础，另一方面又缺乏本专题的核心知识与技术。

（三）信息素养

学习者均来自大学二年级、三年级，具有至少一年的网络空间学习的经验，熟练掌握网络学习空间各种操作，如学习资源下载与浏览、学习工具的使用、作业提交与测试、在线师生交互等，能够快速地搜索学习所需信息资源，并对其可信度、科学性进行辨别、分析、归纳、总结等。因此，学习者具有较好的信息素养，为网络学习空间中协作问题解决学习活动的顺利开展与良好学习效果的获得提供了坚实的基础与支持。

（四）协作与交流能力

通过前面几个专题的在线交互及课堂学习的观察分析发现，在线交互数量较少，并且多数交互是在教师及助教的强制性要求下才进行的交互；交互深度不够，经常出现没有回复，或者仅单个层次的交互（一个问题仅一个回复，缺乏深入的讨论）；课程学习中往往是学习者个体单独、独立学习，缺少学习者的协作与合作。因此，本书旨在通过协作问题解决学习的方式提升在线交互的数量与深度，培养学习者的协作与交流能力。

三、核心要素设计

（一）问题设计

本专题的核心任务是小组协商拟定主题，设计与制作一个视频。从乔纳森的问题分类理论来看，该问题首先是一个劣构问题，其次是一个设计问题。结合实际情况，拆分为三个具体的问题：①如何设计分镜头脚本？②如何按照脚本进行拍摄？③如何进行后期编辑与加工？以问题①设计分镜头脚本为例，为了更好地支持学习者进行分镜头脚本的设计，以及为交互提供支架，我们给学习者提供了分镜头脚本设计模板（表 3-4）。

表 3-4　分镜头脚本设计模板

	标题：			组别：第×组		小组成员：			
镜号	拍摄景别	拍摄角度	拍摄技巧	拍摄画面	拍摄地点	解说词	长度	音效	备注
1									
2									
3									
……									

注：拍摄景别主要指远景、全景、中景、近景、特写等，拍摄角度主要指平拍、仰拍、俯拍、正拍、侧拍、斜侧拍、背面拍等，拍摄技巧主要指推、拉、摇、移、跟等镜头的运动方式。

（二）资源与工具设计

本专题中为学习者提供的学习资源主要包括四个方面：①数字视音频设计与制作的一般流程与原则，以文字、图形、表格为主，以 PDF 文件与 PPT 文件两种形式展现；②摄像机的操作与使用方法，以文字材料与微视频的形式呈现；③数字视音频集成软件的操作与使用方法，以文字材料与微视频的形式呈现；④所有资源均在网络学习空间中共享，学习者可在线学习或者下载查看，为课前预习、课中学习的指导、课后协作问题解决提供有力的支持。工具主要包括在线交互支持工具（论坛、聊天实验室）、摄像机、数字视音频集成软件、云盘（用于存储素材等相关资源）、在线测试等。

（三）角色分工设计

协作问题解决学习中的角色主要包括促学者与学习者两大类。促学者包括主讲教师、助教、技术支持人员。其中，主讲教师 1 名，主要负责整体教学设计及面授教学的开展。助教 2 名，1 名主要负责课前环节上传与学习相关的资源、课件，发布通知，辅导学生预习，预测、组织、引导在线答疑与在线交互等；1 名主要负责课后环节自主学习与协作问题解决的辅导、在线答疑与在线交互的组织与引导工作。技术支持人员是指网络学习空间技术团队，用于为学习者与教师提供网络学习空间的使用、操作等技术与方法上的支持与帮助。

协作小组构成上，每组设一名组长及 3—4 名组员。组长担任核心角色，负责统筹活动的整体运作与协调，包括任务的合理分配、小组成员间高效互动与合作的促进、成员表现的线上线下监督、引导讨论并汇集解决问题所需的信息资源，以及确保学习进度符合预期。小组成员则各展所长，贡献独特见解与资源，积极投入线上交流，共同致力于形成科学且高效的问题解决方案。

（四）协作策略与方法设计

分组机制是协作策略与方法之一，对协作问题解决学习效果具有重要的影响作用。案例中学习者一共 37 名，主要包括数学、汉语言文学、生命科学与技术三个专业，按照异质分组，同时遵循专业相同或相近原则，分为 8 组，其中 4 人组 3 个、5 人组 5 个。除了异质分组机制之外，还采用小组间同伴互评、小组内自评、作品设计竞赛、切块拼接教学等多种策略与方法保障小组间、小组内学习者的交互、对话与协作，为协作问题解决学习的顺利开展与良好效果的取得提供了强大的支持与保障。

同时，还采取如下促进协作的措施与方法，如在学习活动开始前由助教 1 详细介绍本专题采用协作问题解决学习的优势：由于学习时间有限、学习内容较多、任务复杂，个体学习往往不能很好地掌握视音频设计与制作的方法、技巧，通过小组协作的方式，以问题为驱动，能够激发学习者的主观能动性，培养协作与交流能力、批判性思维能力、问题解决能力等高阶思维能力。学习活动进行中，教师、助教、组长精心设计问题及学习任务、做好组内分工、设立奖惩机制。学习结束后，采用访谈、问卷调查等方式及时了解学习者的态度与收获，给每个小组展示成果的机会等。

四、监测与评估设计

本书中问题解决阶段由学习者通过网络学习空间中的交互协助完成，后面章节中会对交互网络结构及交互意义性进行分析与研究，因此本节内容主要涉及问题解决的监测与评估设计。本书中采用过程性评价与总结性评价相结合的方法对问题解决的过程及结果进行监测与评估。其中，问题解决过程的评估主要采用量化内容分析法、滞后序列分析法，以及高级统计方法探究交互过程的问题解决行为模式及知识建构性模式和特征，以对学习过程进行评估。

同时，对问题解决结果的评估则同时采用考试与设计作品的形式进行。考试所用试卷由任课教师设计出初始试卷，并确保测试的信度和效度，小组 G1 的考试成绩为小组内各成员考试成绩的均值；作品成绩测评则依据科学的评价量规，采用教师评价、小组互相评价、小组自我评价三者结合的测评方式进行。小组 G1 的设计作品成绩将三类评价成绩按照权重计算得出。

第三节　协作问题解决学习活动的实施与效果分析

一、学习活动的实施

本书中的协作问题解决学习活动的实施分为准备、实施与结束三个阶段（图 3-3）。

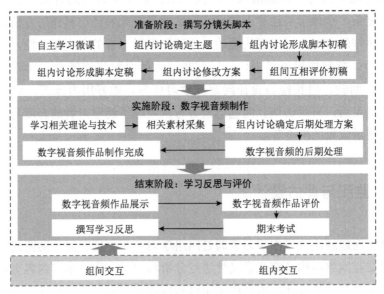

图 3-3　协作问题解决学习实施过程

（一）准备阶段

准备阶段的主要任务是撰写分镜头脚本，包括确定视音频作品的主题、拟定分镜头脚本初稿、互相评价方案、修改方案、形成分镜头脚本的定稿五个部分。该阶段学习中，组间交互主要贯穿于小组间互相评价分镜头脚本初稿及分镜头脚本撰写过程中遇到的问题、困惑等，组内交互主要贯穿于小组内讨论确定主题、分步讨论脚本、小组内根据组间互评的结果讨论修改方案等。

（二）实施阶段

实施阶段的主要任务是完成数字视音频的制作，包括学习数字视音频采集与处理的知识与技能、按照分镜头脚本分别采集视音频素材、数字视音频的后期剪辑与处理、完成作品制作四个部分。该阶段学习中，组间交互主要为数字视音频制作过程中遇到的问题、困惑提供交流讨论的空间，组内交互主要为小组内讨论及确定视音频的后期剪辑、特效添加、字幕处理等方案提供支持。

（三）结束阶段

数字视音频制作完成后，结束阶段主要包括各小组展示数字视音频作品，小组内、小组间、教师分别对作品质量评价，期末考试，学习者撰写学习反思等部分的工作。该阶段学习中，主要发生的交互是组间交互，即学习者在学习反思中的交流讨论。

二、应用效果分析

本节主要通过三个方面的数据分析与验证学习活动的应用效果，分别是：①学习者对协作问题解决学习活动的主观感受；②学习者在网络学习空间中交互网络的凝聚性；③学习者在网络学习空间中交互的问题解决及知识建构行为模式，以及学习成绩。其中，②和③将分别在第四章与第五章中进行分析与论述，本部分仅探讨学习者对协作问题解决学习活动的主观感受。

本节通过半结构化访谈与学习者撰写的反思两种方式收集学习者对协作问题解决学习活动的主观感受。半结构化访谈提前设定的问题与维度，便于研究者对访谈内容控制，但也要考虑给学习者提供自由发挥的空间，共搜集到 33 份访谈资料；学习者在教学过程的准备阶段（撰写分镜头脚本）、实施阶段（完成数字视音频制作）、结束阶段（学习反思与评价）分别撰写了 3 份学习反思，共收集到 99 份学习反思。从收集到的访谈资料与学习反思来看，学习者通过协作问题解决学习活动的学习，不仅学习到了撰写分镜头脚本、使用摄像机和会声会影软件等知识与技能，还在协作能力、沟通与交流能力等方面得到了提高，同时对本次学习活动的设计与组织也较为认可，具体体现在以下几个方面。

（一）知识技能与情感等方面均有较多收获

学习者不管是在访谈资料还是学习反思中都表述了自身在知识、技能与情感等方面的收获。其中，知识与技能方面的收获主要体现在学会了如何撰写分镜头脚本，如何运用摄像机进行拍摄，如何操作视频剪辑软件（会声会影）将拍摄的视频片段与素材进行后期加工、剪辑并制作成优美的作品等，且获得了很大的自我效能感。如学习者 3c 表示：

第一次过了一把导演瘾，体会到了拍摄的快感。

学习者 4d 表示：

上完这次课后学会剪辑视频，感到很有成就感。

情感方面的收获首先体现在认识到了团队合作、沟通与交流的重要性，如学习者 5d 认为：

小组合作真的特别关键，我们组拍摄和后期是分工完成的，所以大家的理念其实是不同的，导致最后剪的片子也和之前脚本设计有很多不同的地方，所以组内要多多沟通交流才行。

同时也有学习者表示：

在整个过程中，深切体会到了小组合作的重要性与团体的力量。（学习者 2d）

小组合作真的很重要，大家都尽心尽力才能拍出让大家满意的作品。（学习者 8e）

这次课上，我感受最深的是小组间的合作精神，大家围绕一个目标一起努力，在轻松的氛围中完成了此次拍摄。（学习者 4d）

更是有学习者深刻地认识到：

团队协作才是小组活动的根本。（学习者 7b）

另外，学习者在学习过程中也体会到了演员的辛苦与不易（学习者 3c、3e 等），有学习者表示：

做事情要经过反复实践才会有进步。（学习者 2c）

实际拍摄的时候不仅要考虑镜头画面大小，还要考虑如何组合画面。（学习者 5c）

任何一项职业都是一门修炼，演员需要把平淡的剧本演出独特风味，摄影师的拍摄角度也要拿捏到最好。（学习者 4e）

（二）对协作问题解决学习活动的设计较为认可

除了表达自己在学习过程中的收获之外，学习者更多的是对协作问题解决学习活动中采用的在线交互、同伴互评等策略的认可。其中，关于在线交互的认可，学习者表示：

只有通过小组之间的不断沟通和讨论才能得到好的成果。（学习者 4c）

对于脚本的修改通过在群里火热的讨论，在指出其他组脚本中的不足的同时还可以改自己脚本的不足之处，这种气氛下上课感觉还不错。（学习者 3b）

讨论是一种很好的学习方式，在讨论的过程中，你可以发现别人的不足，然后提出意见，别人也可以根据你的不足提出意见，相互学习，共同进步。（学习者 8d）

老师创建的论坛，为我们解决实践中的问题提供了很好的交流平台，个人认为这个形式很给力。（学习者 4e）

在会声会影的安装中就遇到了困难，就是通过阅读同学的留言解决了问

题。（学习者 4c）

    在讨论的过程中，大家都十分踊跃提出了自己的意见和建议，以及在交流过程中听取了其他小组的建议，有效地补足了个人没有想到的部分，所以让这个短片更加完整。（学习者 4a）

对于分镜头脚本撰写过程中的同伴互评活动，学习者表示：

    经过小组间的脚本互评与修改，我们认识到了本小组脚本存在的两个突出问题：一是故事线索不够集中，没有精彩突出的故事情节，二是主题不够鲜明和深刻。通过小组内部讨论确定了修改方案，最终形成脚本定稿。（学习者 2d）

    小组之间互相修改剧本很有必要，自己小组可能总觉得大家齐心协力想出来的剧情、写出来的脚本都很完美，找不出其中的问题，但别的小组的同学来看就会有新的角度新的想法，隐藏的问题就变得显而易见。（学习者 4e）

    这种方法确实很好，可以听到不同人的不同声音，对于自己的剧本有新的理解和看法，而且大家在提意见的时候都非常地中肯。（学习者 6c）

    特别喜欢老师安排的小组间互评脚本，这样可以将自己的脚本设计得更加完善，同时也能与其他小组进行交流沟通互相学习借鉴。（学习者 4c）

    我很喜欢老师在课堂上使用的让大家互相传看脚本提出修改意见，然后在群里发表意见的做法，因为有些问题我们自己没发现，但是其他人却能很容易帮你指出来，同时在看了别人的剧本之后对于自己小组的修改也具有很大的借鉴意义。（学习者 2a）

当然，也有学习者提到了本次学习活动中的不足之处，如学习者 5b 指出：

    提供的摄像机画面小，像素也不高，影响作品的清晰度与艺术美感。

总之整体上来看，本书中提出的三阶段协作问题解决学习活动模型在精心地设计与应用后，取得了较好的应用效果。

本 章 小 结

　　本章是本书的重要基础，主要包括协作问题解决学习活动模型建构，协作问题解决学习活动的设计与实施，研究环境与学习者、研究过程、数据收集与处理方法等几个方面的内容。

　　首先，基于活动理论、问题解决的理论等提出包括学情分析阶段、核心要素设计阶段、问题解决阶段三个阶段的协作问题解决学习活动模型。其中，学情分析包括学习目标分析、学习者特征分析两个方面；核心要素设计包括问题设计、资源与工具设计、角色分工设计、协作策略与方法设计四个因素；问题解决阶段则指学习者通过提出问题，提供信息、资源等，并进行比较、讨论与分析，以确定和形成问题解决方案的过程，同时对每一要素进行解析。

　　其次，应用本书提出的三阶段协作问题解决学习活动模型，以师范生公共必修课"现代教育技术"课程为例，从学习目标、学习者特征、核心要素、监测与评估四个维度进行网络学习空间中的协作问题解决学习活动的设计，并从准备、实施与结束三个阶段分析了协作问题解决学习活动的实施过程。同时，通过分析半结构化访谈与学习者撰写的反思材料发现，三阶段学习活动模型应用效果良好。

第 四 章

协作问题解决学习的交互网络结构分析

关于交互结构的研究，如果从穆尔的三大交互分类算起，至少有三十年的历史，但是在笔者看来，目前关于交互结构的研究多属于质性研究，缺乏可操作化的指标。社会网络研究者在"社会结构是在行动者之间实存或者潜在的关系模式"这一结构观的基础之上，认为结构研究不仅包括行动者之间的关联密度、行动者之间的关系模式（二人关系、三人关系、子群层次），还包括网络中存在多少派系、网络内部成员之间的关系等方面的研究。因此，本章内容旨在从社会网络分析的角度切入，通过宏观概览、中观透视与微观剖析三个维度，系统而深入地探索网络学习环境中协作问题解决学习的交互网络架构及其独特特征。

第一节 交互网络结构分析的框架与方法

一、交互网络结构分析的框架

网络学习空间中，学习者主要通过互动与交流协商意义，解决问题，建构知识。交互是协作问题解决学习的命脉，面向知识建构与问题解决的交互则是网络学习空间中协作问题解决学习最主要的特征。因此，对交互网络结构的分析与探讨对网络学习空间中协作问题解决学习能否顺利开展和能否取得良好的学习效果具有重要的指导意义。网络学习空间中协作问题解决学习的交互首先是一种关系性的存在，学习者之间交互关系、交互内容等的相互作用是复杂的。为了有效分析与建构交互网络结构，探析交互网络结构的特征，有必要建立一个交互网络结构分析的理论框架。如前文所述，社会网络分析法主要建构在"新结构主义"的理论基础上，探析行动与结构的影响机制，因此本书拟采用社会网络分析法探究交互的结构及特征。社会网络分析法的指标与参数众多，均能够用以测量交互网络的结构，但为了能够保证本书的科学性与有效性，需要选取适合于网络学习空间中协作问题解决学习的交互网络结构分析的指标。

尽管还未发现关于网络学习空间中协作问题解决学习中交互网络结构的专门性研究，但 CSCL 中的交互、虚拟学习社区中的交互等相关研究均具有借鉴意义。王陆从宏观、中观与微观三个层次全方位研究了虚拟学习社区的社会网络结构。其中，宏观层次从密度、网络效率、互惠性、聚类系数、连通性、可达性、特征向量、点入度和点出度等九个参数描述了虚拟学习社区的社会网络结构特征；中观层次从子群分布、派系分布、核心-边缘结构、各子群间的联系及其在网络中的位置进行了分析；微观层次上主要研究了行动者在社会网络中的位置与角色，如核心位置、结构洞、结构对等性等①。王永固借助社会网络分析与图论

---

① 王陆. 虚拟学习社区的社会网络结构研究. 西北师范大学博士学位论文，2009.

的概念与方法，提出从连通性、密集性、中心性、内聚力和角色空间五个方面研究网络协作学习中的互动网络结构[1]。徐峰提出了包括宏观、中观、微观三个层次的大学生学习网络结构的分析模型。其中，宏观结构主要考察网络节点与边界、网络规模、网络密度、点度数、成员间距离、关联性等方面的特征，中观结构主要考察三方关系、凝聚子群、结构对等等方面的特征，微观结构主要考察二方关系、中心度、中心势等方面的特征，并基于指数随机图模型建构了大学生学习网络结构模型[2]。

以上几位学者的研究方法与结论给本书带来了很多启示，但本书中的网络学习空间，与虚拟学习社区以及其他支持网络学习环境相比，具有独特的特性，同时本书中的交互又是协作问题解决学习过程中的交互，与通常的协作学习、小组学习、合作学习中的交互也不完全一致。本书中的交互从面向的对象来看，分为组间交互和组内交互。其中，组间交互面向所有学习者开放，旨在为学习者在学习过程中遇到的问题提供交互支持，同时促进学习者之间共享相关学习资源、学习经验等；组内交互主要是分别针对小组内各成员提供一个私密的交互空间，仅面向该小组所有成员开放，为小组成员协作解决问题，完成小组任务提供交互支持。由此来看，组间交互与小组问题解决的任务完成情况（学习成绩）没有直接关系，而组内交互与小组问题解决的任务完成情况（学习成绩）直接相关，因此有必要分别探究组内与组间交互的网络结构及特征。

因此，在以上研究成果的基础上，结合本书的特色，我们提出了适用于网络学习空间中协作问题解决学习的交互网络结构分析的理论框架，如图 4-1 所示。此框架系统性地分析了网络学习空间中协作问题解决学习的交互网络结构，涵盖了宏观、中观与微观三个维度。在宏观层面，聚焦于组间交互，通过社群图、网络基本属性、网络中心性及差异分析，深入探究学习者交互网络的凝聚力、积极主动性、独立性与控制力等特性，并特别关注组长与组员在交互特征上的差异。转至中观层面，研究则细化至小组内部，同样运用社群图、网络基本属性、网络中心性及差异分析，评估组内交互网络的凝聚力及学习者参与交互的具体特征，并进一步对比分析了 7 个小组内部以及组长与组员之间的交互特性差异。微观层面主要研究学习者个体在交互网络中的重要性，借鉴 PageRank 算法的思想、员工知识网络交流能力的评价方法等，探索学习者在交互网络中的重要性。

---

[1] 王永固. 网络协作学习中互动网络结构分析研究. 远程教育杂志，2011，29（1）：49-61.
[2] 徐峰. 基于社会网络的大学生学习网络结构研究. 江西财经大学博士学位论文，2014.

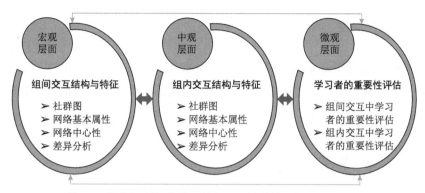

图 4-1　协作问题解决学习的交互网络结构分析的理论框架

二、研究工具及方法

社会网络分析法是一种专门考察社会关系或社会结构的方法，它的主要目的是探析不同社会单位（个体、群体或社会）之间的关系结构及其属性[①]。著名社会学家巴里·维尔曼认为社会网络分析探究的是隐藏在复杂的社会系统表面下的深层结构，因此社会网络分析又称为"结构分析"。布迪厄认为传统的结构主义忽视了行动的实践本性，认为社会行动都是实践性的，并系统地阐释了场域与行动间的关系，提出场域即由各种位置之间的客观关系构成的一个网络。社会网络分析法在新结构主义的基础上，关注于行动与结构之间的辩证关系，即行动是相互关联的，而非孤立的，行动者之间通过行动所形成的关联网络结构对其行动机会及结果起着决定作用[②]。同时，社会网络分析改变了传统的侧重以抽象形式间接地分析社会结构的"结构主义"，而是以经验数据为基础，开展具体的结构分析，将社会结构再现为由一组节点和描述其相互关联的纽带关系构成的网络，并采用一套基于图论的工具描述这些结构及其模式，尝试揭示模式对结构中的成员行为的影响[③]。

社会网络分析法主要有社群图、邻接矩阵、网络规模、网络密度、中心性、点度数、连通性、可达性、互惠性、网络位置与网络角色等。

①　林聚任. 社会网络分析：理论、方法与应用. 北京：北京师范大学出版社，2009：41.
②　林聚任. 社会网络分析：理论、方法与应用. 北京：北京师范大学出版社，2009：58-59.
③　Berkowitz S D, Wellman B. Social Structures: A Network Approach. Cambridge: Cambridge University Press, 2012.

（一）社群图

社群图与邻接矩阵是社会网络分析中用来表征网络结构特征的主要工具与方法。社群图是指以行动者为节点，以行动者之间的关系为线构成的图。社群图可以表示为 $N = \{n_1, n_2, \cdots, n_g\}$。

（二）邻接矩阵

邻接矩阵是社会网络分析中最为常用的一种矩阵，邻接的意思是两个点代表的两个行动者之间直接相关或相互联系。在邻接矩阵中，行和列代表完全相同的行动者，并且行动者排列的顺序也相同，邻接矩阵又称为社群矩阵。与某个特定点相邻的那些点称为该点的"邻域"，邻域中的总点数称为"度数"，一个点的度数就是对其"邻域"规模的一种数值测度。在一个邻接矩阵中，一个点的度数用该点所对应的行或者列的各项中非 0 值的总数来表示。如果数据为二值，那么一个点的度数就是该点在所在行的总和或者列的总和。

（三）网络规模

网络规模是反映社会网络结构的重要指标之一，通常指网络中包含的全部行动者以及行动者之间关系的数目。一般来说，网络规模越大，网络结构就越复杂，其凝聚子群、派系、结构洞等现象就越多。

（四）网络密度

密度描述的是一个网络中各节点间的总体关联程度。各节点之间越联络，网络密度就越大。密度依赖于内含度和各节点的度数总和这两个参数。网络的内含度指网络中各个关联部分包含的总点数，即其总点数减去孤立点的个数，网络的内含度越高，其密度就越大。然而，相互关联的点的关联度可能各不相同，有的点与较多的点相连，有的点与较少的点相连，一个网络中各点的度数越大，该网络的密度就越大。而一个网络的密度需要将内含度与各点度数合在一起，网络中实际包含的线数直接反映了其内含度和各点度数。密度即网络中实际存在的连接数与连接数的可能最大值之比：

$$D = \frac{n}{N(N-1)/2}$$

式中，n 表示网络中实际存在的连接数；N 为网络中所有行动者的数量。密度的取值范围为 0—1，完备网络的密度最大，为 1。此公式为无向网络的密度计算方法，而有向网络密度的计算方法则不同，有向网络中可能包含的最大连线数等于它所包含的总点度数，因此，有向网络密度的表达式为

$$D = \frac{n}{N(N-1)}$$

（五）点度数

点度数即一个节点所拥有的连线数量，因此具有高点度的节点具有更多的连线数量，高点度即意味着高密度，所有节点的平均点度数也是衡量网络凝聚性的一个重要指标[①]。同时，不同于密度的是，平均点度数不受网络规模的制约，因此在比较分析不同规模网络的凝聚性时更具优势。有向网络中，线是指向或者来自不同点的，A 选择 B 为友，并不意味着 B 也选择 A 为友，因此，有向网络的点度数包括点入度与点出度。点入度即网络中直接指向该节点的节点数目，也就是邻接矩阵中该节点所在列的数值之和，点 j 的点入度表示为

$$d_{\text{in}}\left(n_j\right) = \sum_{i=1, j\neq i}^{n} x_{ij}$$

点出度即网络中从该节点出发指向其他节点的数目，也就是邻接矩阵中该节点所在行的数值之和，点 j 的点出度表示为

$$d_{\text{out}}\left(n_j\right) = \sum_{i=1, j\neq i}^{n} x_{ji}$$

平均点度数可以通过计算点度分布得出：

$$\bar{d} = \frac{\sum_{i=1}^{n} d_{\text{in}}(n_j) + \sum_{i=1}^{n} d_{\text{out}}(n_j)}{n}$$

[①] 沃特·德·诺伊，安德烈·姆尔瓦，弗拉迪米尔·巴塔盖尔吉. 蜘蛛：社会网络分析技术. 林枫译. 北京：世界图书出版公司，2012.

（六）中心性

中心性是社会网络分析中重要且常用的概念之一，它主要通过测量行动者在社会网络中的中心性位置，反映其位置或优势的差异。该概念最初体现在社会计量学的"明星"（Star）概念中（图 4-2 中的明星图）。在图 4-2 中，三个图的节点数均为 7（即均为 7 个行动者），但网络结构却迥然各异。研究者一般根据整体与局限的不同，把中心度划分为局部中心度与整体中心度：前者又称为局部点中心度，关注某节点的节点度，反映该节点在网络中的位置，节点度越大，该节点越居于网络中的中心性位置；后者则关注该节点与其他节点间的密切程度，指的是该节点在网络中的位置。

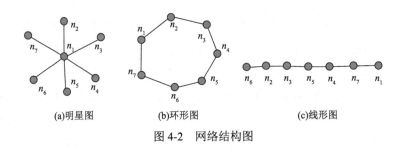

(a)明星图　　　　(b)环形图　　　　(c)线形图

图 4-2　网络结构图

中心性又包括中心度与中心势两个方面，其中一个节点的中心度就是与该节点直接相连的节点数。中心度越高的节点，越处于核心位置，在"紧密联络"或者"万物丛中"的意义上，该点对应的行动者就是中心人物，因此中心度实际上象征着一个节点与其局部环境联络的程度。在一个网络中，中心度在各节点之间的差异越大，网络就越中心化，即节点中心度的变异越大，网络的中心化程度就越高[①]。中心势不同于中心度，主要指社会网络整体的总体凝聚力或者紧密程度，而不是指某节点在社会网络中的相对重要性。一般用中心度与网络密度作为社会网络的集中程度的相互补充性阐释，网络密度描述一个网络的总体凝聚力水平，中心度则描述这种内聚性在多大程度上围绕某些特定节点组织起来。

研究者为了研究方便，将中心性分为点度中心性、中介中心性、接近中心性三类。

---

① 沃特·德·诺伊，安德烈·姆尔瓦，弗拉迪米尔·巴塔盖尔吉. 蜘蛛：社会网络分析技术. 林枫译. 北京：世界图书出版公司，2012.

1. 点度中心性

点度中心度即社会网络中的各节点的集中程度，反映了某节点相对于其他节点在网络中的位置。有向网络中每个节点都有点入度与点出度两个中心度测量，而对应的有两个点度中心度即入中心度和出中心度。为了能够在不同网络间进行点度中心性的比较，弗里曼提出相对点度中心度[1]，即点的实际中心度与网络中点的最大可能度数之比。点 n_i 的相对点入度为该节点的入中心度与连线总数之比：

$$C_{D(\text{in})}\left(n_i\right) = \frac{d_{\text{in}}\left(n_i\right)}{N-1}$$

点 n_i 的相对点出度为该节点的出中心度与连线总数之比：

$$C_{D(\text{out})}\left(n_i\right) = \frac{d_{\text{out}}\left(n_i\right)}{N-1}$$

点度中心势即最核心节点的中心度和其他点的中心度的差值之和，与最大可能的差值之和的比值，取值范围为 0—1：

$$C_D = \frac{\sum_{i=1}^{n}\left(C_{D_{\max}} - C_{D_i}\right)}{\max\sum_{i=1}^{n}\left(C_{D_{\max}} - C_{D_i}\right)}$$

2. 中介中心性

中介中心性，即一个节点在多大程度上位于网络中其他点"中间"：一个度数相对较低的节点可能起到重要的"中介"作用，因而处于网络的中心。一个节点的中介中心度测量了行动者在多大程度上成为"掮客"或者"中间人"，即在多大程度上控制他人。Burt[2]用结构洞、局部依赖性等概念对中介中心度进行了描述。当两个点以距离 2（而不是 1）相连的时候，就说二者之间存在一个结构洞。结构洞的存在使得第三者扮演经纪人或者中间人的角色，因为他将结构洞联络起来。点 Y 相对于某一对点 X 和 Z 的"中间度比例"，即经过点 Y 并且连接 X 和 Z 这两点的捷径占二者之间总捷径数的比例，即 Y 在多大程度上位于 X 和 Z 之间。点 X 对点 Y 的"点对依赖性"即 Y 相对于所有包含 X 的点对的中介性比例之总和。点 i 的中介中心度表示为

---

[1] 林顿·C. 弗里曼. 社会网络分析发展史：一项科学社会学的研究. 张文宏，刘军，王卫东译. 北京：中国人民大学出版社，2008.

[2] Burt R S. Structural Holes: The Social Structure of Competition. Cambridge: Harvard University Press, 1992.

$$C_{AB_i} = \sum_{j}^{n}\sum_{k}^{n}b_{jk}(i), j \neq k \neq i 且 j < k$$

式中，$b_{jk}(i)$ 表示点 i 对点 j 与点 k 间交往能力的控制程度，即点 i 处于点 j 与点 k 之间测地线上的概率。设点 j 和点 k 之间的测地线数目经过点 i 的数目为 $g_{jk}(i)$，则 $b_{jk} = g_{jk}(i)/g_{jk}$。为了比较不同网络中的中介中心度，需要将中介中心度标准化，即计算相对中介中心度指数。点 i 的相对中介中心度指数表示为

$$(i)C_{RB_i} = \frac{\sum_{j<k}g_{jk}(n_i)/g_{jk}}{(N-1)(N-2)}$$

中介中心势（betweenness centralization）是对节点之间的间距存在差异的网络进行比较：

$$C_B = \frac{2\sum_{i=1}^{n}(C_{B_{\max}} - C_B)}{(N-1)^2(N-2)}$$

3. 接近中心性

点度中心性考察的是网络中节点自身的位置，但是在实际的社会网络中，非核心位置的行动者往往需要通过其他行动者才能传递信息，即依赖于他者。因此，行动者与其他行动者的接近性程度是考察行动者在网络中位置的重要指标，即行动者与其他行动者距离越近，对他者的依赖性越小。

网络图中，两点之间的距离用这两点之间最短途径的长度来测量。如果一个点与其他许多点的距离都很短，则称该点是整体中心点，这样的点与图中许多其他点都"接近"。"距离和"是接近中心度的最简单测量方法，即图中该点与其他各点之间的捷径距离之和。接近中心度与距离和是反向的：距离和越大，接近中心度的值越小，该节点越处于网络的核心位置；一个节点与其他节点间的距离和越小，接近中心度的值越大，该节点越不是网络的核心。因此，点 i 的接近中心度表示为

$$C_{cn_i}^{-1} = \sum_{j=1}^{N}d(n_i, n_j)$$

式中，C 代表接近中心度；j 代表学习者 j。

为了比较不同网络中的接近中心度，需要将接近中心度标准化，即计算相对接近中心度指数，其计算公式为

$$C_{cn_i}'^{-1} = \frac{C_{cn_i}^{-1}}{N-1}$$

接近中心势（closeness centralization，CC）表示节点的接近中心度的变异程度，即一个网络的接近中心势等于网络中的实际接近中心度的变异值，除以相同规模的网络中可能出现的最大接近中心度变异值，所得到的比值。接近中心势的计算公式为

$$CC = \frac{\sum_{i=1}^{n}\left(c_{RC_{max}}' - c_{RC_i}'\right)}{(N-2)(N-1)}(2N-3)$$

第二节　组间交互网络结构与特征

一、组间交互网络的凝聚性

组间交互的社群图如图 4-3 所示。图中节点的大小与节点的中心度是紧密相连的，即节点的中心度越大，该节点越大；反之，节点的中心度越小，该节点越

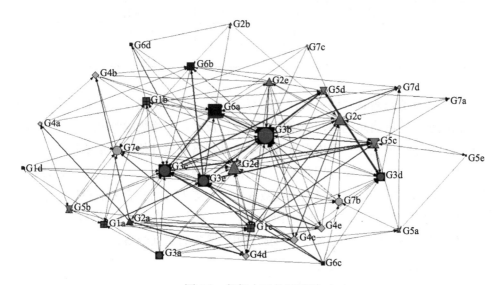

图 4-3　组间交互的社群图

小。节点之间连线的颜色表示学习者交互的强度，线条颜色越深，表示两位学习者的交互关系越强，反之，线条颜色越浅，表示两位学习者的交互关系越弱。由图 4-3 可知，该网络中的 33 名学习者均参与了组间交互，并形成了相对稀疏的交互网络。

当社会网络用户投入较多的时间与精力参与交互时，用户之间的社会关系增强，同时参与交互越多的用户得到越多的资源、归属感等作为回报[①]。密度实际上是指网络中实际存在的连线数量与最大可能出现的连线数的比值，密度的取值范围为 0—1，0 表示行动者之间没有产生任何关联，而所有行动者之间都相互有关联的完备图的密度最大，即等于 1。该网络的密度值为 0.18（表 4-1），则表示在所有可能出现的学习者间交互中，只有18%产生了实际交互。网络密度的标准差为 0.38，说明学习者之间存在小团体现象，个别学习者之间的联系较其他学习者之间的联系较为紧密。33 位学习者之间的平均距离为 2.34，基于"距离"计算的凝聚力指数为 0.51，该凝聚力指数能够补充密度值诠释网络的凝聚力。在本章中，该凝聚力指数值为 0.51，表明组间交互中学习者之间的交互关系比较紧密，形成了较有凝聚力的网络。

表 4-1　组间交互网络的基本属性特征值

序号	属性名称	属性值	序号	属性名称	属性值
1	节点数	33	6	互惠性	0.23
2	连接数	193	7	聚类系数	0.28
3	网络密度	0.18	8	平均距离	2.34
4	密度标准差	0.38	9	凝聚力指数	0.51
5	平均点度数	11.70	10	传递性	0.26

虽然密度值是衡量网络紧密程度的有效指标，但其值通常会随着网络规模的扩大而减小。即网络越庞大，密度相对较低；反之，网络规模缩减时，密度则相对较高。除了密度之外，平均点度数也是衡量网络凝聚性的一个重要指标。平均点度数与密度的一个显著区别在于，它不依赖于网络的大小，这使得在评估不同规模网络的凝聚性特征时，平均点度数成为一个更为灵活且有力的指标。本章中网络的平均点度数为 11.70，即每个学习者与他者之间平均交互了 11.70 次。总的来说，组间交互时，学习者之间形成了相对稀疏的交互网络。

---

① de Valck K, Langerak F, Verhoef P C, et al. Satisfaction with virtual communities of interest: Effect on members' visit frequency. British Journal of Management, 2007, 18(3): 241-256.

二、组间交互网络结构的特征

（一）学习者在交互网络中的积极主动性及威望分析

点入度是指学习者作为他人互动目标的频率，也就是他们接收到他人交流的次数，这包括了他人对其发表内容的回应以及向他们提出的询问次数之总和。简而言之，点入度是衡量学习者在交流中的受欢迎度或影响力的一种指标。点出度表示由学习者发出的交互次数，即学习者主动向他者提问和交互的次数，从这个意义上讲，点出度反映学习者在交互中的积极主动性。

从表 4-2 中可以看出，学习者 G3b 的点入度值是最大值（28.00），说明学习者 G3b 在交互中具有最高的威望，学习者 G5e、G2b、G7c 的点入度值最小，均为 1.00，说明这三位学习者在交互中的威望最低；学习者 G3e 的点出度值最大（24.00），可以认为该学习者在交互中最为积极主动，而学习者 G1d 的点出度值最小，等于 1.00，可以认为该学习者在交互中的积极主动性最差。

表 4-2　组间交互的点度中心性

学习者	点出度	点入度	相对点出度	相对点入度	学习者	点出度	点入度	相对点出度	相对点入度
G3e	24.00	11.00	0.75	0.34	G1b	6.00	8.00	0.19	0.25
G5d	16.00	14.00	0.50	0.44	G7b	5.00	5.00	0.16	0.16
G5c	15.00	17.00	0.47	0.53	G6b	5.00	8.00	0.16	0.25
G6a	14.00	13.00	0.44	0.41	G7e	5.00	10.00	0.16	0.31
G2a	14.00	2.00	0.44	0.06	G2d	4.00	15.00	0.13	0.47
G3d	13.00	13.00	0.41	0.41	G4a	4.00	4.00	0.13	0.13
G2c	13.00	10.00	0.41	0.31	G4b	4.00	7.00	0.13	0.22
G3c	11.00	21.00	0.34	0.66	G1a	4.00	8.00	0.13	0.25
G4c	10.00	5.00	0.31	0.16	G5a	3.00	3.00	0.09	0.09
G2e	9.00	2.00	0.28	0.06	G6d	3.00	3.00	0.09	0.09
G5b	9.00	2.00	0.28	0.06	G5e	3.00	1.00	0.09	0.03
G3b	8.00	28.00	0.25	0.88	G2b	3.00	1.00	0.09	0.03
G4e	8.00	3.00	0.25	0.09	G7d	3.00	4.00	0.09	0.13
G6c	8.00	2.00	0.25	0.06	G7c	3.00	1.00	0.09	0.03
G1c	7.00	12.00	0.22	0.38	—	—	—	—	—
G4d	7.00	7.00	0.22	0.22	G7a	2.00	3.00	0.06	0.09
G3a	7.00	3.00	0.22	0.09	G1d	1.00	5.00	0.03	0.16

点入度中心势和点出度中心势分别为 13.145% 和 10.566%。点入度中心势与点出度中心势有差异，一方面说明了学习者在交互中其发出与接收的信息具有不对称性，另一方面也说明了参与交互的积极主动性具有差异。点度中心势的取值范围为 0—1，一般认为，星形网络的点度中心势最大，等于 100%。王陆[1]通过研究发现虚拟学习社区的两个课程社区中的点度中心势指数分别为 0.20（入度）和 0.38（出度）、0.38（入度）和 0.57（出度），徐峰[2]通过研究发现两个班级的大学生学习网络的点度中心势指数为 0.38（入度）和 0.07（出度）、0.43（入度）和 0.09（出度）。参照王陆、徐峰等的研究结果，笔者认为本章中的交互网络的集中趋势不太理想，不存在显著的中心性。

（二）学习者的控制性分析

本章中，学习者的中介中心度越高，越能控制交互信息的流向，越处于交互网络的中心位置；中介中心度越低，在交互网络中越容易被他者控制，越处于交互网络的边缘位置。

从表 4-3 来看，学习者 G6a 的中介中心度最高，说明该学习者对他者的影响最大，在交互网络中最能控制交互信息；G2c、G3e、G5d、G3c 等学习者具有相对较高的中介中心度，说明这些学习者对他者之间的交互也具有较大影响，在交互网络中具有相对较强的控制性；学习者 G1d 的中介中心度为 0.00，说明他者不会通过 G1d 来传递信息；G7a、G7c、G6d、G5e 等学习者具有较低的中介中心度，说明这些学习者在交互网络中具有相对较弱的控制性。

表 4-3　组间交互的中介中心性

学习者	中介中心度	相对中介中心度	学习者	中介中心度	相对中介中心度	学习者	中介中心度	相对中介中心度
G6a	213.02	0.21	G5c	72.41	0.07	G7e	44.63	0.04
G2c	177.38	0.18	G4d	69.54	0.07	G3d	39.24	0.04
G3e	125.39	0.13	G2d	56.80	0.06	G4c	33.51	0.03
G5d	79.45	0.08	G1c	52.10	0.05	G1b	26.76	0.03
G3c	78.57	0.08	G2e	50.30	0.05	G6b	21.09	0.02
G3b	78.41	0.08	G2a	48.01	0.05	G5b	19.55	0.02

[1] 王陆. 虚拟学习社区的社会网络结构研究. 西北师范大学博士学位论文, 2009.
[2] 徐峰. 基于社会网络的大学生学习网络结构研究. 江西财经大学博士学位论文, 2014.

续表

学习者	中介中心度	相对中介中心度	学习者	中介中心度	相对中介中心度	学习者	中介中心度	相对中介中心度
G4b	19.55	0.02	G7d	9.98	0.01	G5e	3.91	0.00
G7b	19.07	0.02	G4a	8.62	0.01	G6d	2.57	0.00
G1a	15.89	0.02	G5a	7.33	0.01	G7c	2.35	0.00
G4e	13.10	0.01	G2b	7.33	0.01	G7a	1.76	0.00
G6c	10.33	0.01	G3a	5.04	0.01	G1d	0.00	0.00

中介中心度的标准差为 49.80，表明网络中各学习者之间的中介中心度的离散不是特别明显；同时，中介中心势等于 17.69%，表明学习者需要经过他者进行交互的概率较小。

（三）学习者的独立性分析

接近中心度是测量一个行动者不受其他行动者控制的程度的重要参数。行动者的接近中心度若较低，表明其在网络中处于更中心的位置，较不易受他人影响；而接近中心度较高则意味着行动者处于网络的边缘，更容易受到其他行动者的影响。接近中心性能够反映出交互网络中哪些学习者最不受他者控制，即最具有独立性。

从表 4-4 中可以看出，G3b 学习者的入接近中心度最高（2.33），表明其在网络中最为独立，不易受他人影响；紧随其后的是 G2d、G3c、G5c、G1c 等学习者，他们的入接近中心度依次为 2.04、1.96、1.85、1.82。在出接近中心度方面，G6a 学习者最高（1.82）；其次是 G2c、G3e、G5d、G2e 等，他们的出接近中心度依次为 1.75、1.72、1.59、1.56。入、出接近中心度的标准差分别为 0.34、0.20，说明学习者之间的接近中心度差别不大；接近中心势分别为 61.35%（入度）和 30.49%（出度），说明入接近中心度的变异程度较大，出接近中心度的变异程度较小。

表 4-4　组间交互的接近中心性

学习者	入接近中心度	出接近中心度	学习者	入接近中心度	出接近中心度	学习者	入接近中心度	出接近中心度
G3b	2.33	1.35	G3c	1.96	1.39	G1c	1.82	1.47
G2d	2.04	1.30	G5c	1.85	1.37	G6a	1.69	1.82

续表

学习者	入接近中心度	出接近中心度	学习者	入接近中心度	出接近中心度	学习者	入接近中心度	出接近中心度
G5d	1.61	1.59	G4b	1.43	1.28	G4c	1.11	1.56
G3d	1.61	1.45	G7d	1.37	1.22	G5a	1.08	1.12
G1b	1.59	1.33	G4d	1.32	1.41	G7c	1.06	1.28
G7e	1.59	1.30	G7b	1.30	1.32	G5e	1.05	1.27
G2c	1.56	1.75	G7a	1.30	1.10	G6c	1.04	1.27
G1a	1.56	1.33	G2e	1.27	1.56	G4a	1.03	1.14
G3e	1.54	1.72	G2a	1.22	1.54	G4e	1.00	1.54
G6b	1.52	1.14	G6d	1.15	1.11	G3a	0.96	1.27
G1d	1.52	0.97	G2b	1.14	1.27	G5b	0.95	1.47

总的来说，33 位参与者均加入了跨组交流，构建了一个较为稀疏的网络。社会网络分析通常利用点入度和点出度来判定参与者在网络中的位置是核心还是边缘。根据中心性分析，G3e、G5d、G5c、G6a、G2a、G2c、G3d、G3c、G4c和 G2e 等参与者在互动中的活跃度和影响力较高，因此他们处于网络的核心区域；G4a、G1a、G5a、G6d、G5e、G7d、G2b、G7c、G7a 和 G1d 等则显得较为被动，影响力较弱，位置较为边缘；G6a、G2c、G3e、G5d 和 G3c 等在网络中具有较大的控制力，G1d、G7a、G7c、G6d 和 G5e 等则控制力相对较小；G3b、G2d、G3c、G5c 和 G1c 等在网络中的独立性相对较强，不易受他者控制。

（四）交互中形成的派系与实际分组的比较

探索凝聚子群的技术有很多种，如组元、k-核、派系（交叠集圈）等，不同技术之间并没有明显的优势与劣势，只是具体应该选择哪种技术进行凝聚子群分析取决于网络特征，本节采用派系分析的方法进行凝聚子群分析。

由于本书将 33 名学习者分为 7 个小组（每小组 4—5 人）进行协作问题解决学习，为了探究在组间交互时的派系情况与实际所属的自然小组的异同，因此采用指定数目的派系分析方法，在 UCINET 6 中将派系的数目指定为 7。派系分析结果如图 4-4 所示。图 4-4 展示的派系分析结果与原始分组情况存在显著差异。第 7 派系拥有最多的成员，共有 7 人，包括 G1b、G1c、G3d、G3e、G5c、G5d和 G7a，他们来自四个不同的自然小组，分别是 1 组、3 组、5 组和 7 组。这个派系的密度达到 0.62，显示出成员间较强的相互联系。相比之下，第 5 派系和第

6 派系成员较少，各有 3 人，分别是 G5a、G5e、G7d 和 G2b、G6d、G7c，他们同样来自不同的小组。这两个派系的密度值较低，分别为 0.33 和 0.17，反映出成员间的联系较为松散。但是正如前文所述，密度与网络规模具有较强的相关性，因此由于 7 个派系的规模不同，密度不能直接进行比较。

```
                                    Density Table

                                    1     2     3     4     5     6     7
                                  ----- ----- ----- ----- ----- ----- -----
1:   G2c G2d G2e G4c G4e      1   0.50  0.20  0.16  0.25  0.20  0.07  0.26
2:   G2a G3b G4b G6a G6b G7b  2   0.23  0.50  0.13  0.17  0.06  0.06  0.17
3:   G1a G4a G4d G5b G7e      3   0.12  0.23  0.55  0.10  0.07  0.00  0.11
4:   G1d G3a G3c G6c          4   0.10  0.21  0.05  0.50  0.00  0.00  0.21
5:   G5a G5e G7d              5   0.07  0.17  0.00  0.00  0.33  0.00  0.10
6:   G2b G6d G7c              6   0.13  0.22  0.00  0.08  0.00  0.17  0.05
7:   G1b G1c G3d G3e G5c G5d G7a  7  0.11  0.19  0.17  0.18  0.05  0.05  0.62
```

图 4-4 派系分析结果截图

三、不同角色学习者的差异分析

在本书框架下，学习者被划分为组长和组员两种角色。组长的角色是引导协作问题解决学习活动，他们主要承担活动的策划和协调任务，具体包括合理分配学习任务的责任；组织小组成员通过有效的交互、协作共同解决问题；监督每名组员在线上与线下学习过程中的表现；激发小组成员就任务进行深入讨论，并向他们提供解决问题所需的信息、线索和资源，保证学习活动按进度计划进行等。在本书中，除了组长外，其他成员担任组员角色，他们的任务是利用自己的专长和优势，提供有价值的信息、线索和资源，以促进问题的解决，并积极参与在线讨论，共同寻求有效的解决方案。研究旨在分析组长与组员在网络交互中的中心性差异，包括点出度、点入度、中介中心度、入接近中心度和出接近中心度。对 7 名组长和 26 名组员的这五个中心性参数进行比较的结果显示，组长在这些参数上的平均水平（点出度 0.37、点入度 0.33、中介中心度 0.09、接近中心度 1.54 和 1.52）普遍高于组员（点出度 0.20、点入度 0.21、中介中心度 0.03、接近中心度 1.38 和 1.32），表明组长在互动中的积极主动性、威望、控制性和独立性均超过组员。

为了进一步检验二者是否呈现显著差异，我们采用独立样本 t 检验。为了确保研究结果的科学性与精确性，我们在独立样本 t 检验后，对均值差异达到显著差异的检验变量进一步采用效果值（size of effect，即 η^2）报告实际显著性。

从表 4-5 中可以看出，组间交互网络中，组长的点出度、点入度、中介中心度、入接近中心度、出接近中心度五个变量的均值均高于组员的均值，但在独立样本 t 检验中，组长的点出度与组员差异不显著（$t=1.934$，$df=6.975$，$p=0.094>0.05$），这一结果说明，组长参与交互的积极主动性（$M=0.37$）近似于组员参与交互的积极主动性（$M=0.20$）；同时，组长的点入度（$t=1.342$，$df=31$，$p=0.189>0.05$）、中介中心度（$t=1.806$，$df=6.496$，$p=0.117>0.05$）、入接近中心度（$t=1.125$，$df=31$，$p=0.269>0.05$）上的表现与组员相比，均未展现出统计学上的显著差异。这表明，在威望与控制力方面，组长与组员之间并无明显区别。然而，在出接近中心度的比较中，组长与组员之间的差异达到了显著水平（$p<0.05$，$\eta^2=0.039$），这有力地证明了组长在独立性上显著优于组员，意味着组长相较于组员，更不易受到外界因素的控制与影响。

表 4-5　不同角色学习者的中心性差异分析结果（组间交互网络）

检验变量	角色	n	M	SD	t	η^2
点出度	组长	7	0.37	0.22	1.934	
	组员	26	0.20	0.12		
点入度	组长	7	0.33	0.08	1.342	
	组员	26	0.21	0.21		
中介中心度	组长	7	0.09	0.08	1.806	
	组员	26	0.03	0.03		
入接近中心度	组长	7	1.54	0.43	1.125	
	组员	26	1.38	0.32		
出接近中心度	组长	7	1.52	0.22	0.018*	0.039
	组员	26	1.32	0.17		

注：*表示 $p<0.05$，余同。

第三节　组内交互网络结构与特征

一、组内交互网络的凝聚性

图 4-5 呈现了 7 个小组内部的社群互动情况，图中节点大小直接反映了学习

者的中心度程度，节点越大则中心度越高，反之则越低。学习者间的交互紧密程度则通过节点间连线的颜色深浅来区分，颜色深表示交流频繁且紧密，颜色浅则表明交互相对稀疏。观察该图可明确，本书中的 33 名学习者在各自小组内均积极参与了互动，构建了一个紧密相连的交互网络。

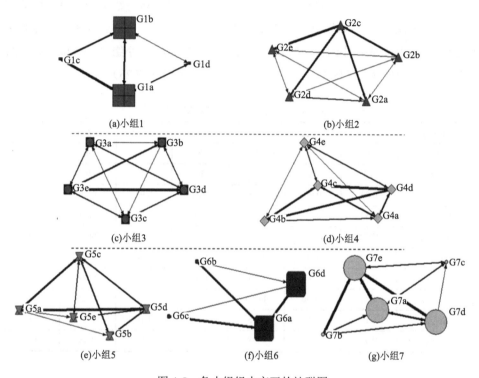

图 4-5　各小组组内交互的社群图

从表 4-6 中可以看出，7 个小组的密度值从高到低排序分别是：小组 4（1.00）、小组 2（0.95）、小组 3（0.95）、小组 5（0.90）、小组 7（0.85）、小组 1（0.83）、小组 6（0.75）。小组 4 的密度值最大，小组 6 的密度值最小。各小组的密度标准差小组 4（0.00）最小，说明在小组 4 中各学习者都积极参与了交互，在交互中较为独立，没有形成小团体；小组 6（0.43）最大，说明在小组 6 中个别学习者之间存在小团体现象。尽管密度能够很好地衡量网络的密度，但是密度的大小往往与网络规模呈负相关，网络规模越大，密度越低，相反网络规模越小，密度越高。因此，对于网络凝聚性的判断还需要结合平均距离、凝聚力指数、平均点度数及其他特征值。

平均距离和基于此的凝聚力指数是对密度值的有益补充，它们可以更全面地描绘网络成员间的相互吸引力。在本书中，对于 7 个小组的内部交互网络，凝聚力指数显示出小组成员间的互动密切，成功构建了一个紧密且有凝聚力的网络。从宏观层次对交互网络结构的分析仅关注交互网络的凝聚性，平均点度数是衡量网络凝聚性的一个重要指标[①]。同时，不同于密度的是，平均点度数不受网络规模的制约，因此在比较分析不同规模网络的凝聚性时更具优势。7 个小组的平均点度数按从大到小依次排列为：小组 2（72.00）、小组 4（70.80）、小组 3（44.00）、小组 5（26.60）、小组 7（25.00）、小组 6（24.75）、小组 1（17.25）。

表 4-6 组内交互网络的基本属性

属性名称	小组 1	小组 2	小组 3	小组 4	小组 5	小组 6	小组 7
节点数	4	5	5	5	5	4	5
连接数	10	19	19	20	18	9	17
网络密度	0.83	0.95	0.95	1.00	0.90	0.75	0.85
密度标准差	0.37	0.22	0.22	0.00	0.30	0.43	0.36
平均点度数	17.25	72.00	44.00	70.80	26.60	24.75	25.00
互惠性	1.00	0.90	0.90	1.00	1.00	0.80	0.89
传递性	0.75	0.94	0.94	1.00	0.88	0.69	0.84
聚类系数	6.21	18.00	11.00	17.70	8.33	12.25	7.82
平均距离	1.17	1.05	1.05	1.00	1.10	1.25	1.15
凝聚力指数	0.92	0.98	0.98	1.00	0.95	0.88	0.93

通过分析社群图、网络密度和平均点度数等指标，我们可以得出结论：这 7 个小组的成员之间交互频繁，构建了一个紧密的交互网络。

二、组内交互网络结构的特征

（一）学习者在交互网络中的积极主动性及威望分析

从表 4-7 中可以看出，不同的学习者表现出不同的点出度与点入度，这也说

[①] 沃特·德·诺伊，安德烈·姆尔瓦，弗拉迪米尔·巴塔盖尔吉. 蜘蛛：社会网络分析技术. 林枫译. 北京：世界图书出版公司，2012.

明学习者在组内交互时，积极主动性、威望以及在交互网络中的位置均存有差异。具体结果如下。

表 4-7　组内交互的点度中心性计算结果

学习者	点出度	点入度	相对点出度	相对点入度	学习者	点出度	点入度	相对点出度	相对点入度
G1a	24.00	28.00	8.00	9.33	G4a	53.00	50.00	13.25	12.50
G1c	21.00	22.00	7.00	7.33	G4e	31.00	33.00	7.75	8.25
G1b	17.00	16.00	5.67	5.33	G5d	41.00	39.00	10.25	9.75
G1d	7.00	3.00	2.33	1.00	G5c	36.00	29.00	9.00	7.25
G2c	150.00	158.00	37.50	39.50	G5a	30.00	36.00	7.50	9.00
G2d	54.00	54.00	13.50	13.50	G5b	17.00	17.00	4.25	4.25
G2e	54.00	49.00	13.50	12.25	G5e	9.00	12.00	2.25	3.00
G2a	53.00	53.00	13.25	13.25	G6a	56.00	40.00	18.67	13.33
G2b	49.00	46.00	12.25	11.50	G6d	19.00	23.00	6.33	7.67
G3e	68.00	68.00	17.00	17.00	G6b	17.00	19.00	5.67	6.33
G3d	67.00	61.00	16.75	15.25	G6c	7.00	17.00	2.33	5.67
G3b	33.00	29.00	8.25	7.25	G7e	50.00	45.00	12.50	11.25
G3a	27.00	34.00	6.75	8.50	G7a	28.00	26.00	7.00	6.50
G3c	25.00	28.00	6.25	7.00	G7d	25.00	24.00	6.25	6.00
G4d	98.00	112.00	24.50	28.00	G7b	19.00	22.00	4.75	5.50
G4c	97.00	86.00	24.25	21.50	G7c	3.00	8.00	0.75	2.00
G4b	75.00	73.00	18.75	18.25					

（1）小组 1：G1a 在交流中威望及积极主动性都居于首位；而 G1d 的威望和积极主动性均处于最低水平。进一步通过入度中心性（31.852%）和出度中心性（20.000%）的观察，我们发现该小组的交互网络中虽然有些学习者较为活跃，但整体上并没有明显的中心性特征。

（2）小组 2：在小组 2 中，G2c 展现出最高威望和最强积极主动性，而 G2b 在威望和积极主动性方面则是最弱的。考虑到入度中心性（59.722%）和出度中心性（54.167%），我们认为该小组的交互网络较为集中，具有明显的中心性特征，尤其是 G2c 在学习者间的互动中占据了核心地位。

（3）小组 3：G3e 在学习者互动中威望最高，同时表现出最高的参与度；相对地，G3c 的威望和参与度都是最低的。考虑到入度中心性（21.429%）和出度中心性（21.429%），我们观察到虽然某些学习者之间的互动较为频繁，但小组3的交互网络并没有明显的中心化特征。

（4）小组4：G4d在互动中的威望和积极主动性都是最高的；而G4e在这两个方面都是最低的。入度中心性（32.188%）和出度中心性（21.250%）的数据显示，尽管小组4中也有学习者表现出较高的互动频率，但整体而言，该小组的交互网络并没有显示出明显的中心化倾向。

（5）小组5：学习者G5d的点入度值（39.00）和点出度值（41.00）均是所有学习者中的最大值，说明学习者G5d在交互中不仅具有最高的威望，同时还最为积极主动；学习者G5e的点入度值（12.00）和点出度值（9.00）均为所有学习者中的最小值，说明该学习者在交互中的威望最低，并且积极主动性最差。另外，结合入度中心性（20.395%）、出度中心性（23.684%），我们认为小组5的交互网络中尽管存在个别学习者交互较为紧密的现象，但整体来看并不存在显著的中心性趋势。

（6）小组6：学习者G6a在交互中不仅具有最高的威望，同时还最为积极主动；学习者G6c在交互中的威望最低，并且积极主动性最差。另外，结合入度中心性（30.808%）、出度中心性（63.131%），我们观察到小组6的互动网络显示出一些成员之间有较强的联系，并且整个网络显示出良好的集中性，有明显的中心化特征。在这样的网络结构中，G6a占据着核心地位，表明其在小组交流中扮演着关键角色。

（7）小组7：学习者G7e在交互中不仅具有最高的威望，同时还最为积极主动；学习者G7c在交互中的威望最低，并且积极主动性最差。另外，结合入度中心性（39.063%）、出度中心性（48.828%），我们发现该小组的互动网络中，部分成员之间的交流特别频繁，整体上显示出一定的集中性，并且呈现出明显的中心化特征。在这样的网络中，G7e明显地占据了一个中心的位置，显示其在小组互动中的重要性。

总体而言，7个小组的入度中心性和出度中心性存在差异，并不总是相同的。这反映了学习者在互动过程中，他们发出和接收的信息量是不均衡的，同时也表明了他们在参与互动的积极性方面存在差异。点度中心性的值介于0—1，通常认为在星形网络中，该值会达到最大，即100%。参照王陆[1]、徐峰[2]等的研

---

① 王陆. 虚拟学习社区的社会网络结构研究. 西北师范大学博士学位论文，2009.
② 徐峰. 基于社会网络的大学生学习网络结构研究. 江西财经大学博士学位论文，2014.

究结果，认为各小组的交互网络中小组 2、小组 6、小组 7 相对具有较好的集中趋势，其他小组没有呈现明显的中心性现象。

（二）学习者的控制性分析

学习者的中介中心度越高，表示该学习者越能控制交互信息的流向；学习者的中介中心度越低，表示该学习者在交互网络中越容易被他者控制。从表 4-8 中可以看出，组内交互中，学习者的控制性分析结果如下。

表 4-8　各小组组内交互网络的中介中心性计算结果

学习者	中介中心度	相对中介中心度	学习者	中介中心度	相对中介中心度	学习者	中介中心度	相对中介中心度
G1a	1.00	0.17	G3b	0.00	0.00	M	0.40	0.03
G1b	1.00	0.17	G3c	0.00	0.00	SD	0.33	0.03
G1c	0.00	0.00	M	0.20	0.02	G6a	2.50	0.42
G1d	0.00	0.00	SD	0.17	0.01	G6d	0.50	0.08
M	0.50	0.08	G4a	0.00	0.00	G6c	0.00	0.00
SD	0.58	0.10	G4b	0.00	0.00	G6b	0.00	0.00
G2a	0.33	0.03	G4c	0.00	0.00	M	0.75	0.13
G2d	0.33	0.03	G4d	0.00	0.00	SD	1.19	0.20
G2c	0.33	0.03	G4e	0.00	0.00	G7a	1.33	0.11
G2b	0.00	0.00	M	0.00	0.00	G7e	1.33	0.11
G2e	0.00	0.00	SD	0.00	0.00	G7d	0.33	0.03
M	0.20	0.02	G5a	0.67	0.06	G7b	0.00	0.00
SD	0.17	0.01	G5d	0.67	0.06	G7c	0.00	0.00
G3a	0.33	0.03	G5c	0.67	0.06	M	0.60	0.05
G3d	0.33	0.03	G5b	0.00	0.00	SD	0.69	0.06
G3e	0.33	0.03	G5e	0.00	0.00			

（1）小组 1：G1a 和 G1b 显示出较强的信息控制能力，而 G1c 和 G1d 则较少参与，似乎处于网络的外围。通过分析均值、标准差和中介中心性等指标，可以看出，该小组成员在中介中心性上的差异并不显著，且成员间互动的依赖性较低。

（2）小组 2：G2a、G2d 和 G2c 在小组 2 的互动网络中拥有较高的信息影响力，相比之下，G2b 和 G2e 的参与度较低，显得较为边缘化。根据均值、标准差和中介中心性等统计数据，该小组的成员在中介中心性上的差异微乎其微，且成员间的互动不常需要中介。

（3）小组 3：G3a、G3d 和 G3e 在小组 3 的交互网络中控制信息的能力较强，而 G3b 和 G3c 则较少控制其他成员，位置较为边缘。通过均值、标准差和中介中心性等参数的分析，发现该小组成员在中介中心性上几乎没有差异，且成员间的交流很少需要通过他人来进行。

（4）小组 4：学习者均没有起到中介作用，各学习者的作用及角色较为均衡，交互的控制权没有控制在少数学习者手中。

（5）小组 5：G5a、G5d 和 G5c 在小组 5 的互动网络中显示出较强的控制力，而 G5b 和 G5e 则较少参与，显得较为边缘化。通过分析均值、标准差和中介中心性，我们发现该小组成员在中介中心性上的差异不大，且成员间的互动很少需要通过他人来进行。

（6）小组 6：G6a 在小组 6 的交互网络中拥有较高的控制力，相比之下，G6b 和 G6c 的参与度较低，处于网络的边缘。根据均值、标准差和中介中心性等统计数据，该小组的成员在中介中心性上的差异较为明显，且成员间的互动较常需要中介。

（7）小组 7：G7a、G7e 和 G7d 在小组 7 的互动网络中控制信息的能力较强，而 G7c 和 G7b 则较少控制其他成员，位置较为边缘。通过均值、标准差和中介中心性等参数的分析，发现该小组成员在中介中心性上的差异不大，且成员间的交流很少需要通过他人来进行。

总的来说，7 个小组的中介中心度及中介中心势均存有差异，并不完全相等，该结果一方面说明了学习者在交互中其发出与接收的信息具有不对称性，另一方面也说明了各小组参与交互的积极主动性具有差异。分析结果显示：小组 6 的互动网络中成员的中介中心性存在较大差异，并且成员之间进行交流时往往需要借助其他成员；而小组 1 和小组 7 的互动网络则显示出成员的中介中心性差异较小，成员间的交流较少依赖于他人；小组 2、小组 3、小组 5 交互网络中各学习者之间的中介中心度的离散非常不明显，同时，学习需要经过他者进行交互的概率极小；小组 4 交互网络中各学习者之间的中介中心度均为 0。

（三）学习者的独立性分析

接近中心度是测量一个行动者不受其他行动者控制的程度的重要参数。行动者若具有较低的接近中心度，表明其在网络中处于更中心的地带，较不易受到他人影响；而较高的接近中心度则意味着行动者处于网络的外围，较容易受到他人的影响。将各小组学习者按照不易受其他学习者控制程度的大小排列，结果如图 4-6 所示。

图 4-6 各小组学习者受他者控制程度排序截图

三、小组间差异分析

为了研究各小组交互网络结构之间的差异，我们分别采用差异系数及单因素方差分析（one-factor analysis of variance）检验了不同小组之间交互网络结构的差异，并采用最小显著性差异（least-significant difference，LSD）法进行了事后多重比较。

如表 4-9 所示，7 个小组的点出度（$F=3.24$，$p<0.05$）、点入度（$F=3.33$，$p<0.05$）均存在显著差异，其中，2 组和 4 组最高，1 组和 7 组最低；7 个小组的入接近中心度（$F=3.11$，$p<0.05$）也存在显著差异，其中 1 组和 6 组最高，5 组和 7 组最低；7 个小组的中介中心度（$F=1.33$，$p>0.05$）、出接近中心度（$F=2.22$，$p>0.05$）差异不显著。通过 LSD 检验方法进行多重比较的结果显示，7 个小组之间点出度、点入度的差异均呈现如下现象，即 2 组在 0.05 水平上显著高于 1 组、5 组、6 组、7 组，4 组在 0.05 水平上显著高于 1 组、5 组、6 组、7 组；7 个小组之间入接近中心度的差异中，1 组在 0.05 水平上显著高于 2—6 组，6 组在 0.05 水平上显著高于 5 组、7 组。

表 4-9　不同小组的交互网络中心性的单因素方差分析结果

检验变量	小组	N	M	SD	F	检验变量	小组	N	M	SD	F
点出度	1组	4	5.75	2.47	3.24*	入接近中心度	1组	4	29.17	4.81	3.11*
	2组	5	18.00	10.91			2组	5	24.00	2.23	
	3组	5	11.00	5.41			3组	5	24.00	2.24	
	4组	5	17.70	7.23			4组	5	25.00	0.00	
	5组	5	6.65	3.33			5组	5	23.00	2.74	
	6组	4	8.25	7.16			6组	4	27.08	4.17	
	7组	5	6.25	4.25			7组	5	22.00	2.74	
事后比较 LSD 法：2>1,2>5,2>6,2>7,4>1,4>5,4>6,4>7						事后比较 LSD 法：1>2,1>3,1>4,1>5,1>6,6>5,5>6>7					
点入度	1组	4	5.75	3.56	3.33*	出接近中心度	1组	4	29.17	4.81	2.22
	2组	5	18.00	12.05			2组	5	24.00	2.24	
	3组	5	11.00	4.75			3组	5	24.00	2.24	
	4组	5	17.70	7.70			4组	5	25.00	0.00	
	5组	5	6.65	2.94			5组	5	23.00	2.74	
	6组	4	8.25	3.49			6组	4	27.92	6.58	
	7组	5	6.25	3.31			7组	5	22.33	3.84	
事后比较 LSD 法：2>1,2>5,2>6,2>7,4>1,4>5,4>6,4>7						事后比较 LSD 法：—					
中介中心度	1组	4	0.08	0.10	1.33						
	2组	5	0.02	0.02							
	3组	5	0.02	0.02							
	4组	5	0.00	0.00							
	5组	5	0.03	0.03							
	6组	4	0.13	0.20							
	7组	5	0.05	0.06							
事后比较 LSD 法：—											

　　从表 4-10 中可以看出，7 个小组的节点数、网络密度、互惠性、传递性、平均距离、凝聚力指数等基本属性值的变异系数均小于 0.15，且其平均差、极差、标准差等差异系数的值较小，说明 7 个小组的该 6 个参数无显著差异；而连接数、平均点度数、聚类系数三个基本属性值的变异系数较大，分别为 0.284、0.571、0.405，并且平均差、极差、标准差等差异系数的值也较大，因此，7 个小组中的连接数、平均点度数、聚类系数之间的差异最大。

表 4-10　不同小组的交互网络基本特征的差异分析结果

属性名称	平均差	极差	标准差	极差率	变异系数
节点数	0.408	1.000	0.488	1.250	0.104
连接数	3.714	11.000	4.546	2.222	0.284
网络密度	0.069	0.250	0.086	1.333	0.096
平均点度数	19.037	54.750	22.889	4.174	0.571
互惠性	0.062	0.200	0.076	1.250	0.082
传递性	0.088	0.310	0.111	1.449	0.129
聚类系数	3.744	11.790	4.708	2.899	0.405
平均距离	0.069	0.250	0.086	1.250	0.077
凝聚力指数	0.033	0.120	0.042	1.136	0.044

　　总的来说，7 个小组的交互网络中，4 组和 2 组的连接数、平均点度数、聚类系数等 3 个基本特征参数明显高于 1 组和 6 组，并且点出度、点入度 2 个中心性参数也明显高于其他 4 个小组，因此，小组 2 与小组 4 是 7 个小组中小组交互网络结构最为完善、凝聚性最高的两个小组；而小组 6 的平均点度数也非常小，位列第 6，因此小组 6 是 7 个小组中小组交互网络结构相对最为稀疏、凝聚性最差的小组。

四、不同角色学习者的差异分析

　　在进行组内交互网络的分析时，对比了 7 名组长和 26 名组员的点出度、点入度、中介中心度和接近中心度等中心性数值。结果显示，组长在这些参数上的平均水平（点出度 18.35、点入度 18.31、中介中心度 0.12、接近中心度 27.38 和 27.38）普遍超过组员的平均水平（点出度 8.68、点入度 8.69、中介中心度 0.02、接近中心度 23.97 和 24.17），这反映出组长在交流中的积极主动性、威望、控制性、独立性都较组员更为显著。

　　为了进一步检验二者是否呈现显著差异，我们采用同样的独立样本 t 检验方法进行检验，结果如表 4-11 所示。

表 4-11 不同角色学习者的中心性差异分析（组内交互网络）

检验变量	角色	n	M	SD	t	η²
点出度	组长	7	18.35	10.11	3.390*	0.270
	组员	26	8.68	5.58		
点入度	组长	7	18.31	11.35	2.190	
	组员	26	8.69	4.87		
中介中心度	组长	7	0.12	0.14	1.656	
	组员	26	0.02	0.04		
入接近中心度	组长	7	27.38	4.07	2.505*	0.168
	组员	26	23.97	2.95		
出接近中心度	组长	7	27.38	1.54	2.005	
	组员	26	24.17	0.72		

从表 4-11 中可以看出，组内交互网络中，组长的点出度、点入度、中介中心度、入接近中心度、出接近中心度五个变量的均值均高于组员的均值，但在独立样本 t 检验中，组长的点出度与组员的差异达到显著性水平（$t=3.390$，$df=31$，$p=0.002<0.05$），这一结果说明，组长参与交互的积极主动性水平显著高于组员；同时，组长的入接近中心度与组员的差异达到显著性水平（$t=2.505$，$df=31$，$p=0.018<0.05$），这一结果说明，组长的独立性显著高于组员，即组长不易受他者影响与控制；但是组长的点入度（$t=2.190$，$df=6.604$，$p=0.067>0.05$）、中介中心度（$t=1.656$，$df=6.266$，$p=0.147>0.05$）、出接近中心度（$t=2.005$，$df=31$，$p=0.054>0.05$）与组员的差异均未达到显著性水平，该研究结果表明，尽管组长参与交互的积极主动性、威望、控制性、独立性水平均高于组员，但仅在积极主动性及独立性上呈显著差异。

第四节　学习者个体在交互网络中的重要性评估

交互网络中，每个学习者所起的作用不一样。有些学习者比较重要，与其他多位学习者之间都有交互，处于交互网络的核心位置；有些学习者与他者之间的交互较少，处于交互网络的半边缘或边缘位置。本章中，处于核心位置的具有重要地位的学习者，对交互网络的形成以及问题的解决等学习任务的完成具有重要的作用，如果交互网络中失去了他，将会对交互及问题解决产生重要影响，因此把握每位学习者在交互网络中的重要性，以便制定合适的交互策略，从而促进有意义交互的产生是非常必要的。

一、学习者个体重要性评估方法及验证

社会网络分析中，节点重要性的度量与评估一直都是值得研究的问题，国内外研究者均开展了大量研究，李鹏翔等认为节点的重要性与该节点被删除后对网络的破坏性等价，并基于节点（集）删除的方法，采用节点被删除后形成的所有不连通节点间的距离的倒数之和来测量节点的重要性[1]，但该方法仅针对无向网络，而没有考虑赋值网络和有向网络。

叶春森等认为节点的重要度可以通过节点的度与凝聚度来测量[2]，并通过案例验证该方法的有效性：节点 V_i 的重要度 $I_{V_i} = \alpha d_i + (1-\alpha)cd_i$。其中，$d_i$ 为节点 V_i 的度，cd_i 为节点 V_i 的凝聚度，且 $cd_i = \dfrac{d_i(d_i-1)}{2c_i}$。式中，$c_i$ 是节点 V_i 的连通度，c_i 等于节点 V_i 直接相连的节点之间的边的总数。

同时，单伟等[3]、钟琦和汪克夷[4]、陈亮等[5]开展了知识交流网络中员工的重要性的相关研究；刘军基于前人的研究成果，从隐性知识交流网络的结构出发，借鉴 PageRank 算法提出了员工重要性及隐性知识交流能力评价模型并通过实例验证了模型的科学性[6][7]。这些研究成果对本书具有重要的借鉴意义，为研究的顺利开展提供了坚实的理论与方法基础。

在社会网络研究中，研究者通常认为节点的重要性等价于该节点与其他节点

---

[1] 李鹏翔，任玉晴，席酉民. 网络节点（集）重要性的一种度量指标. 系统工程，2004，22（4）：13-20.

[2] 叶春森，汪传雷，刘宏伟. 网络节点重要度评价方法研究. 统计与决策，2010（1）：22-24.

[3] 单伟，张庆普，刘臣. 企业内部隐性知识流转网络探析. 科学学研究，2009，27（2）：255-261.

[4] 钟琦，汪克夷. 基于社会网络分析法的组织知识网络及实例研究. 科技管理研究，2009，29（4）：211-214.

[5] 陈亮，陈忠，韩丽川，等. 从员工知识网络的角度研究知识型员工的细分. 情报科学，2008，26（2）：214-217.

[6] 刘军. 企业员工隐性知识交流能力评价模型. 图书情报工作，2010，54（4）：79-81.

[7] 刘军，张立柱. 隐性知识交流网络中员工重要性评价模型. 统计与决策，2013（8）：55-57.

的连接而使其具有的显著性[1]。也就是说，节点的重要性与该节点的点度数、中心性、最短路径等密切相关，并且可以通过这些参数评估[2]。基于此，我们认为学习者在交互网络中的重要性受学习者的点度中心度、中介中心度、接近中心度、交互的对象等参数的共同影响与作用。

（一）点出度与学习者个体的重要性

在本书中，点出度指的是学习者发起交流的次数，这包括他们主动向其他人提问和进行互动的频次，也就是邻接矩阵中该学习者所在行的数值之和。学习者 S_i 的点出度记为 $D_o(S_i)$，$D_o(S_i) = \sum_{i=1, j \neq i}^{n} x_{ji}$。点出度越大，该学习者在交互网络中发出的交互信息越多，从学习者获取知识、信息的他者越多，因此该学习者在交互网络中具有越重要的地位。设学习者 S_i 的重要程度为 $I(S_i)$，如果仅考虑点出度对学习者重要性的影响，则有 $I(S_i) = f(D_o(S_i))$，$f(D_o(S_i))$ 是关于 $D_o(S_i)$ 的增函数。

（二）点入度与学习者个体的重要性

在本书中，点入度指的是学习者作为他人交流目标的频率，这通过计算邻接矩阵中该学习者所在列的总数值来确定。学习者 S_i 的点入度记为 $D_{in}(S_i)$，$D_{in}(S_i) = \sum_{i=1, j \neq i}^{n} x_{ij}$。点入度越大，该学习者在交互网络中收到的交互信息越多，从他者获取知识、信息越多，且该学习者可能在收到信息的同时也向他者传递信息。因此，在交互网络中应该重视这类学习者，他们在未来很有可能发展成为在交互中具有重要地位的学习者。如果仅考虑点入度对学习者重要性的影响，则有 $I(S_i) = g(D_{in}(S_i))$，$g(D_{in}(S_i))$ 是关于 $D_{in}(S_i)$ 的增函数。

当同时考虑点出度与点入度对学习者重要性的影响时，则有 $I(S_i) = \omega_1 \times f(D_o(S_i)) + \omega_2 \times g(D_{in}(S_i))$。其中，$0 \leq \omega_1$，$\omega_2 \leq 1$，$\omega_1 + \omega_2 = 1$。$\omega_1$、$\omega_2$ 分别表示点出度与点入度对学习者重要性影响的权值。

---

[1] Niemöller K, Schijf B. Applied network analysis. Quality and Quantity, 1980, 14(1): 101-116.

[2] 肖连杰，吴江宁，宣照国. 科研合作网中节点重要性评价方法及实证研究. 科学学与科学技术管理，2010，31（6）：12-15.

（三）中介中心度与学习者个体的重要性

中介中心度是衡量学习者在多大程度上处于其他任何两名学习者之线上，即在多大程度上控制着交互的重要参数。学习者 S_i 的中介中心为 $D_B(S_i)$，$D_B(S_i) = \sum_{j}^{n} \sum_{k}^{n} b_{jk}(i)$，$j \neq k \neq i$ 且 $j < k$。中介中心度越大的学习者在交互网络中起到的桥梁作用越大，如果失去这类学习者，将会影响交互的顺利进行。因此，在交互网络中，中介中心度越大的学习者，越具有较大的重要性。如果只考虑中介中心度对学习重要性的影响，则有 $I(S_i) = \varphi(D_B(S_i))$，$\varphi(D_B(S_i))$ 是关于 $D_B(S_i)$ 的增函数。

当同时考虑点出度、点入度、中介中心度对学习者重要性的影响时，则有 $I(S_i) = \omega_1 \times f(D_o(S_i)) + \omega_2 \times g(D_{in}(S_i)) + \omega_3 \times \varphi(D_B(S_i))$，其中，$0 \leqslant \omega_1$，$\omega_2$，$\omega_3 \leqslant 1$，$\omega_1 + \omega_2 + \omega_3 = 1$。$\omega_1$、$\omega_2$、$\omega_3$ 分别表示点出度、点入度、中介中心度对学习者重要性影响的权值。

（四）接近中心度与学习者个体的重要性

接近中心度是衡量学习者在网络中位置的重要指标，即对他者的依赖程度，学习者与他者间的距离和越大，他对他者的依赖性越小，该学习者在交互网络中越具有重要性；学习者与他者间的距离和越小，该学习者在交互网络中的重要性越小。尽管接近中心度与学习者的重要性也具有较强的关联，但是由于接近中心度与点度中心度密切相关，所以本书中不考虑接近中心度对学习者重要性的影响。

（五）交互对象与学习者个体的重要性

网页排名的 PageRank 算法的基本假设即如果某网页具有较多的链接网页，则认为该网页相对其他网页比较重要；同时，如果 PageRank 值较高的网页（比较重要的网页）与某网页有链接，则认为该网页也比较重要[1]。

刘军[2]基于 PageRank 算法构建了企业员工隐性知识流转网络中员工交流能力

---

[1] 吴淑燕，许涛. PageRank 算法的原理简介. 图书情报工作，2003，47（2）：55-60，51.

[2] 刘军. 企业员工隐性知识交流能力评价模型. 图书情报工作，2010，54（4）：79-81.

的评价模型，其中即认为如果知识交流能力较强的员工 M 与员工 N 有隐性知识交流，那么则认为员工 N 也具有相对较强的知识交流能力。因此，本书中，假设学习者 S_i 在交互网络中比较重要，如果 S_i 向学习者 S_j 发出交互信息，则认为学习者 S_j 在交互网络中也较为重要，即学习者 S_i 在交互网络中越重要，其所选择的交互对象也越重要。设学习者 S_i 向学习者 $S_{i1}, S_{i2}, \cdots, S_{iD_o(S_i)}$ 等发出了交互信息，如果仅考虑交互对象对学习者个体重要性的影响，那么则有 $I(S_i) = \varnothing \left(I(S_{i1}), \cdots, I(S_{iD_o(S_i)}) \right)$，$\varnothing \left(I(S_{i1}), \cdots, I(S_{iD_o(S_i)}) \right)$ 是关于 $I(S_{i1}), \cdots, I(S_{iD_o(S_i)})$ 的增函数。

当同时考虑点出度、点入度、中介中心度、交互对象对学习者重要性的影响时，则有 $I(S_i) = \omega_1 \times f(D_o(S_i)) + \omega_2 \times g(D_{in}(S_i)) + \omega_3 \times \varphi(D_B(S_i)) + \omega_4 \times \varnothing(I(S_{i1}), \cdots, I(S_{iD_o(S_i)}))$。其中，$0 \leqslant \omega_1, \omega_2, \omega_3, \omega_4 \leqslant 1$，$\omega_1 + \omega_2 + \omega_3 + \omega_4 = 1$。$\omega_1$、$\omega_2$、$\omega_3$、$\omega_4$ 分别表示点出度、点入度、中介中心度、交互对象对学习者重要性影响的权值。

（六）学习者个体重要性评估模型构建

如果令 $f(D_o(S_i)) = D_o(S_i) = \sum_{i=1, j \neq i}^{n} x_{ji}$，$g(D_{in}(S_i)) = D_{in}(S_i) = \sum_{i=1, j \neq i}^{n} x_{ji}$，$\varphi(D_B(S_i)) = D_B(S_i) = \sum_{j}^{n} \sum_{k}^{n} b_{jk}(i), j \neq k \neq i$ 且 $j < k$，$\varnothing(I(S_{i1}), \cdots, I(S_{iD_o(S_i)})) = \sum_{j=1}^{D_o(S_i)} I(S_{ij})$，那么 $I(S_i) = \omega_1 \times \sum_{i=1, j \neq i}^{n} x_{ji} + \omega_2 \times \sum_{i=1, j \neq i}^{n} x_{ji} + \omega_3 \times \sum_{j}^{n} \sum_{k}^{n} b_{jk}(i) + \omega_4 \times \sum_{j=1}^{D_o(S_i)} I(S_{ij})$。其中，$0 \leqslant \omega_i \leqslant 1$，$\sum_{i=1}^{4} \omega_i = 1$。$\omega_i$ 即指点出度、点入度、中介中心度、交互对象对学习者重要性影响的权值。

（七）学习者个体重要性评估模型有效性的验证

学习者 S_i 的点出度、点入度、中介中心度可以通过社会网络分析软件 UCINET 6 直接计算，但是学习者 S_i 的重要性又需要计算其交互对象的重要性，而交互对象的重要性又需要该模型才能计算。因此，必须采用迭代法对模型求解，为学习者的重要程度设置初始值，执行迭代计算，直至结果趋向于某个值为止。

研究选取小组 1 交互网络的数据验证本模型的有效性，小组 1 的邻接矩阵如

表 4-12 所示。

设学习者重要程度的初始值均为 1，$\omega_1 = \omega_2 = \omega_3 = \omega_4 = 1/4$。从交互矩阵中提取 4 位学习者的点出度、点入度、中介中心度、交互对象的重要性的初始值（表 4-13）。利用迭代法进行求解，过程如表 4-14 所示。

表 4-12　小组 1 的邻接矩阵

学习者	S_1	S_2	S_3	S_4
S_1	0	8	15	1
S_2	8	0	7	2
S_3	15	6	0	0
S_4	5	2	0	0

表 4-13　模型各参数初始值

学习者	$I(S_i)$	$D_o(S_i)$	$D_{in}(S_i)$	$D_B(S_i)$	$\sum\limits_{j=1}^{D_o(S_i)} I(S_{ij})$
S_1	1	24	28	0.5	3
S_2	1	17	16	0.5	3
S_3	1	21	22	0	2
S_4	1	7	3	0	2

表 4-14　模型求解过程

迭代次数	$I(S_1)$	$I(S_2)$	$I(S_3)$	$I(S_4)$
0	1.000	1.000	1.000	1.000
1	13.875	9.125	11.250	3.000
2	18.969	15.406	16.500	8.250
3	23.164	19.305	19.344	11.094
……	……	……	……	……
32	30.025	26.225	24.813	16.563
33	30.025	26.225	24.813	16.563

由表 4-14 可知，模型经过 33 次迭代，结果收敛于固定的值，4 位学习者的重要程度依次为 S_1、S_2、S_3、S_4。通过观察小组 1 的交互，以及表 4-12、表 4-13

的数据可知：S_1、S_2、S_3 与其他学习者均有双向交互，但是 S_2 与 S_4 的交互比 S_1 与 S_4 的交互次数多，S_3 的点出度、点入度均小于 S_1 和 S_2，因此 S_1 处于最重要的位置，S_2、S_3 次之，而 S_4 仅与 S_1 和 S_2 有双向交互，与 S_3 之间仅存在单向交互，因此 S_4 重要性最低。在课前分组时，S_1 是该小组的组长，负责小组协作问题解决学习活动的任务分配、交互活动的组织等，S_1、S_2、S_3 学习者均是女生，且均为汉语言文学专业，而 S_4 是男生，专业为运动训练，因此该模型计算的结果与实际情况相符，该模型有效。

二、学习者个体在组间交互网络中的重要性评估

通过应用之前描述的评估方法来衡量学习者在组间交互网络中的重要性，本书得到以下结果：在 33 名学习者中，G3e、G6a、G2c、G4c、G5d 的重要性指数最高，而 G1d、G6d、G2b、G5a、G7a 的重要性指数最低；剩余的 23 名学习者按照重要性从高到低排列为 G7d、G4a、G5e、G6b、G7e、G2d、G7c、G4b、G1a、G4d、G7b、G3a、G3b、G3c、G6c、G5b、G1b、G2a、G2e、G1c、G3d、G4e、G5c。

之前基于点度中心性、中介中心性、接近中心性的分析结果表明，在交互网络中，G3b、G2d、G3c、G5c、G1c 等学习者处于较为中心的位置，而 G5e、G7a、G7c、G1d、G6c 等则相对处于边缘地带。

与本模型对学习者的重要程度评估结果不完全一致，但是通过与邻接矩阵及社群图的对照分析，在重要程度最高的 5 位学习者中 G3e、G6a、G2c、G5d 均为小组组长，组长负责小组交互的组织、协调，具体职责包括：对学习任务进行合理的分工；组织小组成员通过有效的交互、协作共同解决问题；在学习过程中监督每名组员在线上与线下的表现；引导小组成员围绕任务进行积极的讨论与提供与问题解决相关的信息、线索与资源；保证学习活动按进度计划进行等。通过对交互数据的分析与研究发现，G4c 提出的问题能够被较多他者回答，并且与重要程度较高的学习者联系较为紧密。

因此，本模型的研究结果更符合实际情况，更为精准地评估了学习者在交互网络中的重要程度。原因如下：本模型在评估学习者重要程度时，不仅考虑到了学习者本人的点入度、点出度、中介中心度、接近中心度等参数值，还把与之关系紧密的学习者的重要程度纳入考虑范围，作为对其重要性具有重要影响的一个维度。

三、学习者个体在组内交互网络中的重要性评估

采用如前所示的学习者重要性评估方法，计算各组内交互网络中学习者个体的重要性指数，结果如图 4-7 所示。

小组1	小组2	小组3	小组4	小组5	小组6	小组7	
G1d	G2e	G3c	G4d	G5e	G6c	G7c	低
G1c	G2b	G3a	G4c	G5b	G6b	G7b	
G1b	G2a	G3b	G4b	G5c	G6d	G7d	学习者的重要性
G1b	G2d	G3d	G4a	G5a		G7a	
G1a	G2c	G3e	G4e	G5d	G6a	G7e	高

图 4-7　学习者的重要性排序截图

图 4-7 展示了小组 2 中学习者的相对重要性排序为 G2c、G2d、G2a、G2b、G2e。通过社群图与邻接矩阵分析，可观察到 G2a、G2b、G2c、G2d 均与其他四位成员保持双向交互，而 G2e 则仅与三位成员双向互动，对 G2b 为单向联系，故 G2e 在网络中的重要性最低。G2c 因交互次数最多而位居首位，且作为组长负责任务分配与活动组织，其贡献显著，验证了重要性评估的准确性。尽管此排序与点入度、点出度、中介中心度、接近中心度的单独分析不完全吻合，但重要性评估模型综合了学习者的直接联系强度及其关联者的权重，提供了一个更全面且可信的视角，因此其结论更为可靠。

在小组 3 的情境中，学习者的重要性排序为 G3e、G3d、G3b、G3a、G3c。依据社群图与邻接矩阵分析，G3e、G3d、G3b、G3a 均展现出与组内其他成员的全面双向交互，而 G3c 则仅与三位成员保持双向联系，对 G3b 为单向联系，因此其网络重要性相对较低。特别地，G3e 因其高频次的交互活动而位居榜首，且作为组长在任务分配与活动组织中发挥关键作用，贡献显著。值得注意的是，G3c 作为新疆维吾尔族学生，平素交流较少且性格内向，这在组内交互中也有所体现，其贡献相对较低，与重要性评估结果相吻合。尽管这一排序与点入度、点出度、中介中心度、接近中心度的单独分析有所出入，但重要性评估模型通过综合考虑学习者的直接交互强度及其社交网络的深度与广度，包括紧密关联者的权重，提供了一个更为全面且可靠的评估结论。

小组 4 中，5 位学习者的重要性差异很小，并且接近中心度值也均相等，且网络密度为 1，因此小组 4 的交互网络中，所有学习者与其他学习者都存在双向交互，且交互次数较多，学习者对交互的控制性及核心边缘结构不明显。

小组 5 中，学习者的重要性依次是 G5d、G5a、G5c、G5b、G5e（G5a、G5c 重要性相同）。根据小组社群图和邻接矩阵的分析，G5d、G5a、G5c 三位学习者均与其他四位成员保持着全面的双向交互，显示出较高的网络重要性。相比之下，G5b 与 G5e 则仅与其他三位成员双向互动，且二者间为单向联系，因此其网络重要性较低。特别地，G5d 因交互次数最多而成为网络中的核心，加之其作为组长的角色，负责任务分配与活动组织，贡献显著，验证了重要性评估的准确性。虽然此排序与单独的点入度、点出度、中介中心度、接近中心度分析结果不完全吻合，但重要性评估模型通过综合考量学习者的直接交互强度及其社交网络深度，尤其是紧密关联者的权重，提供了更为全面且可信的评估结论，从而弥补了单一指标分析的不足。

在小组 6 中，学习者的重要性排序为 G6a、G6d、G6b、G6c。根据社群图和邻接矩阵分析，G6a 与 G6d 均能与组内其他两位学习者建立双向交互，显示出较高的网络重要性；G6b 与两位成员双向互动，而 G6c 仅与一位成员存在双向联系，因此 G6c 的重要性最低，G6b 次之。尤为突出的是，G6a 因交互次数最多而占据核心地位，加之其作为组长的角色，对任务分配与活动组织贡献显著，这与重要性评估结果相吻合。尽管此排序与单独的点入度、点出度、中介中心度、接近中心度分析结果存在差异，但重要性评估模型通过综合考虑学习者的直接交互强度及其社交网络的紧密程度，包括关联者的权重，提供了一个更为全面且可信的评估视角，从而增强了结论的可靠性。

在小组 7 中，学习者的重要性排序为 G7e、G7a、G7d、G7b、G7c。根据社群图和邻接矩阵的数据，G7e、G7a、G7d 能够与组内所有其他成员实现双向交互，显示出较高的网络重要性；G7b 与三位成员保持双向联系，G7c 则仅与两位成员双向互动，因此 G7c 的重要性最低，G7b 次之。值得注意的是，G7e 因交互次数最多而成为核心，且作为组长负责任务分配与活动组织，贡献显著，与重要性评估相符。尽管此排序与点入度、点出度、中介中心度、接近中心度的单独分析结果有所出入，但重要性评估模型通过综合考量学习者的直接交互强度、社交网络的广度及其关联者的权重，提供了一个更全面且可靠的评估视角，从而增强了结论的信赖度。

本 章 小 结

　　本章主要基于社会网络分析的视角，提出了适用于网络学习空间中协作问题解决学习的交互网络结构分析的理论框架，该理论框架从宏观、中观、微观三个层次对交互网络的凝聚性，以及学习者参与交互的积极主动性、威望、重要性等特征进行分析。其中，宏观层次主要通过社群图、网络密度、凝聚力指数、平均点度数、中心性特征分析等，研究全体学习者组间交互网络的凝聚性，以及学习者参与交互的积极主动性、威望、控制性、独立性等特征，并分析了组长及组员交互特征的差异；中观层次主要研究各小组内部交互网络的凝聚性，以及学习者参与交互的积极主动性等特征，并对不同小组之间交互网络的特征、组长与组员的特征进行差异分析；微观层次借鉴 PageRank 的核心思想，以及员工知识交流能力评价模型，建构了学习者在交互网络中的重要性受点度中心度、中介中心度、接近中心度、交互的对象四个因素共同影响的评估模型，并进行了应用。主要研究结论如下。

　　第一，组间交互中，学习者之间形成了相对稀疏的交互网络；学习者 G3e、G5d、G5c、G6a、G2a、G2c、G3d、G3c、G4c、G2e 等参与交互的积极主动性和威望较高，处于交互网络的相对核心位置；学习者 G4a、G1a、G5a、G6d、G5e、G7d、G2b、G7c、G7a、G1d 等参与交互的积极主动性和威望较低，处于交互网络的相对边缘位置；G6a、G2c、G3e、G5d、G3c 等学习者具有相对较强的控制性；G1d、G7a、G7c、G6d、G5e 等学习者具有相对较弱的控制性；G3b、G2d、G3c、G5c、G1c 等学习者独立性相对较强，不易受他者控制；组长参与交互的积极主动性、威望、控制性、独立性均高于组员，但仅有独立性呈现显著差异。

　　第二，组内交互中，7 个小组内部的交互均形成了非常稠密的交互网络；4 组和 2 组的连接数、平均点度数、聚类系数等 3 个基本特征参数明显高于 1 组和 6 组，并且点出度、点入度也明显高于其他 4 个小组，因此 4 组和 2 组是 7 个小组中小组交互网络结构最为完善、凝聚性最高的两个小组；小组 6 网络结构相对最为稀疏，是凝聚性最差的小组；组长参与交互的积极主动性、威望、控制性、独立性均高于组员，但仅有积极主动性及独立性呈现显著差异。

　　第三，组间交互网络中重要性程度最高的 5 位学习者依次为 G3e、G6a、

G2c、G4c、G5d，重要性程度最低的 5 位学习者依次是 G1d、G6d、G2b、G5a、G7a；组内交互网络中，重要性程度最高的 7 位学习者分别为 G1a、G2c、G3e、G4d、G5d、G6a、G7a，重要性程度较低的 7 位学习者为 G1d、G2b、G3c、G4e、G5e、G6c、G7c。

第 五 章

协作问题解决学习的
交互意义性界定与评估

　　并非所有交互都能直接促进学习者的问题解决、知识构建及学习成效提升，这凸显了构建科学分析框架与方法的重要性，即要明确哪些交互是真正有意义的，并探究其背后的价值所在。本章依据有意义学习及建构主义学习理论，将有意义交互界定为那些旨在解决问题、推动知识构建，并增强学习共同体内部信任与情感联系的互动。基于此，我们构建了一个包含两个维度、多个层次且动态变化的交互意义性评估体系。本章采用该体系，从过程与结果两个维度，对网络学习空间中协作问题解决学习的交互意义性进行了评估，并探究了二者之间的关系，以及不同角色学习者之间交互意义性的差异所在，为进一步研究交互网络结构与交互意义性的关系提供数据支撑的同时，也为教育实践提供依据。

第一节　交互意义性的界定和评估框架及方法

一、交互意义性的界定

并非所有交互都能够影响学习者的认知发展，从而促进学习。如学习者漫无目的地浏览网页、进行与学习毫无关系的调侃等，尽管也存在网络学习空间中各主体间的交互（学习者与界面的交互、学习者之间的交互等），但是并没有实质性的学习发生。在此基础上，Vrasidas 和 McIsaac[1]、广海敦[2]提出了有意义交互的概念。吴咏荷和托马斯·希·里夫斯同样认为交互必须具有教育意义，有意义交互是能够激发学习者的求知欲，且使学习者投入富有成效的教学活动中，并直接影响学习的交互活动[3]。由此来看，有意义交互不仅强调交互的数量，其关注的核心是交互的质量，并且认为有意义的交互应该能够引起与刺激学习者的认知兴趣，吸引学习者参与教学活动，并对学习效果有直接影响作用。

（一）行为主义学习视角下的有意义交互

行为主义学习理论由美国著名心理学家华生创立于 20 世纪初，是较为早期的经典学习理论，主要代表人物有桑代克、斯金纳、班杜拉等。被称为"教育心理学之父"的桑代克通过"桑代克迷箱"发现，迷箱中的猫在无数次的试误后，成功地找到了箱门并吃到了食物，因此桑代克认为学习的实质即形成一定的联结（即某情境仅能唤起特定反应，而不能唤起其他反应），而通过一系列的尝试错

---

① Vrasidas C, McIsaac M S. Factors influencing interaction in an online course. American Journal of Distance Education, 1999, 13(3): 22-36.

② Hirumi A. The design and sequencing of online and blended learning interactions: A framework for grounded design. Canadian Learning Journal, 2012, 16(2): 21-25.

③ Woo Y, Reeves T C. Meaningful interaction in web-based learning: A social constructivist interpretation. The Internet and Higher Education, 2007, 10(1): 15-25.

误行为能够获得联结。斯金纳在桑代克迷箱的基础上设计了"斯金纳箱"[1]，并通过无数次的小白鼠实验发现，学习即操作性条件反射，所谓操作性行为是指由有机体自身发出的行为或反应，而不是由已知刺激引起的，只有当行为得到强化时，行为才得到巩固或者重复出现[2]。该理论在一定程度上揭示了人类学习的规律，并被斯金纳推广到教育教学实践中，早期的程序教学与计算机辅助教学皆以此为理论基础。班杜拉在前人的基础上，通过一系列的模仿学习、抗拒诱惑、言行一致等方面的实验室研究，提出了社会学习理论。该理论认为，行为、环境与个人内在因素三者之间是相互影响与决定的，并认为学习并非产生于强化，而是产生于观察与模仿。社会学习理论在强调个体、环境等作用的基础上，更强调三要素间的相互影响与作用。

通过以上的论述可知，尽管行为主义学习理论有不同的观点，但其核心观点是学习即个体外显行为的改变，而该改变的产生源自刺激与反应之间的联结[3]。因此，行为主义学习理论视角下的有意义交互即促进学习者针对刺激源的反应得到强化的交互。在程序教学或计算机辅助教学中，交互主要指学习者与程序教学机或计算机显示的学习材料之间的互动，例如通过选择题选择答案的操作，以及屏幕上显示"回答正确"的文字或声音等强化物。基于行为主义学习理论，此类交互能够促进学习者操作行为的强化，因此是一种有意义的交互。此时促进交互的策略也以提供学习者与学习材料间的强化为主，如导航、确定、提交等，也有基于教学设计理论帮助教师开发交互性的学习材料，或者基于通信或媒体传播理论改进学习材料的信息设计等[4]。

（二）意义-同化学习理论视角下的有意义交互

意义-同化学习理论是典型的传统认知主义学习理论。奥苏贝尔在质疑布鲁纳的发现学习的基础上，对"最佳学习方式"进行了一系列有益的探索，并在此基础上提出了著名的意义-同化学习理论，该理论认为有意义学习是学习的最佳

---

[1] "斯金纳箱"内装有操纵杆，并与提供食物的装置相连，当杠杆被压动时，食物进入食盘，其显著特点有两个：动物可以反复做出"自由操作的反应"（free-operant responding），较为容易地收集实验数据。

[2] 在条件作用下，凡能使个体操作性反应的频率增加或维持的一切刺激，都是强化。产生强化作用的刺激，叫作强化物（reinforcer）。强化的基本原理是：得到奖励的行为重复出现的频率增加，反之则降低。

[3] 汪凤炎，燕良轼. 教育心理学新编. 3版. 广州：暨南大学出版社，2011：168-196.

[4] Woo Y, Reeves T C. Meaningful interaction in web-based learning: A social constructivist interpretation. The Internet and Higher Education, 2007, 10(1): 15-25.

方式。"同化"是有意义学习的心理机制，"同化"的核心包括三个方面：学生的心向决定了是否发生有意义学习；学生的认知结构决定了他们能否习得新知识；当且仅当新知识与学生的认知结构发生联系时有意义学习才会发生。同时，他提出有意义学习开始于符号表征学习（representational learning），经过概念学习（concept learning）、命题学习（propositional learning）、概念和命题的运用，最后实现解决问题、形成创造能力。其中，符号表征学习是最低层次、最为基础的学习形式，主要是学习词汇；概念学习是较为高级的形式，是对同类事物的共同特征进行学习；命题学习比概念学习更为复杂，实质上是在掌握单个概念的基础上，学习若干概念之间的关系；概念和命题的运用是指在简单情境中的运用；解决问题与创造是概念和命题在复杂情境中的运用，是有意义学习的最高层次[①]。有意义学习的结果即形成良好的认知结构，当学生形成良好的认知结构时，学习结果会提高。良好的认知结构具有以下特征：具有吸收并固定新观念的类似观念的认知结构是良好的认知结构，反之，则不是良好的认知结构（可利用性）；原有观念与新观念间的差异清晰可辨时，是良好的认知结构，反之，则不是良好的认知结构（可辨别性）；原有观念较为巩固时，是良好的认知结构，反之，则不是良好的认知结构（稳定性）；如果原有认知结构具有较好的结构，则是良好的认知结构，反之，则不是良好的认知结构（结构性）[②]。

从意义-同化学习理论的角度来看，有意义交互是指那些能够保持学生对知识探求的积极态度，深入挖掘学习内容的深层含义，促进"同化"过程，进而帮助学习者构建和优化其认知结构的互动。这样的交互旨在增强学生的学习动力，使其能够更有效地吸收和理解知识。基于此，很多研究者基于加涅的学习条件理论、凯勒的教学设计动机模型等，为网络学习设计提供了策略体系，如改变学习材料呈现的方式等。但此类设计往往聚焦于改善学习者与学习内容的交互（人与物的交互），而对学习者与学习者、学习者与教师之间的交互（人与人的交互）则没有任何意义与作用[③]。

（三）建构主义视角下的有意义交互

20世纪90年代，建构主义学习理论伴随着学习者主体性的逐渐被认识与重

---

① 汪凤炎，燕良轼. 教育心理学新编. 广州：暨南大学出版社，2006：214-216.
② 汪凤炎，燕良轼. 教育心理学新编. 广州：暨南大学出版社，2006：216.
③ Hirumi A, Bermúdez A. Interactivity, distance education, and instructional systems design converge on the information superhighway. Journal of Research on Computing in Education, 1996, 29(1): 1-16.

视而兴起。由于在知识是外部输入还是内部生成、世界是否可知、知识是情境性的还是普遍性的等问题的认识上存在分歧，产生了不同取向的建构主义学派，主要有激进建构主义学派、社会建构主义学派、社会文化认知的建构主义学派、信息加工的建构主义学派等。尽管不同学派对学习的认识不同，但学习即意义建构是所有学派的共识。

建构主义认为，学习不是行为主义所认为的简单的刺激-反应，也不是传统认知主义认为的意义-强化，学习的本质是学习者在自身经验基础上，积极主动地建构自己知识的过程；学习者不再是被动的信息接收者，而是主动的知识建构者，学习者的个体经验、先前知识不同，就产生了对外部世界的不同理解，而通过学习共同体中的协作与共享能够达到全面理解；学习的结果即学习者个体围绕着关键概念建构的知识网络，知识网络具有多个线索，方便提取，有助于高阶思维能力的发展；先前知识与经验、真实情境、协作与共享等一系列因素均对学习产生重要的影响，其中协作与共享是区别于行为主义和传统认知主义学习理论的关键。建构主义学习理论对教学设计产生了广泛而深远的影响，革新了传统的关于教学过程、教学方法、学习的条件、学生与教师的角色等方面的认识，产生了抛锚式教学、认知学徒制教学、随机进入教学、支架式教学等一系列模式与方法。

人类是社会化的动物，同样人类学习也离不开社会化，因此认为个体与社会之间是相互连接的社会建构主义逐渐成为学习环境设计的重要理论基础。社会建构主义首先强调学习发生在真实的社会实践活动中，包括合作交互、小组作业以及家庭生活和教学活动在内的其他共同社会实践，同时强调学习产生于交谈、讨论和意义协商的过程，并认为学生通过成人或同伴的帮助，进行真实的或情境化的学习，才是有意义学习。社会建构主义基于最近发展区、主体间性、文化适应等三个概念解释学习，由此得出学习即意义建构，而意义建构的过程是指在文化适应的最近发展区中的主体间性的学习发生的过程[①]，换句话说，学习发生于在真实情境中与同伴或资历较深的人的交互中。

乔纳森在著作《学会用技术解决问题》中提出：学习是复杂的活动，不仅相对持久的行为变化是学习，记忆与回忆及概念的转变也是学习，同时，学习也是大脑的活动，是信息加工活动，是社会协商、知识建构、概念转变等等。而有意义的学习则是指主动的（操作的、关注的）、建构的（清楚表述的、反思的）、

① 吴咏荷，托马斯·希·里夫斯. 网络学习中的有意义交互：社会建构主义的视角. 王志军译. 中国远程教育，2014（1）：15-23，95.

有意图的（反思的、调整的）、真实的（复杂的、情境的）与合作的（协作的、对话的）学习[1]。吴咏荷和托马斯·希·里夫斯认为，当学生与同伴、专家等共同参与到真实的学习情境中，经过定义任务、产生观点、分享、协商、综合等过程明确任务，通过讨论与社会协商的形式，最终解决问题，达成一致的理解。于是，在这种促进意义建构的交互过程中学习就产生了[2]。因此，基于建构主义的视角，有意义交互即有助于达成意义协商与知识建构的交互。

（四）协作问题解决学习中的有意义交互

如前所述，不同的学习理论流派对学习的认识与理解不同，就产生了不同视角的有意义交互，但其均建立在对教育目标的认识与理解的基础上，即有助于教育目标实现的交互才是有意义的交互。如行为主义者认为，有助于建立刺激-反应的交互是有意义的交互；意义-同化学习理论认为，能够保持学生对有意义学习的心向，激发学习内容潜在意义，有利于"同化"的发生，有助于学习者形成良好的认知结构的交互是有意义的交互；社会建构主义者认为，有助于意义建构的交互是有意义的交互。本书中的交互指的是网络学习空间中协作问题解决学习中的学习者之间的交互，协作问题解决学习的首要教育目标即达成问题解决，促进知识建构。那么，交互的意义性如何界定？什么样的交互才是有意义的交互？

协作问题解决学习是协作与问题解决学习理念的深度融合，它围绕具体问题展开，借助社会性的交流、对话和协商等协作手段，旨在达成对问题的共同理解，并构建出解决方案，进而推动学习者的认知深化和专业知识构建。为了实现这一目标，一个富含社会互动的真实学习环境、精心策划且科学严谨的问题设计，以及便捷高效的交流协作平台，都是不可或缺的关键要素。

网络学习空间作为以学习者为中心的协作学习环境，为协作问题解决学习活动提供了便利的交互支持工具与技术、丰富的学习资源等支持与保障，为协作问题解决学习的顺利开展与良好效果的获得提供了坚实的基础与条件保障。

因此，有意义交互，首先是有助于问题解决的交互。乔纳森等认为解决问题才是最有意义的学习活动，解决问题即寻求未知数的过程[3]。协作问题解决学习的首

---

① 任友群，朱广艳. 有意义的学习源自问题解决：戴维·乔纳森教授访谈. 中国电化教育，2009（1）：6-10.

② 吴咏荷，托马斯·希·里夫斯. 网络学习中的有意义交互：社会建构主义的视角. 王志军译. 中国远程教育，2014（1）：15-23，95.

③ 戴维·乔纳森，简·豪兰，乔伊·摩尔，等. 学会用技术解决问题：一个建构主义者的视角. 2 版. 任友群，李妍，施彬飞译. 北京：教育科学出版社，2007：22.

要任务即通过问题分析、问题表征，确定问题解决方案并实施与评估，本书中的交互指协作问题解决过程中，学习者之间进行的各类交互。因此，对于交互的意义性首先要判定与分析哪些交互、什么样的交互才有助于问题解决。有助于问题分析、问题表征、问题解决方案的确定与实施评估的交互才称得上有意义的交互（图5-1）。

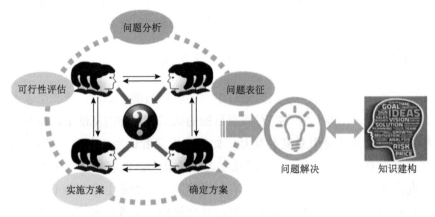

图 5-1　有意义交互

其次，是指向知识建构的交互。学习科学家认为学习具有三种隐喻，分别是增强反应、获得知识和知识建构。其中，"学习即知识建构"是建构主义学习理论的主要基础，认为学习是学习者主动建构自身心理表征并做出推断的过程，学习者在学习过程中进行恰当的认知加工时有意义学习发生，该隐喻与概念和策略的教学与学习较为匹配[①]。协作问题解决学习根植于社会建构主义学习理论，其核心不仅在于表面上的问题解决，更深层次的目标是通过这一过程促进学习者个体知识网络的构建与完善。简言之，协作解决问题是手段，个体知识网络的成长与形成才是最终目标。解决问题为学习者个体知识网络的形成提供基础与支持，而知识建构又为问题的解决提供支持与保障，解决问题与知识建构二者互为基础与条件，相互支持。因此，有助于学习者形成个体知识网络，达成知识建构的交互才称得上有意义的交互，交互的意义性分析需要判定哪些交互、具有什么样特征的交互才有助于知识建构。

最后，是有助于增强学习共同体成员间的信任与情感联系的交互。网络学习空间中的协作问题解决学习主要是通过学习共同体来完成的。乔纳森指出创建学

---

① 理查德·E. 梅耶. 应用学习科学：心理学大师给教师的建议. 盛群力，丁旭，钟丽佳译. 北京：中国轻工业出版社，2016：22.

习共同体是任何教育环境必须面临的重大教学法挑战之一[①]。温格等认为学习共同体指"有着共同关切、面临共同问题或者对某一主题有着共同热忱的一群人，通过共同体成员持续不断的彼此交互来加深自身的知识和专长"[②]。本书中的学习共同体属于正式学习环境中的学习共同体，即学习目标和学习方式均由教师根据学科、教学内容、共同体成员等来制定，学习者通过积极主动地协商、互动、交流等为共同体的形成与发展做出贡献[③]。成员之间的联结是学习共同体形成与发展的重要基石，而网络学习空间中交互是成员之间联结建立的主要途径，因此交互必须有助于增强学习共同体成员间的信任与情感联系，为共同体的形成与发展提供支持及保障。

二、交互意义性评估框架及方法

（一）评估框架的建构

通常来说，对于教学效果的评估需要回答以下三个基本问题：是什么在起作用？什么时候起作用？如何起作用？每一类问题均可通过特定的研究方法得到答案，具体如表 5-1 所示[④]。

表 5-1　关于教学效果的三类问题

问题	议题	举例	方法
是什么在起作用	这种教学方式促进学习了吗？	我在课堂上微笑和做手势，是否能够促使学生的学业进步？	对照实验法
什么时候起作用	这种教学方式针对特定的学习者、教学目标或者学习环境有效吗？	微笑和做手势对女生产生的效果比对男生产生的效果更大吗？	析因实验法比较
如何起作用	这种教学方式奏效的内部机制是什么？	为什么在课堂上微笑和做手势能够让学生取得更好的学习效果？	观察分析、问卷调查或者访谈

① Jonassen D H. Supporting communities of learners with technology: A vision for integrating technology with learning in schools. Educational Technology, 1995, 35(4): 60-63.

② 转引自 Yang Y F, Yeh H C, Wong W K. The influence of social interaction on meaning construction in a virtual community. British Journal of Educational Technology, 2010, 41(2): 287-306.

③ 戴维·H. 乔纳森，苏珊·M. 兰德. 学习环境的理论基础. 2 版. 徐世猛，李洁，周小勇译. 上海：华东师范大学出版社，2015：284.

④ 理查德·E. 梅耶. 应用学习科学：心理学大师给教师的建议. 盛群力，丁旭，钟丽佳译. 北京：中国轻工业出版社，2016：98.

"是什么在起作用"这一类问题主要探究某种教学方式对学习是否有效，一般采用对照实验法比较实验组与控制组学生的得分均值；"什么时候起作用"这一类问题通常用来研究某种教学方式对什么样的学习者或者学习环境才有效，通常采用析因实验法比较效果差异；"如何起作用"的问题则解决某种教学方式产生效果的机制，即是如何影响学习效果的，通常综合采用观察分析、问卷调查、访谈等多种方法。前两类问题主要从学习结果的维度进行评估，而若要判定"如何起作用"，则需要对学习过程进行分析与评估，因此教学效果的评估需要不仅关注学习结果，同时还要兼顾学习过程。

因此，交互意义性的评估不仅要对交互结果进行评估，还需要从交互过程的维度进行评估。协作问题解决学习的学习目标即解决问题，达成知识建构。其中，解决问题是学习的直接目标（浅层目标），而知识建构的达成是学习的间接目标（深层目标）。交互意义性评估的过程维度主要包括问题解决行为模式、知识建构行为模式两个方面的评估，主要是采用内容分析、滞后序列分析与高级统计分析等方法，对交互内容数据以及学习效果数据进行分析与研究，以深入探究交互的行为模式及其序列的特征，把握学习者的问题解决过程，对交互的意义性进行分析与评估；而结果维度的交互意义性评估则主要从小组学习成绩方面进行，主要采用量规、专家评价、形成性评价与总结性评价相结合等方法，对观察或测评数据、调查或访谈数据进行分析与研究，以判定学习者在协作问题解决中取得的学习效果。因此，就形成了一个二维度多层次动态化的交互意义性评估框架，如图 5-2 所示。

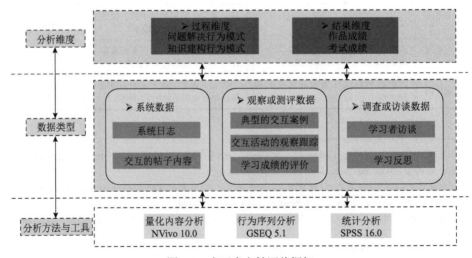

图 5-2　交互意义性评估框架

（二）定性与定量相结合的交互评估方法

从国内外关于网络学习环境下的交互分析相关研究来看，研究方法主要包括定性的方法和定量的方法两大类。其中，定量的交互分析方法主要包括内容分析法、社会网络分析法、系统建模法、多层线性模型分析、滞后序列分析法等。定性的交互分析方法主要包括话语分析法、扎根理论、案例研究法、事件分析法、叙事分析、面向对象的协作分析框架（Object-Oriented Collaboration Analysis Framework，OCAF）方法。但整体来看，研究者较多采用单一方法，耦合多种定量与定性研究方法深入分析与探究交互的相关研究还较匮乏。基于此，本书融合了量化内容分析法、滞后序列分析法、案例分析法、高级统计分析等多种定量与定性研究方法。整个交互分析与评估过程中，将定量研究的结果与定性研究的结果互为补充与对照说明，形成三角互证，以保证研究的科学性、有效性。主要体现在，采用量化内容分析法、滞后序列分析法等定量研究方法，对交互内容进行编码与分析，探究学习者在交互过程中的行为模式及特征；采用相关分析、多元线性回归分析等高级统计方法，研究交互过程中的行为模式对交互效果（即学习成绩）的影响；将典型的交互案例、学习者学习反思等的案例分析与质性分析结果，与量化研究的结果相互印证。

（三）科学有效的研究工具

研究采用内容分析法与滞后序列分析法对交互内容从问题解决阶段与知识建构水平两个方面进行编码，而编码的关键在于需要一个科学有效的分析框架，其中的编码类目应具有完备性、互斥性和信度，交互编码框架的选择需要依据具体的学习环境与研究目的进行。

如前文所述，多位专家均提出了问题解决过程及阶段的相关理论[1]，Hou 等在总结前人相关研究成果的基础上，认为在协作问题解决过程中可能出现四类交互（讨论）行为，分别是提出或澄清问题、提供可能的解决方案或相关信息、对已有方案进行对比与辩论、形成总结性的结论，以此为基础，形成了问题解决过程的五阶段（无关信息作为第五类）编码框架，并以整合问题解决策略的在线教师知识共享讨论活动和大学生在线异步讨论活动为例进行了交互行为模式的分析

---

[1] Hou H T, Sung Y T, Chang K E. Exploring the behavioral patterns of an online knowledge-sharing discussion activity among teachers with problem-solving strategy. Teaching and Teacher Education, 2009, 25(1): 101-108.

与研究，验证了该编码框架的有效性[1]。

本书的学习活动是协作问题解决学习，与 Hou 的研究对象具有相似性，因此我们采用 Hou 的问题解决阶段编码框架，在每一类编码中都给出了具体的案例（表 5-2）。

表 5-2　问题解决阶段编码框架

编码	阶段	定义	案例
PS1	提出问题	提出或澄清问题的边界，对问题进行界定	×××：大家先讨论一下拍摄景别，思考每一个镜头怎么用。我们剧本中的第一个情景是借钱，地点在宿舍。那么采用哪种拍摄景别比较好呢
PS2	提供信息、资源等	提供可能的问题解决方案或部分问题解决方案、信息、资源等	×××：微博搜索"友谊的小船说翻就翻"（https://s.weibo.com/weibo?）。华师版的友谊的小船说翻就翻，很有华师特色，有图片版的，还有视频版的
PS3	比较、讨论与分析	对他人提供的信息、资源以及问题解决方案进行比较、分析、评论或讨论	×××：赵婷婷操心地说：我们可以玩《你来画我来猜》，或者根据口型猜内容什么的。被我否决了，其实有些小网剧也可以试试，但我只知道《万万没想到》，好像之前被拍过了
PS4	形成问题解决方案	将信息、资源进行组织并形成问题解决方案	×××：这样吧，我想大家都先拟定一个分镜头的内容，包括场景、人物、对话。把大致的内容描述出来。然后发给我，我合并之后发在群里，大家再根据剧本做进一步的细节修改
PS5	无关	与解决问题无关的内容	

知识建构水平的编码框架以古纳瓦德纳等的五阶段交互分析模型（Interaction Analysis Model，IAM）最为常用，该框架是古纳瓦德纳等在批判与借鉴亨利、纽曼等模型的基础上，采用扎根理论，基于社会建构主义理论对学习与知识建构的解读所得，并以一个在线论坛的讨论为案例进行了分析与应用[2]。该模型具有如下几个方面的特征：交互是协作知识建构的主要途径；聚焦于会谈过程中出现的所有知识建构类型；适用于社会建构主义及协作（学生中心）的学习环境；较为通俗易懂，易于操作。同时，IAM 的科学性与有效性经过了反复

---

① Hou H T, Chang K E, Sung Y T. Analysis of problem-solving-based online asynchronous discussion pattern. Educational Technology and Society, 2008, 11(1): 17-28.

② Gunawardena C N, Lowe C A, Anderson T. Analysis of a global online debate and the development of an interaction analysis model for examining social construction of knowledge in computer conferencing. Journal of Educational Computing Research, 1997(4): 397-431.

验证①②。研究采用 IAM，并将无关内容作为第六类编码（表 5-3）。

表 5-3　知识建构水平编码框架

编码	阶段	定义	描述与界定
KC1	分享与澄清	学习者相互分享各种信息、观点，针对讨论的主题进行描述	对某个观察结果或者某个观点进行描述；做出对其他参与者的观点表示认同的描述；证实其他学习者所提供的例子；相互询问、回答以澄清描述的问题；详细地说明、描述、确定一个问题
KC2	认知冲突	学习者发现和分析在各种思想、概念或者描述中不一致的地方，深化对问题的认识	确定并描述不一致的地方；询问、回答问题以澄清不一致的地方与差异程度；重申学习者的立场，并利用学习者的经验、文献、收集到的正式数据或者相关的隐喻建议或类比来进一步阐述、支持其观点；提出替代假设
KC3	意义协商	学习者通过意义协商，进行知识的群体建构	协商或者澄清术语的意义；协商各种观点并分辨其重要性；鉴别相互冲突的概念间存在的共同之处；提出并协商体现妥协、共同建构的新描述；整合包含隐喻或者类比的建议
KC4	检验修正	学习者对新建构的观点进行检验和修改	利用参与者所分享的观点或文化检验提出的假设；利用先前的认知图式检验；利用个人经验检验；利用搜集的数据检验；利用文献中具有争议的论点检验
KC5	达成与应用	学习者达成一致，应用新建构的知识	总结意见一致的观点；应用新建构的知识；参与者说明他们对知识或者认知图式的理解（元认知）
KC6	无关	与解决问题无关的内容	

三、研究的信效度

（一）信度

内容分析法是一种科学的研究方法，因此信度是其关键，通常内容分析的信度最终要通过多个编码员间的一致性系数表示。研究主要通过以下措施保证内容分析的信度。

---

① Jeong A C. The sequential analysis of group interaction and critical thinking in online. American Journal of Distance Education, 2003, 17(1): 25-43.

② Hou H T, Sung Y T, Chang K E. Exploring the behavioral patterns of an online knowledge-sharing discussion activity among teachers with problem-solving strategy. Teaching and Teacher Education, 2009, 25(1): 101-108.

1. 选取科学有效的编码框架

在内容分析中，编码框架的选择对于研究的信效度具有重要的影响作用。研究所选择的古纳瓦德纳等的知识建构编码框架和侯惠哲[1]的问题解决阶段编码框架的科学性与有效性均经过了反复验证。本书在此基础上，为两个编码框架均增加了"无关"（与主题无关）的内容，从而提高了编码的包容性。

2. 多位编码员同时编码

单个编码员在编码时有可能会忽略研究的某一维度，对内容的理解具有主观性，因此选取多位具有教育技术专业背景、参与整个研究的研究者作为编码人员，有助于降低编码的主观性。

3. 培训编码员

在正式编码前对编码人员进行集中培训，首先要他们熟悉编码框架，使其充分理解与把握编码框架的描述性说明与界定，多位编码人员对编码框架达成一致的理解；其次，要他们熟悉所要分析的内容，并明确编码时间与程序，同时注意防止编码疲劳。

4. 编码并评估信度

多位编码人员分别多次独立编码，针对编码不一致的内容，找出编码层级最高的编码人员，并请其说明对编码的理解，反复检查该编码是否符合编码框架的描述与界定。信度的评估方法有多种，如斯科特的 Pi 值、科恩的 Kappa 值、克里彭多夫的 α 系数，本书采用科恩的 Kappa 值来评估内容分析的信度。

$$\text{Kappa} = \frac{P_o - P_e}{1 - P_e}$$

式中，P_o、P_e 分别指一致性的观察值、一致性的期望值。一致性的观察值指两个或多位编码员间一致性系数，即编码员做出正确编码判断的百分比。Kappa 值计算过程中根据比例矩阵的边际值计算一致性的期望值，即两位编码员使用某一编码的特定值的比例之积的总和。Kappa 值在计算过程中分子与分母都排除了一致性的期望值，即从获得的一致性和总的可能一致性中均消除了偶然性的影响。当研究采用两位以上编码员编码时，需先对编码员配对检验 Kappa 值，然后求所

① Hou H T, Chang K E, Sung Y T. Analysis of problem-solving-based online asynchronous discussion pattern. Educational Technology and Society, 2008, 11(1): 17-28.

有配对的 Kappa 值均值。一般认为，如果 Kappa 值大于等于 0.60，则认为研究信度良好[1]。本书中问题解决行为模式、知识建构行为模式内容分析的 Kappa 值如表 5-4 所示，Kappa 值均大于 0.60，因此研究具有良好的信度。

表 5-4　内容分析编码的 Kappa 值

维度	小组 1	小组 2	小组 3	小组 4	小组 5	小组 6	小组 7	组间交互
问题解决维度编码	0.78	0.69	0.86	0.95	0.85	0.88	0.82	0.77
知识建构维度编码	0.86	0.72	0.74	0.76	0.67	0.82	0.74	0.70

（二）效度

一个科学的研究不仅要考察研究的信度，研究的效度也是关键要素。丹尼尔·里夫等对内容分析的效度进行了研究，认为内容分析效度的类型如图 5-3 所示[2]。

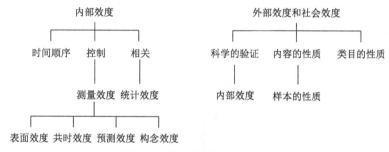

图 5-3　内容分析效度的类型

内部效度与严密的研究设计密切相关，测量效度通过数据采集提高，包括表面效度、共时效度、预测效度和构念效度四类，统计效度与测量效度并列属于内部效度的一个维度；外部效度和社会效度则以内部效度为基础。为了提高本书中内容分析的效度，在采用内容分析法与滞后序列分析法研究交互过程的行为模式及特征时，还采用案例分析等定性研究方法对交互内容及学习者特征进行分析，

---

① 丹尼尔·里夫，斯蒂文·赖斯，弗雷德里克·G. 菲克. 内容分析法：媒介信息量化研究技巧. 2 版. 稀美云译. 北京：清华大学出版社，2010：124-157.

② 转引自丹尼尔·里夫，斯蒂文·赖斯，弗雷德里克·G. 菲克. 内容分析法：媒介信息量化研究技巧. 2 版. 稀美云译. 北京：清华大学出版社，2010：161-176.

并使定量研究的结果与定性研究的结果互为补充与对照说明，形成三角互证，以提高研究的效度，保证研究的科学性、有效性。

第二节　问题解决行为模式及特征研究

一、组间交互的问题解决行为模式及特征

（一）问题解决行为阶段特征分析

采用表 5-2 中详细列出的问题解决阶段编码框架，我们将完整的交互信息作为基本编码单位，对组间交流中的 226 条互动内容逐一进行了编码处理。结果如图 5-4 所示。所有编码中占比最高的是 PS3（比较、讨论与分析阶段，112 条，占 49.56%），其次是 PS2（提供信息、资源等阶段，87 条，占 38.50%）、PS1（提出问题阶段，17 条，占 7.52%）、PS5（无关，7 条，占 3.10%）、PS4（形成问题解决方案阶段，3 条，占 1.33%）。[①]

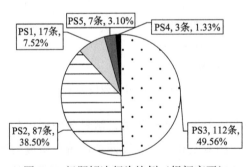

图 5-4　问题解决行为比例（组间交互）

整体来看，学习者交互较多停留在问题解决的比较、讨论与分析阶段和提供信息、资源等阶段，而提出问题与形成问题解决方案两个阶段的比例较低，这与问题解决的实际情况相符，但与学习内容无关的交互内容较多（PS5，7 条，占

---

① 因四舍五入造成数据合计不等于 100%，全书数据此类情况同。

3.10%），可能与本书中教师不参与交互，对交互过程也无任何干预措施有关。

（二）问题解决行为模式及行为序列分析

为了深入剖析网络学习环境中交互的问题解决行为模式，研究借助滞后序列分析工具 GESQ 5.1，依据内容分析法的编码结果，提炼出表 5-5 和表 5-6 所示的问题解决行为转换频次及相应的调整残差（Z 值），以此作为进一步探讨的基础。表格中，"列"代表初始行为（initial behavior），"行"代表目标行为（target behavior）。表 5-5 中的数字记录了在某"初始行为"发生后紧接着出现"目标行为"的频次。例如，位于第一行第二列的数字"12"，代表的是行为 PS1 发生后立即跟随行为 PS2 的实例共有 12 次。表 5-6 中的数据表示调整残差值（Z 值），如果某条行为路径的 $Z>1.96$（$p<0.05$），则表示初始行为到目标行为间的转换具有显著意义。若表 5-6 中的数据显示某初始行为至目标行为之间的转换达到了显著性水平，则意味着该转换具有重要意义。基于这些数据，我们绘制了图 5-5 的问题解决行为转换图，图中各节点代表不同的问题解决行为，连线及其箭头指示了行为间显著转换的方向，而连线上的数值即为 Z 值，用于量化这种转换的显著性程度。

表 5-5 问题解决行为转换频次（组间交互）

阶段	PS1	PS2	PS3	PS4	PS5
PS1	2	12	3	0	0
PS2	5	37	39	0	6
PS3	9	35	59	2	1
PS4	0	1	2	0	0
PS5	1	2	3	1	5

表 5-6 问题解决行为调整残差值（组间交互）

阶段	PS1	PS2	PS3	PS4	PS5
PS1	0.68	2.81*	−2.53	−0.5	−1.02
PS2	−0.81	0.94	−0.54	−1.38	0.83
PS3	0.5	−1.64	2.42*	0.68	−2.77
PS4	−0.5	−0.19	0.68	−0.2	−0.41
PS5	0.1	−1.61	−1.58	2.17*	5.76*

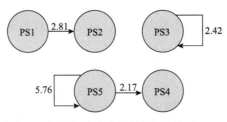

图 5-5 问题解决行为转换图（组间交互）

从表 5-6 和图 5-5 可以看出，研究中具有统计意义上显著性的行为转换序列有：PS1→PS2（$Z=2.81$），PS3→PS3（$Z=2.42$），PS5→PS4（$Z=2.17$），PS5→PS5（$Z=5.76$）。其中，PS1→PS2 表明，学习者在清晰阐述并界定问题后，倾向于迅速提供相关信息、资源及初步解决方案，展现出积极的参与态度。PS3→PS3 反映了学习者对获取的信息、资源及初步方案进行深入分析、比较的过程，通过讨论其优劣，旨在筛选出更优信息、资源，从而制订出更为科学合理的解决方案。PS5→PS4 揭示了学习者具备将讨论从非核心话题引导回问题解决方案的能力，确保讨论焦点始终围绕问题解决进行。PS5→PS5 则表示会出现较多与学习无关的问题，且其 Z 值为所有行为序列最大值（5.76），该现象可能与本书中教师不参与和干预交互过程有关，当有学习者提及与学习无关的话题时，其他学习者会紧跟着参与，而没有及时终止无关的交互行为，回归正题，这正说明了交互过程中教师参与并提供及时干预的必要性。但是 PS2→PS3（$Z=-0.54$）、PS3→PS4（$Z=0.68$）没有呈现统计意义上的显著性。

（三）案例分析

为确保研究的严谨与有效，研究首先从原始交互数据中提取信息，并运用质性内容分析法深入剖析这些交互内容。这一质性分析成果与量化分析结果相互印证，共同构成了全面解读学习者问题解决行为模式及其特征的坚实基础。为进一步验证量化内容分析及滞后序列分析的科学性，我们特别选取了原始交互内容作为典型案例进行深入剖析。通过这一案例研究，我们能够更加直观地揭示学习者在协作问题解决过程中的交互动态，深入理解其问题解决行为模式的内在机制。

案例 1（从组间交互的原始内容中摘选）：

G6b：亲们，我在会声会影中把素材导入视频轨后，把它分割成几段了，现在想重新把素材恢复到分割前，怎么办？帮帮我！（2016-05-11，

21：50）

G7b：试一下 CTRL+Z，撤销，如果你已经把文件保存这样也不管用。（2016-05-11，22：01）

G3e：这样不行的，把不需要的删除掉，没有删除的会自动合并的。（2016-05-11，22：04）

G6b：我现在是想把素材恢复到初始状态，再重新分割。（2016-05-11，22：08）

G4a：楼上的方法并不能解决问题。试试分享，创建视频文件，选择格式，生成视频。这样就可以解决问题了。（2016-05-12，8：01）

G3d：不建议合并成视频后再重新做，这样会影响视频的清晰度。PR 里面有合并素材，会声会影没有这项功能，用 PR 解决吧。（2016-05-12，9：32）

在案例 1 中，学习者 G6b 提出问题后（PS1），G7b 就给出了可能的问题解决方案（PS2）。但是 G3e 认为 G7b 的方案不可行，并提出了自己的方案（PS3），G6b 在此基础上又重新阐述了问题（PS1），G4a 给出了可能的问题解决方案（PS2），G3d 在分析 G4a 方案的基础上，提出了最终的解决问题方案（PS4）。此案例所展现的问题解决行为模式，与我们先前通过内容分析及序列分析得出的结论相吻合，特别是 PS1→PS2 的行为转换模式，不仅频繁出现，且被证实为具有显著性的行为序列，进一步验证了分析结果的可靠性。

综上所述，在组间交互过程中，问题解决的四个阶段均有体现，但各阶段的分布比例不均。其中，第二阶段（提供信息、资源等）与第三阶段（比较、讨论与分析）占据较高比例，而第一阶段（提出问题）和第四阶段（形成问题解决方案）则相对较低。值得注意的是，有四对行为转移序列在统计上呈现出显著性，分别是 PS1 向 PS2 的转换（即提出问题后紧接着提供信息或方案）、PS3 内部的循环（深入分析与讨论）、PS5 向 PS4 的转换（从偏离主题的讨论回归至问题解决）以及 PS5 内部的持续（即围绕非核心话题的讨论）。这表明学习者倾向于在提问后立即贡献资源或方案，并热衷于就不同观点进行深入探讨。然而，当讨论偏离主题时，他们也可能陷入其中，直至有成员能够整合各方观点，推动讨论回归正轨，最终形成解决方案。从上述研究可以看出，组间交互的问题解决行为模式为 PS1→PS2、PS3→PS3、PS5→PS4，尽管与已有研究中的结果不完全一致[①②③]，但是也在一定程度上验证了问题解决行为模式，即提出问题，其次提供信息、资源及部分问题解决方案，然后围绕相关信息、资源等进行分析、比较与辩论。

不仅如此，PS5 占比较高，或可归因于教师参与度不足及缺乏有效干预措施。为增强交互的实质性，需深化交互层次，并期待在高质量的交互中涌现出更为复杂和深入的问题解决行为模式。例如，学习者在获取到与问题相关的资源或初步方案后，会进一步进行细致的比较、讨论与分析，从而推导出结论（如 PS2→PS3、PS3→PS4）；又或者，在经历了讨论与分析并得出解决方案后，他们可能会意识到资源或方案的不足，进而返回补充更多相关信息（如 PS3→PS2、PS4→PS2）；再者，无论是信息的提供、讨论的深入还是结论的得出，学习者都有可能选择回归原点，对问题重新进行阐述与界定（如 PS2→PS1、PS3→PS1、PS4→PS1），从而形成一个动态循环、不断深入的问题解决行为闭环。本书中，组间交互的问题解决行为模式均未出现如此深入的交互。

二、组内交互的问题解决行为模式及特征

（一）问题解决行为阶段特征分析

采用如表 5-2 所示的问题解决阶段编码框架，以整条信息为编码单元，对 7 个小组共 1277 条交互数据进行编码（小组 1 为 68 条，小组 2 为 352 条，小组 3 为 207 条，小组 4 为 335 条，小组 5 为 119 条，小组 6 为 82 条，小组 7 为 114 条），结果如表 5-7 所示。

表 5-7　各小组问题解决行为条数及占比

阶段	条数及占比	小组 1	小组 2	小组 3	小组 4	小组 5	小组 6	小组 7
PS1	条数/条	16	71	31	57	16	15	18
	占比/%	23.53	20.17	14.98	17.01	13.45	18.29	15.79

① Hou H T, Chang K E, Sung Y T. Analysis of problem-solving-based online asynchronous discussion pattern. Educational Technology and Society, 2008, 11(1): 17-28.

② Mayer R E. Thinking, Problem Solving, Cognition. New York: Springer Nature, 1992.

③ D'Zurilla T J, Goldfried M R. Problem solving and behavior modification. Journal of Abnormal Psychology, 1971, 78(1): 107–126.

续表

阶段	条数及占比	小组 1	小组 2	小组 3	小组 4	小组 5	小组 6	小组 7
PS2	条数/条	19	149	79	120	35	35	63
	占比/%	27.94	42.33	38.16	35.82	29.41	42.68	55.26
PS3	条数/条	16	95	86	123	45	26	28
	占比/%	23.53	26.99	41.55	36.72	37.82	31.71	24.56
PS4	条数/条	5	8	5	3	2	3	2
	占比/%	7.35	2.27	2.42	0.90	1.68	3.66	1.75
PS5	条数/条	12	29	6	32	21	3	3
	占比/%	17.65	8.24	2.90	9.55	17.65	3.66	2.63

表 5-7 数据显示，所有 7 个小组均完整地展现了问题解决的 4 个阶段。其中，小组 1、2、6、7 的行为模式较为相似，表现为从 PS2 到 PS3，再到 PS1、PS5，最后到 PS4 的行为比例逐渐降低。而小组 3 和 4 则呈现出另一种趋势，它们的行为比例是按照 PS3、PS2、PS1、PS5、PS4 的顺序逐渐下降的。这表明不同小组在协作问题解决过程中，行为模式的侧重点和展开顺序可能存在差异。小组 5 基本呈现按照 PS3、PS2、PS5、PS1、PS4 的顺序行为比例逐渐下降。除了 PS5（无关话题）的频次较高，其他基本符合问题解决行为的一般现象，与组间交互的结果相近。PS5（无关话题）的频数与 PS4 基本持平，甚至还要高，7 个小组中 PS5 的比例从高到低依次是小组 1=小组 5、小组 4、小组 2、小组 6、小组 3、小组 7。出现无关话题较多的现象，可能与本书中教师不参与交互，对交互过程也无任何干预措施有关。

（二）问题解决行为模式及行为序列分析

为了深入研究网络学习空间中交互的问题解决行为模式，研究采用滞后序列分析工具（GESQ 5.1）基于内容分析的编码结果计算出调整残差值（Z 值），绘制如图 5-6、图 5-7 所示的各小组的问题解决行为序列转换图。图中的节点表示不同的问题解决行为，连线表示行为间的转换具有显著意义，箭头表示行为转换的方向，线条上的数据是 Z 值。

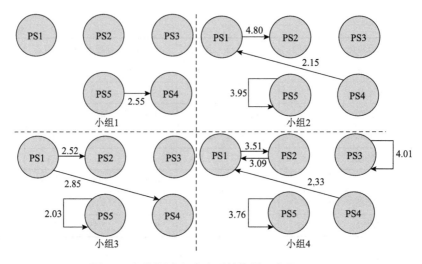

图 5-6 问题解决行为序列转换图（小组 1—4）

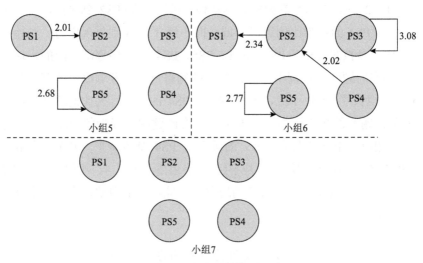

图 5-7 问题解决行为序列转换图（小组 5—7）

从表 5-8 和图 5-6 可以看出，小组 1 中具有统计意义上显著性的行为转换序列只有 1 条，即 PS5→PS4（$Z=2.55$）。PS5→PS4 表示学习者能够从无关话题的讨论向问题解决方案转换。PS1→PS2（$Z=0.93$）、PS2→PS3（$Z=0.45$）、PS3→PS3（$Z=1.46$）、PS3→PS4（$Z=-0.21$）、PS4→PS1（$Z=0.98$）等行为序列都没有呈现统计意义上的显著性。由此可见，小组 1 的交互中，关键的行为序列均没有呈现统计意义上的显著性，经常出现学习者从无关话题的讨论直接转向问题解决方案。

表 5-8　各小组问题解决行为调整残差值（Z 值）

组别	阶段	PS1	PS2	PS3	PS4	PS5
小组 1	PS1	0.29	0.93	0.12	−0.21	−1.39
	PS2	−0.68	0.55	0.45	−1.41	0.56
	PS3	0.97	−1.61	1.46	−0.21	−0.65
	PS4	0.98	−0.43	−0.21	−0.66	0.13
	PS5	−1.29	0.42	−2.14	2.55*	1.54
小组 2	PS1	−2.05	4.80*	−2.76	0.34	−1.38
	PS2	0.08	−0.71	1.62	−0.29	−1.30
	PS3	0.38	−1.93	1.78	−0.12	0.10
	PS4	2.15*	−2.46	0.67	−0.44	0.44
	PS5	1.08	−1.30	−2.12	0.44	3.95*
小组 3	PS1	−0.91	2.52*	−2.74	2.85*	0.11
	PS2	0.04	−0.57	0.88	−0.85	−0.26
	PS3	0.42	−1.04	1.17	−1.00	−0.42
	PS4	−0.85	0.51	0.34	−0.32	−0.35
	PS5	1.27	−1.09	−0.42	−0.39	2.03*
小组 4	PS1	−1.37	3.51*	−1.23	−0.79	−1.70
	PS2	3.09*	0.09	−2.14	−0.08	−0.53
	PS3	−1.74	−2.46	4.01*	−0.13	−0.33
	PS4	2.33*	−0.09	−1.33	−0.17	−0.57
	PS5	−1.17	−0.57	−1.10	1.41	3.76*
小组 5	PS1	−0.92	2.01*	−0.06	−0.56	−1.30
	PS2	−0.96	0.54	1.27	−0.91	−1.09
	PS3	1.60	−0.82	−0.45	1.82	−0.50
	PS4	−0.56	−0.91	0.35	−0.19	1.20
	PS5	0.11	−1.09	−1.00	−0.66	2.68*
小组 6	PS1	−1.20	1.45	−0.50	0.67	−0.84
	PS2	2.34*	0.40	−2.03	−0.35	−0.35
	PS3	−0.84	−2.33	3.08*	0.09	0.09
	PS4	−0.81	2.02*	−1.21	−0.35	−0.35
	PS5	−0.81	−0.35	0.05	−0.35	2.77*
小组 7	PS1	0.80	0.06	−0.87	−0.62	0.83
	PS2	0.50	−0.22	−0.27	−0.17	0.39
	PS3	−1.39	−0.36	1.69	0.87	−0.98
	PS4	−0.62	1.29	−0.82	−0.19	−0.24
	PS5	0.83	0.42	−1.01	−0.24	−0.29

在小组 2 中，有 3 条行为转换序列在统计上达到了显著性水平：PS1→PS2（Z=4.80），表明学习者在明确问题后迅速贡献相关信息和资源；PS4→PS1（Z=2.15），说明在形成解决方案后，学习者会回到问题原点进行重新审视和界定；PS5→PS5（Z=3.95），揭示了较多与学习无关的偏离话题。尽管 PS2→PS3（Z=1.62）、PS3→PS3（Z=1.78）以及 PS3→PS4（Z=-0.12）等序列未达显著性，但 PS2→PS3 和 PS3→PS3 的 Z 值接近显著性阈值，显示出学习者在提供资源后倾向于深入分析讨论，并在讨论中持续深化理解。整体上，小组 2 的交互特点是：学习者在问题提出后积极贡献资源，问题解决后常返回问题原点进行验证，但存在较多与主题无关的讨论。

在小组 3 的交互中，有 3 条行为转换序列具有统计显著性：PS1→PS2（Z=2.52），显示学习者在明确问题后迅速贡献相关信息和资源；PS1→PS4（Z=2.85），表明存在直接跳过深入分析讨论，从问题直接跳至解决方案的现象；PS5→PS5（Z=2.03），则揭示了较多与学习无关的话题讨论。而其他序列如 PS2→PS3（Z=0.88）、PS3→PS3（Z=1.17）、PS3→PS4（Z=-1.00）以及 PS4→PS1（Z=-0.85）的 Z 值较低，未达显著性水平。这反映出小组 3 的学习者在问题提出后，倾向于立即提供资源或解决方案，有时甚至会直接得出结论，但同时也容易偏离主题，进行无关话题的讨论。

小组 4 中具有统计意义上显著性的行为转换序列有 5 条：PS1→PS2（Z=3.51），PS2→PS1（Z=3.09），PS3→PS3（Z=4.01），PS4→PS1（Z=2.33），PS5→PS5（Z=3.76）。PS1→PS2 表示学习者经常在提出问题，对问题进行描述、界定后，就积极地提供各种相关信息、资源，以及部分问题解决方案。小组 4 的交互模式展现了多种特点。学习者在提出问题（PS1）后，往往迅速提供相关信息资源或初步解决方案（PS2），但有趣的是，他们有时也会在 PS2 后，选择重新审视并再描述问题本身（PS1），这体现了问题理解的深化过程。接下来，学习者会围绕不同观点进行深入的分析、比较和讨论（PS3），以期形成更为科学合理的解决方案。在得出解决方案（PS4）后，学习者还常常回到问题原点，通过再描述和界定来验证解决方案的可行性。然而，小组讨论中也不乏偏离主题的无关话题（PS5）。值得注意的是，尽管 PS2→PS3（Z=-2.14）和 PS3→PS4（Z=-0.13）的转换在统计上不显著，且 Z 值较低，但这并不妨碍学习者在实际交互中展现出这些行为模式的倾向。

从表 5-8 和图 5-7 的数据分析中，我们可以观察到小组 5 在交互过程中存在两个显著的行为转换模式：PS1→PS2（Z=2.01），表明学习者在明确问题后，倾向于迅速提供相关信息资源和初步解决方案；PS5→PS5（Z=2.68），则显示出讨论中常出现与学习主题不直接相关的内容。尽管 PS2→PS3（Z=1.27）和 PS3→PS4（Z=1.82）等序列未达统计显著性，但它们的 Z 值接近显著性阈值，暗示了学习者在提供资源后可能进行了一定的比较分析和讨论，并尝试形成解决方案。总的来说，小组 5 的交互特点为：问题提出后迅速响应，提供资源或方案，并在此基础上进行一定程度的深入讨论，但同时也存在一定的话题偏离现象。

小组 6 的交互行为在统计上呈现了几个显著特点：PS2→PS1（Z=2.34）表明学习者在提供初步解决方案后，常回到问题原点重新审视和界定；PS4→PS2（Z=2.02）则显示了在形成完整解决方案后，学习者可能会补充更多相关信息和资源；PS3→PS3（Z=3.08）强调了深入分析和讨论他人提供信息的重要性，以优化解决方案；PS5→PS5（Z=2.77）揭示了较多与学习不直接相关的讨论。尽管 PS1→PS2（Z=1.45）等序列未达显著性，但接近阈值，说明问题提出后快速响应也是常见行为。总体而言，小组 6 的学习者擅长在初步解决方案基础上进行问题再定义和资源补充，并通过深入分析讨论来完善方案，但偶尔也会偏离主题。

小组 7 中没有具有统计意义上显著性的行为转换序列。尽管 PS1→PS2（Z=0.06）、PS2→PS3（Z=-0.27）、PS3→PS3（Z=1.69）、PS3→PS4（Z=0.87）、PS4→PS1（Z=-0.62）等行为序列都没有呈现统计意义上的显著性，但是 PS3→PS3 的 Z 值（1.69）较为接近 1.96。

（三）案例分析

为了保证研究的科学性与有效性，研究提取原始交互数据，并采用质性内容分析法对原始交互数据进行质性分析，将质性分析的结果与量化分析的结果相互补充，作为参照进行讨论与比较，以更科学地解读交互的问题解决行为模式及其特征。为了深入地探究上文中得出的量化内容分析及滞后序列分析结果的科学性，我们提取原始交互数据作为案例进行分析。基于此案例，我们可以更好地阐述与理解学习者在协作问题解决学习活动中是如何通过交互进行问题解决的，以及学习者的问题解决行为模式。

案例 2（从小组 2 内部交互的原始内容中摘选）：

G2c：根据老师的要求，我们这周需要先确定一下拍摄的主题，大家有

什么想法哈！（2016-03-21，18:21）

  G2b：我们拍《友谊的小船说翻就翻》怎么样？可以拍成搞笑的。（2016-03-21，18:23）

  G2e：这想法好，内容接地气，资源也好找，情节相对容易写。（2016-03-21，18:28）

  G2d：http://s.weibo.com/weibo5BC?topnav=1&wvr=6&b=1，看一下这个视频哈，可以借鉴哦。（2016-03-21，18:30）

  G2c：好嘞，大家都找找相关资料，我们组就拍这个啦！（2016-03-21，18:33）

  案例 2 中，学习者 G2c 发起问题（PS1）后，G2b 迅速提出了一个潜在的解决方案（PS2），随后 G2e 对 G2b 的方案表示认可（PS3），G2d 则补充了相关资料（PS2），最终 G2c 综合了同伴的意见，确定了以《友谊的小船说翻就翻》为主题的拍摄计划（PS4）。此案例与之前的内容及序列分析结果相吻合，特别是 PS1→PS2 这一显著且常见的行为序列得到了验证。

  综合 7 个小组的交互分析，问题解决的全过程均有所体现，且表现出一定的共性：第二阶段和第三阶段占据了较高的比例，而 PS1 和 PS4 则相对占比较低。这进一步巩固了我们对问题解决行为模式的理解。7 个小组中具有统计意义上显著性的行为转移序列有较大差异，小组 4 和小组 6 中的问题解决行为模式基本呈现了学习者经常在提出问题（PS1）后及时提供相关信息资源，或者部分问题解决方案（PS2），同时常常针对不同观点进行分析、比较、辩论（PS3），还会出现从问题解决方案重新回到问题本身，重新对问题本身进行再描述与再界定，对问题解决方案进行验证与评估。尽管与已有研究中的结果不完全一致[1][2][3]，但是也在一定程度上验证了问题解决行为模式，即提出问题，其次提供信息、资源及部分问题解决方案，然后围绕相关信息资源等进行分析、比较与辩论，并从问题解决方案回到问题本身进行验证与评估。

① Hou H T, Chang K E, Sung Y T. Analysis of problem-solving-based online asynchronous discussion pattern. Educational Technology and Society, 2008, 11(1): 17-28.

② Mayer R E. Thinking, Problem Solving, Cognition. New York: W. H. Freeman and Company, 1992.

③ D'Zurilla T J, Goldfried M R. Problem solving and behavior modification. Journal of Abnormal Psychology, 1971, 78(1): 107-126.

三、不同角色学习者的差异分析

将组长与组员的问题解决行为模式的数据可视化，结果如图 5-8 所示。

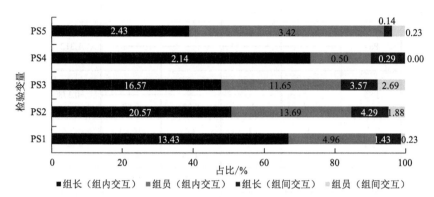

图 5-8　组长和组员的问题解决行为

注：图中数据为每类行为的数值，具体百分比未标出，由图可见

在探讨组间与组内交互时，组长在 PS1、PS2、PS3、PS4 四类问题解决行为上的表现普遍优于组员，但在 PS5 上，情况有所不同：组间交互和组内交互时，组长都较少参与。

为了深入分析角色差异对问题解决行为的具体影响，研究采用了独立样本 t 检验，以学习者角色为分组依据，对 PS1 至 PS5 五类行为进行检验。同时，对于存在显著差异的检验结果，进一步计算效果值以量化实际差异程度。表 5-9 的数据揭示，在组间交互中，仅 PS1 和 PS2 的行为在组长与组员间存在显著差异；而 PS3、PS4、PS5 则无显著差异。相比之下，在组内交互中，仅 PS4 的行为因角色不同而具有显著差异，其余 PS1、PS2、PS3、PS5 则未显示出角色间的显著差异。

表 5-9　不同角色的问题解决行为模式及特征的差异分析

依变量	检验变量	角色	n	M	SD	t	η^2
组间交互	PS1	组长	7	1.43	1.27	2.407*	0.280
		组员	26	0.23	0.65		
	PS2	组长	7	4.29	3.15	2.224*	0.138
		组员	26	2.19	1.92		

续表

依变量	检验变量	角色	n	M	SD	t	η²
组间交互	PS3	组长	7	3.57	2.99	0.219	
		组员	26	3.38	1.68		
	PS4	组长	7	0.29	0.49	1.312	
		组员	26	0.04	0.20		
	PS5	组长	7	0.14	0.38	-0.373	
		组员	26	0.23	0.59		
组内交互	PS1	组长	7	13.43	10.80	2.029	
		组员	26	4.96	4.41		
	PS2	组长	7	20.57	13.18	1.544	
		组员	26	13.69	9.70		
	PS3	组长	7	16.57	10.95	1.030	
		组员	26	11.65	11.28		
	PS4	组长	7	2.14	1.46	3.424*	0.274
		组员	26	0.50	1.03		

因此，在网络学习空间中的协作问题解决学习中，在组内交互方面，组长与组员之间在问题解决行为方面，PS1、PS2 行为均存在显著差异；在组内交互方面，组长与组员之间在 PS4 行为上存在显著差异。也就是说，组长的该三类行为得分均显著高于组员。在本部分研究中，组长扮演着协作学习活动的核心组织者角色，其职责涵盖任务的规划分配、成员间的协调沟通、学习进程的监督调控，以及引导讨论并贡献资源以确保任务顺利推进。相比之下，小组其他成员则侧重于展现个人专长，通过积极的信息共享与在线互动，共同为问题的解决贡献智慧与资源，力求达成高效且科学的解决方案。组长在提出问题，提供信息、资源等，形成问题解决方案三个阶段均比组员参与多，而在比较、讨论与分析阶段，组长与组员均积极参与，因此该研究结果验证了本书中协作问题解决学习活动中角色的设计是合理的。

四、研究结果与讨论

整体来看，问题解决行为的四个阶段在组间与组内交互中均有所体现，并展现出相似的特征，即第二阶段和第三阶段占据较高比例，而第一阶段和第四阶段占比则相对较低。此外，如表 5-10 所示，本书中显著性的行为转移序列也普遍反映了这一趋势，进一步印证了上述观察结果。

表 5-10　问题解决行为序列 Z 值（总）

阶段转换	小组 1	小组 2	小组 3	小组 4	小组 5	小组 6	小组 7	组间交互
PS1→PS2	0.93	4.80*	2.52*	3.51*	2.01*	1.45	0.06	2.81*
PS2→PS3	0.45	1.62	0.88	−2.14	1.27	−2.03	−0.27	−0.54
PS3→PS3	1.46	1.78	1.17	4.01*	−0.45	3.08*	1.69	2.42*
PS3→PS4	−0.21	−0.12	−1.00	−0.13	1.82	0.09	0.87	0.68
PS4→PS1	0.98	2.15*	−0.85	2.33*	−0.56	−0.81	−0.62	−0.50
PS4→PS2	−0.43	−2.46	0.51	−0.09	−0.91	2.02*	1.29	−0.19
PS4→PS3	−0.21	0.67	0.34	−1.33	0.35	−1.21	−0.82	0.68
PS3→PS2	−1.61	−1.93	−1.04	−2.46	−0.82	−2.33	−0.36	−1.64
PS3→PS1	0.97	0.38	0.42	−1.74	1.60	−0.84	−1.39	0.50
PS5→PS4	2.55*	0.44	−0.39	1.41	−0.66	−0.35	−0.24	2.17*
PS5→PS5	1.54	3.95*	2.03*	3.76*	2.68*	2.77*	−0.29	5.76*

另外，PS5 的比例较高，并且除了小组 1 和小组 7 之外的其他 5 个小组均出现了 PS5→PS5（学习者纠缠于无关话题），可能与教师参与、相关干预措施的缺失有关。为了提高交互的意义性，交互深度可以更深一层，同时更为深入的问题解决行为模式将在高意义性的交互中出现。例如，在得到与问题解决相关的信息、资源或部分问题解决方案后，对此进行比较、讨论与分析，并因此得出结论（PS2→PS3，PS3→PS4），或者在比较、讨论与分析，得出问题解决方案后，发现资源与方案的不足，重新补充相关信息（PS3→PS2，PS4→PS2），或者在提供信息、资源与部分问题解决方案，分析、比较与讨论，得出结论后，重新回到问题本身，对问题进行再描述与再界定（PS2→PS1，PS3→PS1，PS4→PS1），形成一个动态的深入的问题解决行为模式。

第三节 知识建构行为模式及特征研究

一、组间交互的知识建构行为模式及特征

（一）知识建构行为阶段特征分析

采用如表 5-3 所示的知识建构水平编码框架，以整条信息为编码单元，对 226 条交互数据进行编码，结果如图 5-9 所示。所有编码中比例最高的是 KC2 行为（认知冲突阶段，83 条，36.73%），其次是 KC1 行为（分享与澄清阶段，72 条，31.86%），然后是 KC3 行为（意义协商阶段，47 条，20.80%）、KC4 行为（检验修正阶段，17 条，7.52%），比例最低的是 KC6 行为（无关话题，7 条，3.10%），KC5 行为（达成与应用阶段）没有出现。

整体来看，本章研究中的学习者交互较多停留在知识建构的较为低水平的阶段，主要是认知冲突阶段、分享与澄清阶段、意义协商阶段，检验修正阶段作为知识建构的高水平阶段的比例非常低，而知识建构的最高水平达成与应用阶段没有出现。与学习内容无关的占比为 3.10%，可能与本章研究中教师不参与交互、对交互过程也无任何干预措施有关。本章研究的结果与古纳瓦德纳等[1]的研究结果基本一致，知识建构的参与者较多停留在分享、比较分析的阶段，而协商、检验与达成知识建构较为少见。

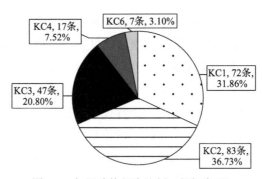

图 5-9　知识建构行为比例（组间交互）

---

① Gunawardena C N, Lowe C A, Anderson T. Analysis of a global online debate and the development of an interaction analysis model for examining social construction of knowledge in computer conferencing. Journal of Educational Computing Research, 1997, 17(4): 397-431.

同时，国内外的相关研究中也有类似结论。例如，梁云真等在研究中发现，网络学习空间中学习者的交互较多停留在知识建构的低层级阶段，仅有小部分学习者会出现高层级交互的现象[1]；陈丽通过研究发现，在教师培训的远程讨论中，教师群体知识建构层次多停留在"信息的分析和比较"阶段[2]；同样，胡勇和王陆通过研究学习论坛中学习者的交互发现，学习者间的交互更多停留在信息分享与观点比较上[3]。因此，网络学习中交互的知识建构水平往往处于较低水平阶段，而如何提高网络学习空间中的交互层级将是网络学习空间深化与创新应用进程不可忽视的重要课题。

（二）知识建构行为模式及行为序列分析

为了深入研究网络学习空间中交互的知识建构行为模式，本章研究采用滞后序列分析工具（GESQ 5.1）基于内容分析的编码结果得出如表 5-11 和表 5-12 所示的知识建构行为转换频率和调整残差值（Z 值）。两个表格中，"列"代表初始行为，"行"代表目标行为。

表 5-11　知识建构行为转换频率（组间交互）

行为	KC1	KC2	KC3	KC4	KC5	KC6
KC1	17	37	9	2	0	4
KC2	32	28	15	8	0	2
KC3	13	11	16	6	0	0
KC4	5	4	7	1	0	0
KC5	0	0	0	0	0	0
KC6	1	5	0	0	0	1

表 5-12　知识建构行为 Z 值（组间交互）

行为	KC1	KC2	KC3	KC4	KC5	KC6
KC1	−1.24	3.23*	−1.95	−1.77	0.00	1.53

---

[1] 梁云真，赵呈领，阮玉娇，等. 网络学习空间中交互行为的实证研究：基于社会网络分析的视角. 中国电化教育，2016（7）：22-28.

[2] 陈丽. 网络异步交互环境中学生间社会性交互的质量：远程教师培训在线讨论的案例研究. 中国远程教育，2004（7）：19-22，78.

[3] 胡勇，王陆. 异步网络协作学习中知识建构的内容分析和社会网络分析. 电化教育研究，2006，27（11）：30-35.

续表

行为	KC1	KC2	KC3	KC4	KC5	KC6
KC2	1.86	−1.21	−0.96	0.81	0.00	−0.52
KC3	−0.35	−2.20	2.58*	1.57	0.00	−1.37
KC4	−0.09	−1.27	2.13*	−0.28	0.00	−0.77
KC5	0.00	0.00	0.00	0.00	0.00	0.00
KC6	−0.94	1.85	−1.39	−0.77	0.00	1.72

从表 5-12 和图 5-10 的数据分析中，我们可以观察到三条具有显著统计意义的行为转换路径：KC1→KC2（$Z=3.23$），表明学习者在阐述观点或澄清问题后，倾向于即刻对不同观点进行剖析对比，借助个人经验或证据支持自身立场，深化对问题的理解；KC3→KC3（$Z=2.58$），则揭示了学习者持续对多种观点进行共性探索与价值评估，通过意义协商推动团队新观点、新构想的诞生；KC4→KC3（$Z=2.13$），显示在学习者达成共识后，他们仍会回顾并验证新观点，再次审视各种观点，以确保知识构建的严谨性和有效性。相比之下，KC2→KC3（$Z=-0.96$）、KC3→KC4（$Z=1.57$）以及 KC4→KC5（$Z=0.00$）等路径在统计上未展现出显著性，说明这些行为转换模式在本书中不如前述路径普遍或强烈。

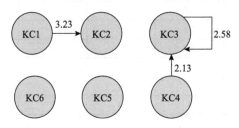

图 5-10　知识建构行为转换图（组间交互）

（三）案例分析

为确保研究的严谨与有效，研究采取了双重分析路径：一方面，直接提取原始的交互数据，运用质性内容分析法深入挖掘其内涵；另一方面，结合量化分析的结果。二者相辅相成，为解读学习者的知识建构行为模式及其特性提供了全面视角。为了进一步验证量化分析及滞后序列分析的科学性，我们特别选取了具有代表性的原始交互数据案例进行深入剖析。这一案例研究不仅深化了我们对学习者在协作问题解决学习活动中交互行为的理解，还清晰展现了其知识建构行为模式的动态过程。

案例 3（从组间交互的原始内容中摘选）：

G1b：安装会声会影出错啦，提示系统被修改，求救！HELP！（2016-05-13，8:20）

G3e：你是第一次安装，还是以前安装过？如果是第一次安装就是你的系统问题，如果不是第一次安装，就是上次没有卸载干净。（2016-05-13，9:01）

G1b：我昨天晚上才重装的系统啊。（2016-05-13，9:04）

G5d：你这样的情况，下载一个修复工具 http://www.onlinedown.net/soft/120082.htm 就解决啦。（2016-05-13，9:08）

G2b：方法可用，只是在修复过后把电脑重启一下就好啦！（2016-05-13，18:01）

G2c：我也遇到同样的问题了，但是按照上边的方法还是不行啊。（2016-05-13，19:06）

G1c：把××毒霸和卫士全都禁止运行。（2016-05-13，19:32）

G2c：哇！正确，安装成功！（2016-05-13，20:34）

在案例 3 中，首先学习者 G1b 详细地描述与界定了问题（KC1），G3e 展开了追问，并描述了"第一次装"和"非第一次装"两种情况的差异（KC2），G1b 对问题进行了阐述，表示自己遇到的问题属于"第一次装"（KC2）。G5d 通过分析上面的情况，提出"下载一个修复工具即可"的新描述（KC3），于是 G2b 在此基础上，补充了 G5d 的描述即"还需要重启电脑"（KC3），G2c 则发现上述方法也解决不了他的问题（KC3），G1c 提出了新的描述"关闭××毒霸和卫士"（KC3），G2c 通过自身试用的经验指出 G1c 的方法可行（KC4）。该案例中的知识建构行为模式在一定程度上印证了内容分析及序列分析的结果，如 KC1→KC2、KC3→KC3 较为常见且为显著性行为序列。

综上所述，知识建构行为的 5 个阶段仅出现了前面 4 个，最高层级的达成与应用阶段未出现。在知识建构的四个阶段中，各阶段的占比有所差异，具体表现为 KC2 与 KC1 占据较高比例，而 KC3 与 KC4 则相对较低。显著的行为转移序列有 KC1→KC2、KC3→KC3、KC4→KC3 三组，揭示了学习者在表达观点后倾向于引发认知冲突，进而深入比较不同观点，并通过协商提出新见解，随后在验证新观点时再次回到协商阶段。这表明本书中组间交互的知识建构模式以这些序列为主导。

此外，KC6 的高比例可能反映了教师参与不足或干预措施缺失的问题，提示我们需要提升交互的深度与意义性。为此，可以探索更高层次的知识建构模式，如：从认知冲突中通过意义协商直接提炼新观点（KC2→KC3），或在提出新建议后积极验证并应用新建构的知识（KC3→KC4、KC4→KC5），以促进更丰富的知识创造与应用过程；在通过意义协商得出新描述，或者在对新观点进行检验修正过程中，重新返回对各种不同观点进行分析与比较，再次确认与澄清不同观点中的差异，重新补充相关信息（KC3→KC2、KC4→KC2）；或者在分析比较与讨论各种观点与描述、协商意义、检验修正新观点、应用新知识时，重新回到对观点的分享与澄清阶段，对观点与问题进行再描述与再界定（KC2→KC1、KC3→KC1、KC4→KC1、KC5→KC1），形成一个动态的、深入的、具有反馈机制的知识建构行为模式。本书中，组间交互的知识建构行为模式中仅出现了 KC4→KC3，而其他均未出现。

二、组内交互的知识建构行为模式及特征

（一）知识建构行为阶段特征分析

采用如表 5-3 所示的知识建构水平编码框架，以整条信息为编码单元，对 7 个小组共 1277 条交互数据进行编码（小组 1 为 68 条，小组 2 为 352 条，小组 3 为 207 条，小组 4 为 335 条，小组 5 为 119 条，小组 6 为 82 条，小组 7 为 114 条），结果如表 5-13 所示。

表 5-13　各小组知识建构行为条数及占比

组别	条数及占比	KC1	KC2	KC3	KC4	KC5	KC6
小组 1	条数/条	32	21	2	1	0	12
	占比/%	47.06	30.88	2.94	1.47	0.00	17.65
小组 2	条数/条	94	158	72	3	0	25
	占比/%	26.70	44.89	20.45	0.85	0.00	7.10
小组 3	条数/条	104	75	15	3	0	10
	占比/%	50.24	36.23	7.25	1.45	0.00	4.83

续表

组别	条数及占比	KC1	KC2	KC3	KC4	KC5	KC6
小组 4	条数/条	146	157	25	2	0	5
	占比/%	43.58	46.87	7.46	0.60	0.00	1.49
小组 5	条数/条	53	45	12	0	0	9
	占比/%	44.54	37.82	10.08	0.00	0.00	7.56
小组 6	条数/条	48	24	10	0	0	0
	占比/%	58.54	29.27	12.20	0.00	0.00	0.00
小组 7	条数/条	69	32	10	0	0	3
	占比/%	60.53	28.07	8.77	0.00	0.00	2.63

从表 5-13 的数据分析来看，7 个小组均未能全面展现知识建构的所有阶段。具体而言，小组 1—4 仅覆盖了从 KC1 到 KC4 的 4 个阶段，而 KC5 阶段缺失。小组 5、小组 6 和小组 7 则进一步减少了覆盖范围，仅涉及 KC1、KC2 和 KC3 阶段，同时跳过了 KC4 和 KC5 阶段。

在行为比例的递减趋势上，大多数小组（小组 1、3、5、6、7）遵循了 KC1 至 KC5 的自然顺序，但递减现象明显。而小组 2 和小组 4 则表现出不同的递减顺序，特别是将 KC2 置于 KC1 之前，这可能与特定的讨论动态或话题特性有关。

值得注意的是，所有小组均未达到 KC5 阶段，这可能与教师未参与交互且缺乏必要的干预措施有关。此外，除小组 6 外，其余六个小组均存在 KC6 的现象，且其比例因组而异，从小组 1 的 17.65%到小组 6 的 0.00%不等。这种无关话题的频繁出现，进一步印证了教师参与和干预在促进有效知识建构中的重要性。

（二）知识建构行为模式及行为序列分析

本章研究采用滞后序列分析工具（GESQ 5.1）基于内容分析的编码结果计算出如表 5-14 所示的各小组知识建构行为调整残差值（Z 值）。表 5-14 的数据以 Z 值形式展示了不同行为路径的显著性，其中 Z 值大于 1.96（对应 p 值小于 0.05）表明该路径的转换具有统计学上的显著意义。基于这些数据，图 5-11 和图 5-12 描绘了各小组的知识建构行为转换图，图中节点代表知识建构的不同阶段，连线及其上的 Z 值指示了显著的行为转换方向。

在小组 1 中，显著的行为转换路径包括：KC3→KC3（$Z=3.97$），这揭示了学习者在意义协商阶段对观点的持续探索和共同新想法的提出；KC4→KC6（$Z=2.16$），表明在检验修正新观点后，学习者有时会偏离主题，转向无关话题。相比之下，KC1→KC2、KC2→KC3、KC3→KC4 等自然顺序的转换均未达到统计显著性，Z 值分别为 0.68、0.58、−0.18，表明这些路径在小组 1 中的转换频率较低或不具规律性。

表 5-14　各小组知识建构行为 Z 值

组别	阶段	KC1	KC2	KC3	KC4	KC6
小组 1	KC1	−0.17	0.68	−1.33	−0.93	0.29
	KC2	0.15	0.80	0.58	1.49	−1.90
	KC3	0.11	−0.97	3.97*	−0.18	−0.67
	KC4	−0.93	−0.68	−0.18	−0.12	2.16*
	KC6	0.29	−1.21	−0.67	−0.47	1.54
小组 2	KC1	−0.12	3.02*	−3.42	−1.06	0.11
	KC2	1.99*	−1.46	0.80	−0.39	−1.72
	KC3	−3.07	−0.32	4.33*	0.55	−1.09
	KC4	1.57	−0.40	−0.88	−0.16	−0.48
	KC6	0.61	−1.75	−2.12	1.77	5.02*
小组 3	KC1	−0.84	2.49*	−1.70	−0.60	−1.33
	KC2	0.72	−1.10	−0.06	1.10	0.24
	KC3	1.11	−2.96	4.45*	−0.47	−0.88
	KC4	−1.74	2.28*	−0.47	−0.21	−0.39
	KC6	0.00	−1.14	−0.88	−0.39	3.79*
小组 4	KC1	−1.33	4.17*	−4.55	−1.24	−1.06
	KC2	2.40*	−4.35	3.44*	0.09	0.59
	KC3	−2.46	0.94	2.47*	2.29*	−0.64
	KC4	−1.24	1.51	−0.40	−0.11	−0.17
	KC6	1.66	−2.12	−0.64	−0.17	3.43*
小组 5	KC1	−0.58	2.99*	−3.29	0.00	0.00
	KC2	−0.46	−2.72	4.47*	0.00	0.00
	KC3	1.50	−0.71	−1.27	0.00	0.00
小组 6	KC1	0.78	−0.49	0.17	0.00	−1.1
	KC2	−1.08	0.78	0.45	0.00	0.31
	KC3	0.23	0.37	−0.71	0.00	−0.5
	KC6	0.16	−1.07	−0.50	0.00	2.79*

续表

组别	阶段	KC1	KC2	KC3	KC4	KC6
小组7	KC1	−0.51	0.51	0.63	0.00	−0.98
	KC2	−0.36	0.20	0.17	0.00	0.22
	KC3	0.63	−0.57	−1.04	0.00	1.50
	KC6	1.41	−1.09	−0.55	0.00	−0.29

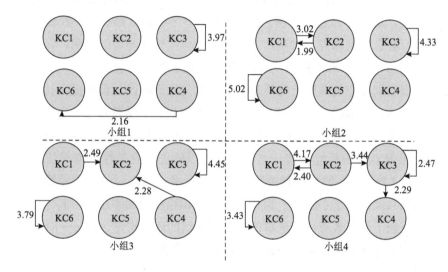

图 5-11　知识建构行为转换图（小组 1—4）

在小组 2 中，统计上显著的行为转换路径有四条：KC1→KC2（$Z=3.02$），表明学习者在分享与澄清观点后，积极进入认知冲突阶段，深入分析并比较不同观点；KC2→KC1（$Z=1.99$），这反映了一种反馈机制，即学习者在认知冲突后，会重新返回分享与澄清阶段，对观点或表述进行再次确认与细化；KC3→KC3（$Z=4.33$）显示了学习者在意义协商阶段对观点的持续探索和共识构建；KC6→KC6（$Z=5.02$）则揭示了无关话题在该组讨论中的高频出现。然而，KC2→KC3（$Z=0.80$）、KC3→KC4（$Z=0.55$）等按预期顺序的自然过渡行为并未展现出统计显著性，表明这些路径在小组 2 的讨论中并未形成稳定的转换模式。

在小组 3 的交互过程中，几个关键的行为转换路径展现出了统计上的显著性。具体而言，KC1→KC2（$Z=2.49$）表明学习者倾向于在清晰阐述观点后，迅速进入认知冲突阶段，深入分析和比较不同观点。KC3→KC3（$Z=4.45$）则揭示了学习者在意义协商阶段对观点的持续深入探索和共识构建过程。有趣的是，

KC4→KC2（Z=2.28）显示出，在检验修正新观点后，学习者会重新回到认知冲突阶段，对观点进行再分析和澄清。此外，KC6→KC6（Z=3.79）揭示了无关话题在该组讨论中的频繁出现。然而，值得注意的是，KC2→KC3（Z=−0.06）、KC3→KC4（Z=−0.47）等按照知识建构自然顺序的预期转换未能达到统计显著性，这表明在这些阶段间的直接过渡并不如其他显著路径那样频繁或规律。

在小组 4 中，多个行为转换路径展现出了统计显著性。KC1→KC2（Z=4.17）显示，学习者在清晰表达观点并澄清问题后，迅速转向对不同观点的分析与比较，深化对问题的理解。KC2→KC1（Z=2.40）则表明，在深入分析观点后，学习者会回到原点，对观点或表述进行再次确认与详细说明，以确保问题得到全面澄清。KC2→KC3（Z=3.44）的转换揭示了学习者在深刻理解问题差异后，进一步鉴别观点的共同点与贡献，进入意义协商阶段，旨在提出共同构建的新见解。而 KC3→KC3（Z=2.47）的重复转换则强调了学习者在意义协商中的持续投入与深度探索。此外，KC3→KC4（Z=2.29）表明，在通过意义协商形成新建议后，学习者会积极检验修正这些观点，以验证其有效性。值得注意的是，KC6→KC6（Z=3.43）的高频转换再次指出了无关话题在讨论中的频繁出现。这些转换路径共同描绘了小组 4 在讨论过程中知识建构的动态过程，其中每个阶段的转换都反映了学习者对问题理解的深化和共识的逐步构建。KC6→KC6 表示经常会出现较多无关话题；KC4→KC5（Z=0.00）等渐近行为序列均没有呈现统计意义上的显著性。

从表 5-14 和图 5-12 的数据分析中可以观察到，小组 5 中存在两个统计上显著的行为转换路径：KC1→KC2（Z=2.99）与 KC2→KC3（Z=4.47）。对于 KC1→KC2 的转换，它表明学习者在针对各种观点鉴别其共同之处或者各种观点的贡献，通过意义协商提出共同构建的新观点和建议后，并未止步于此，而是主动回到观点分析与比较的阶段，进一步深化对问题差异的理解，并借助个人经验或外部证据来强化自己的立场，以达到对问题更为深刻的认识。这一过程体现了学习者在知识建构中的灵活性和深度思考的能力。KC2→KC3 表示经常会出现较多无关话题，不过经常从无关话题转移到针对各种观点鉴别其共同之处，或者各种观点的贡献，并进行意义协商，以提出体现学习者共同体的新建议与新想法。在小组 5 中，尽管存在预期中的渐近行为序列，如 KC1→KC1（Z=−0.58）、KC1→KC3（Z=−3.29）、KC2→KC4（Z=0.00）及 KC3→KC4（Z=0.00），但这些路径均未展现出统计意义上的显著性，表明这些阶段间的直接过渡在小组 5 中并不显著或规律。

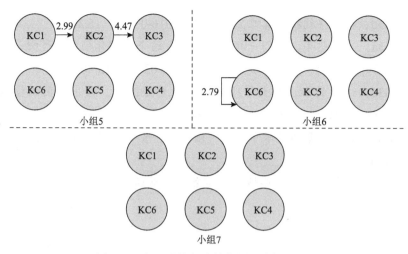

图 5-12　知识建构行为转换图（小组 5—7）

转至小组 6，一个显著的行为转换序列是 KC6→KC6（$Z=2.79$），这揭示了无关话题在该组讨论中的频繁出现和持续性。同样地，对于 KC1→KC2（$Z=-0.49$）、KC2→KC3（$Z=0.45$）、KC3→KC4（$Z=0.00$）等渐近行为序列，它们在统计上也未表现出显著性，意味着这些按知识建构顺序的自然过渡在小组 6 的讨论中并不突出。

小组 7 中没有任何具有统计意义上显著性的行为转换序列。

（三）案例分析

为了确保研究的严谨性和实效性，本章研究不仅收集了原始的交互数据，还采用了质性内容分析法进行深度剖析，将质性与量化分析的结果相互融合，互为参照，以便更精确地解读学习者在知识建构过程中的行为模式及其特性。为了进一步验证量化内容分析及滞后序列分析的科学性，我们特别选取了原始交互数据作为典型案例进行深入探讨。这一案例研究使我们能够直观展现并深入理解学习者在协作问题解决学习活动中，如何通过互动交流实现知识的构建与深化，进而揭示其独特的知识建构行为模式。

案例 4（从小组 3 内部交互的原始内容中摘选）：

G3e：上次讨论中，我们确定拍摄的主题是"同桌的你"一类的，我们组都是女生，因此可以拍闺蜜之间的友情。（2016-03-25，15:34）

G3d：我觉得就拍闺蜜吧，挺好。（2016-03-25，15:38）

G3a：《那些年，我们一起追的女孩》这个电影你们都看过吧，我们可以名字取"那些年"，内容是闺蜜。（2016-03-25，15:40）

G3c：这样的话，拍大学比较好，场景好选择，借用我们的校园，哈哈，比如8号楼。（2016-03-25，15:44）

G3b：其实场景不局限于教室，图书馆、食堂、操场都可以啊。（2016-03-25，15:45）

G3e：我们要多拍一些情节，不然恐怕剪辑的时候不够用。（2016-03-25，15:48）

……

在案例4中，学习者G3e阐述了关于拍摄主题的观点后（KC1），G3d对此表示了认可（KC1）。G3a在引用相关资料的基础上，提出了替代假设即取名为"那些年"（KC2）；G3c则通过举例阐明了自己的观点（KC2）；G3b在分析G3c观点的基础上，提出了其他的场景方案（KC3），同样也对拍摄的情节进行了新描述（KC3）。此案例中的知识建构行为模式与先前的内容分析及序列分析结果相契合，特别是KC1→KC2、KC3→KC3被证实为频繁且显著的行为序列。

总结来看，各小组在知识建构的进程中并未全面覆盖所有五个阶段，小组1—4止步于前四个阶段，而小组5—7则仅触及前三阶段。值得注意的是，最高层次的KC5（达成与应用）在所有小组中均未显现。尽管如此，各小组普遍在KC1和KC2阶段投入较多，相比之下，KC3和KC4阶段则显得较为薄弱。这一观察结果为我们提供了关于学习者知识建构行为模式的新视角。

7个小组中具有统计意义上显著性的行为转移序列有较大差异，按照具有统计意义上显著性的行为转移序列数量的多少排列，依次是小组4（6）、小组3（4）与小组2（4）、小组5（2）、小组1（2）、小组6（1）、小组7（0）。其中小组4的知识建构行为模式基本呈现了学习者经常在想到分享对某个观点或结果的描述，并对相关主题进行说明与澄清（KC1）后，能够及时地分析各种观点与描述中的差异，并利用经验等支持观点，以深化对问题与观点的认识（KC2），再者，学习者对意义进行协商，澄清各种观点中具有共识之处，提出具有协商意义的新观点（KC3），并能够利用各种途径与数据对新建构的观点进行检验修正（KC4）。但是很遗憾的是，研究中并没有出现对新建构的观点的应用。从上述研究可以看出，组内交互的知识建构行为模式为KC1→KC2、KC3→

KC3、KC4→KC3。

三、不同角色学习者的差异分析

图 5-13 直观呈现了组长与组员在知识建构行为模式上的数据对比。无论是跨组交流还是组内互动，组长在 KC1、KC2、KC3 三个环节的表现均优于组员，而在 KC6 方面则参与度相对较低。有趣的是，对于 KC4 行为，组间互动时组长参与度较低，而转为组内交流时则表现出更高的积极性。

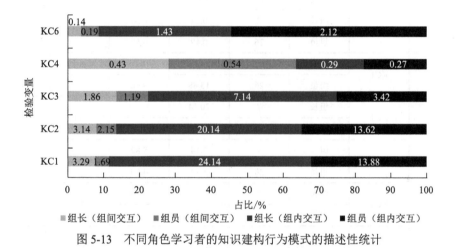

图 5-13 不同角色学习者的知识建构行为模式的描述性统计

为了更深入地解析不同角色在学习者群体中 KC1 至 KC6 这五类知识建构行为上的差异性，研究将学习者的角色作为分组基准，对上述五类行为进行统计检验，以探究其间是否存在显著的差异。再对数据进行独立样本 t 检验，并对均值差异达到显著差异的检验变量，进一步采用 η^2 报告实际显著性。

表 5-15 揭示了组间与组内交互网络中，不同角色学习者在知识建构行为上的差异性。特别地，在组间交互中，仅 KC1 行为因角色不同而出现显著差异，组长的 KC1 行为水平显著高于组员。至于 KC2 行为、KC3 行为、KC4 行为及 KC6 行为，角色间的差异并未达到统计显著性，意味着组长的这些行为水平并未显著高于组员，且组长的 KC6 行为水平也未显著低于组员。

表 5-15 不同角色学习者的知识建构行为模式的差异分析

小组交互	检验变量	角色	n	M	SD	t	η^2
组间交互	KC1	组长	7	3.29	1.98	2.546*	0.173
		组员	26	1.69	1.32		
	KC2	组长	7	3.14	1.68	1.361	
		组员	26	2.15	1.71		
	KC3	组长	7	1.86	1.57	1.297	
		组员	26	1.19	1.10		
	KC4	组长	7	0.43	1.13	−0.292	
		组员	26	0.54	0.81		
	KC6	组长	7	0.14	0.38	−0.217	
		组员	26	0.19	0.57		
组内交互	KC1	组长	7	24.14	10.85	2.429*	0.160
		组员	26	13.88	9.68		
	KC2	组长	7	20.14	15.83	1.118	
		组员	26	13.62	13.15		
	KC3	组长	7	7.14	8.82	1.086	
		组员	26	3.42	4.00		
	KC4	组长	7	0.29	0.76	0.061	
		组员	26	0.27	0.60		
	KC6	组长	7	1.43	1.72	−0.934	
		组员	26	2.12	1.73		

类似地，在组内交互网络中，也仅 KC1 行为的角色差异显著，组长的 KC1 行为水平再次显著高于组员。而 KC2 行为、KC3 行为、KC4 行为及 KC6 行为在角色间同样未展现出显著差异，表明在组内互动时，组长的这些行为水平并未显著超越组员，且 KC6 行为的频繁度也未显著低于组员。这一发现进一步丰富了我们对组长与组员在知识建构过程中角色差异的理解。同时，组长的 KC6 行为水平未显著低于组员。

因此，我们可以认为网络学习空间中的协作问题解决学习中，学习者的交互中，组长与组员之间在知识建构行为方面，KC1 行为存在显著差异，即组长的该行为显著高于组员，KC2、KC3、KC4 行为差异不显著。即组长在分享与澄清阶段（KC1）比组员参与多，而在认知冲突（KC2）、意义协商（KC3）、检验修正（KC4）等阶段，组长与组员均积极参与，因此该研究结果验证了本书中协作问题解决学习活动中角色的设计是合理的。

四、研究结果与讨论

综上所述，无论是组间交互还是组内交互中，知识建构行为的 5 个阶段均没有完全出现。其中，小组 1—4、组间等交互中仅呈现知识建构行为的前面 4 个阶段；小组 5—7 这三个小组在知识建构过程中，均止步于前三个阶段，未能触及最高层次的 KC5。然而，在所有小组中，一个共同的趋势是 KC1 和 KC2 这两个阶段的参与比例相对较高，相比之下，KC3 和 KC4 的参与比例则显得较低。这一发现为我们揭示了知识建构过程中的一些关键阶段及其在不同小组中的表现差异。同时，KC1→KC2、KC3→KC3 是较为常见的显著性行为序列（表 5-16）。

另外，KC6 的比例较高，并且除了小组 1、小组 5、小组 7 之外的其他 4 个小组均出现了 KC6→KC6（学习者纠缠于无关话题），可能与教师参与、相关干预措施的缺失有关。为了提高交互的意义性，交互深度可以更深一层，同时更为深入的知识建构行为模式将在高意义性的交互中出现。例如，学习者在清晰表达观点并澄清问题后，会迅速转向对多种观点的分析与比较，旨在揭示问题间的差异，并借助个人经验或外部证据来强化自身立场，深化对问题的理解（KC1→KC2）。随后，这一深入比较的过程可能激发学习者探索各观点间的共同点或贡献，进而开展意义协商，共同构建新的见解与提案，这些成果凝聚了学习共同体的智慧（KC2→KC3）。接着，针对这些新提出的观点，学习者会积极寻求检验修正的途径，通过实践或研究来检验其有效性与科学性（KC3→KC4）。最终，若新观点经受住了考验，学习者便会将其应用于实际情境中，以验证其应用价值（KC4→KC5）。这一过程展示了知识建构从初步澄清到深入探索再到验证应用的全貌。

表 5-16 知识建构行为序列 Z 值（总）

行为转换	小组 1	小组 2	小组 3	小组 4	小组 5	小组 6	小组 7	组间交互
KC1→KC2	0.68	3.02*	2.49*	4.17*	−0.78	0.78	0.51	3.23*
KC2→KC3	0.58	0.80	−0.06	3.44*	−0.34	0.45	0.17	−0.96

续表

行为转换	小组1	小组2	小组3	小组4	小组5	小组6	小组7	组间交互
KC3→KC4	-0.18	0.55	-0.47	2.29*	0.00	0.00	0.00	1.57
KC4→KC5	0.00	0.00	0.00	0.00	0.00	0.00	0.00	0.00
KC4→KC1	-0.93	1.57	-1.74	-1.24	0.00	0.00	0.00	-0.09
KC4→KC2	-0.68	-0.40	2.28*	1.52	0.00	0.00	0.00	-1.27
KC4→KC3	-0.18	-0.88	-0.47	-0.40	0.00	0.00	0.00	2.13*
KC4→KC4	-0.12	-0.16	-0.21	-0.11	0.00	0.00	0.00	-0.28
KC6→KC6	1.54	5.02*	3.79*	3.43*	-0.89	2.79*	-0.29	1.72
KC3→KC3	3.97*	4.33*	4.45*	2.47*	-0.21	-0.71	-1.04	2.58*
KC3→KC2	-0.97	-0.32	-2.96	0.94	2.17*	0.37	-0.57	-2.20
KC3→KC1	0.11	-3.07	1.11	-2.46	-1.44	0.23	0.63	-0.35
KC2→KC1	0.15	1.99*	0.72	2.40*	-0.02	-0.18	-0.36	1.86

在知识建构的深入探索中，学习者展现出了高度的灵活性和持续性。当完成了对多种观点共同点的鉴别、贡献的评估以及意义协商，从而提出代表学习共同体共同智慧的新建议和新想法（KC3）后，他们并不会止步于此。相反，他们可能会再次回到起点，重新表达自己的观点或详细说明以进一步澄清问题（KC1），或者重新对不同的观点进行深入的分析与比较，以期在更广阔的视野中发现并澄清问题之间的微妙差异，同时借助自身的经验积累或外部的有效证据来强化自己的立场，从而对相关问题形成更为深刻的理解（KC2）。

此外，当学习者通过各种途径和方法对新提出的观点进行了初步的检验修正（KC4），确保其在一定程度上站得住脚后，他们同样不会满足于现状。他们可能会选择回到之前任何一个他们认为有必要重新审视的环节：再次澄清问题以确保讨论的基础稳固（KC1），深入分析比较各种观点以挖掘更多潜在的价值（KC2），或者重新进行意义协商以寻求更广泛的共识（KC3）。这种循环往复的过程不仅体现了学习者对知识的不懈追求，也促进了学习共同体内部知识的持续丰富和深化。

更为引人注目的是，当学习者成功地将新观点应用于实践，验证了其有效性和科学性（KC5）之后，他们并没有将这一成果视为终点。相反，他们可能会以此为契机，再次启动整个知识建构的循环。无论是为了进一步优化已应用的新观点，还是为了探索与之相关的新领域，他们都会毫不犹豫地回到任何一个他们认为有价值的环节，从澄清问题、分析观点、协商意义到检验修正，甚至是再次应用并检验新的想法。这种动态的、深入的知识建构行为模式不仅推动了学习者个人知识的增长和能力的提升，也为学习共同体整体的知识积累和智慧创新注入了源源不断的活力。

第四节　交互行为模式对学习成绩的影响分析

一、问题解决行为模式对学习成绩的影响分析

研究采用皮尔逊相关性分析法，深入探究了 7 个小组中学习者的问题解决行为与他们的学习成绩的相关性，并将结果汇总于表 5-17。

分析结果显示，学习者的作品成绩并未与任何特定的问题解决行为展现出显著的相关性；考试成绩却与 PS4 行为之间存在着显著的正向关联，相关系数为 0.811（$p=0.027<0.05$），二者呈高度正相关，R^2 为 0.658；总成绩与 PS1 行为、PS4 行为呈显著正相关，其中，总成绩与 PS1 行为的相关系数为 0.805（$p=0.029<0.05$），二者之间呈高度正相关，R^2 为 0.648；总成绩与 PS4 行为呈显著正相关，相关系数为 0.799（$p=0.031<0.05$），二者呈高度正相关，R^2 为 0.638。

表 5-17　小组问题解决行为与学习成绩的相关分析

学习成绩	PS1	PS2	PS3	PS4
作品成绩	0.672	0.532	0.744	0.463
考试成绩	0.625	0.505	0.322	0.811* （R^2=0.658）
总成绩	0.805* （R^2=0.648）	0.644	0.652	0.799* （R^2=0.638）

根据分析结果，我们可以得出这样的结论：学习者的作品成绩并未显著受到其问题解决行为的影响，但考试成绩及总成绩却与某些问题解决行为展现出显著的正相关关系。为了深入探究学习者的问题解决行为对学习成绩是否具有显著的预测力，研究采用多元线性回归分析中的逐步多元回归分析方法，研究学习者的

问题解决行为对学习成绩的预测力，即建立学习者的问题解决行为模式与学习成绩之间的因果模型。回归分析的结果如表 5-18 所示。

表 5-18　问题解决行为模式对学习成绩的逐步多元回归分析结果

依变量	预测变量	多元相关系数	决定系数 R^2	增加量 (ΔR^2)	F	净 F (ΔF)	B	β
考试成绩	截距						61.164	
	PS4	0.811	0.658	0.589	9.612*	9.612*	2.139	0.811
总成绩	截距						78.285	
	PS1	0.805	0.648	0.577	9.180*	9.180*	0.385	2.769
	PS2	0.959	0.919	0.879	22.830**	13.511*	−0.134	−2.032

注：**表示 $p<0.01$，余同。

逐步多元回归分析揭示了一个关键发现：在预测作品成绩方面，问题解决行为的四个不同阶段均未展现出显著的预测能力。这意味着作品成绩的高低并不能直接归因于学习者在问题解决过程中的某一特定阶段表现。PS4 对考试成绩有显著预测力，预测变量"PS4"与依变量"考试成绩"的多元相关系数为 0.811，决定系数（R^2）为 0.658，回归模型整体性检验的 F 值为 9.612（$p=0.027<0.05$），因此，预测变量"PS4"能够有效解释依变量"考试成绩"65.8%的变异量，标准化回归方程式为：考试成绩=0.811×PS4。

PS1、PS2 对总成绩有显著预测力，预测变量"PS1""PS2"与依变量"总成绩"的多元相关系数为 0.805、0.959，R^2 为 0.648、0.919，回归模型整体性检验的 F 值为 9.180、22.830（$p=0.006<0.01$），因此，预测变量"PS1""PS2"能够有效解释依变量"总成绩"91.9%的变异量，标准化回归方程式为：总成绩=2.769×PS1−2.032×PS2。

总的来说，学习者的问题解决行为与学习成绩存在显著相关关系，主要表现在：

学习者的考试成绩与 PS4 行为显著正相关：PS4 行为越多的学习者，其考试成绩越高；反之，PS4 行为越少的学习者，其考试成绩越低。多元回归分析进一步指出，PS4 这一问题解决行为阶段对预测学习者的考试成绩具有显著的重要性，表明 PS4 行为是考试成绩的一个有力预测因子。PS4 行为是问题解决行为中的最高阶段，是学习者基于已有的信息、资源，根据比较、分析、讨论的结果，进行总结、归纳形成问题解决方案的阶段。PS4 行为越多的学习者，对交互过程中其他学习者提供的信息及资源、分析与讨论均进行了深入的思考、深化与升华，并最终结合自己的经验与知识，形成了问题解决的方案。照此来看，该行为实际上既包括学习者知识的内化过程，也体现了知识的外化过程，因此学习者通过知识的内化与外化，深化了对知识的理解与认识，尽管对作品的设计不一定能产生显著的影响，但对考试成绩还是影响显著。

学习者的总成绩与 PS1 与 PS4 行为显著正相关，即 PS1 与 PS4 行为越多的学习者，其总成绩越高；反之，PS1 与 PS4 行为越少的学习者，其总成绩越低。PS1 与 PS4 行为分别是问题解决行为中的最初级和最高阶段，一个是对问题进行描述、界定以及澄清，一个是问题解决方案的形成，学习者的 PS1 与 PS4 行为越多，说明学习者对问题本身以及解决方案的认识与思考越为清晰和深刻，因此二者尽管没有对作品成绩、考试成绩产生显著影响，但与总成绩具有显著正相关关系。

二、知识建构行为模式对学习成绩的影响分析

为了研究学习者的知识建构行为模式对学习成绩的影响，研究采用皮尔逊相关性分析法，对 7 个小组之间的知识建构行为与学习成绩之间的关系进行了分析，结果如表 5-19 所示。

从表 5-19 可以看出，学习者的知识建构行为与作品成绩、考试成绩尽管均呈正相关关系，但均属于非显著相关；KC2 行为、KC4 行为均与总成绩呈显著正相关，其中，KC2 行为与总成绩的相关系数为 0.762（$p=0.047<0.05$），二者之间为高度正相关，R^2 为 0.581；KC4 行为与总成绩的相关系数为 0.795（$p=0.033<0.05$），二者呈高度正相关，R^2 为 0.632。

表 5-19　小组知识建构行为与学习成绩的相关分析

学习成绩	KC1	KC2	KC3	KC4
作品成绩	0.533	0.740	0.507	0.665
考试成绩	0.221	0.496	0.574	0.617
总成绩	0.461	0.762* （R^2=0.581）	0.674	0.795* （R^2=0.632）

分析表明，学习者的知识建构行为在单独考量时，并未显著关联到作品成绩或考试成绩，然而，它与总成绩之间却呈现出了显著的正相关性，这揭示了知识建构行为对整体学业成就的正向影响。为了深入探究学习者的知识建构行为对学习成绩是否具有显著的预测力，研究采用多元线性回归分析中的逐步多元回归分

析方法，研究学习者的知识建构行为对学习成绩的预测力，即建立学习者的知识建构行为模式与学习成绩之间的因果模型。回归分析的结果如表 5-20 所示。

表 5-20   知识建构行为模式对学习成绩的逐步多元回归分析结果

预测变量	多元相关系数	R^2	增加量（ΔR^2）	F	净 F（ΔF）	B	β
截距						78.650	
KC4	0.795	0.632	0.559	8.602*	8.602*	1.834	0.795

逐步多元回归分析的数据揭示了一个重要发现：在预测作品成绩和考试成绩方面，知识建构行为的四个不同阶段均未展现出显著的预测能力，即这些阶段的表现并不能直接预测出学习者在作品或考试中的具体成绩。KC4 对总成绩有显著预测力，预测变量"KC4"与依变量"总成绩"的多元相关系数为 0.795，R^2 为 0.632，回归模型整体性检验的 F 值为 8.602（$p=0.033<0.05$），因此，预测变量"KC4"能够有效解释依变量"总成绩"63.2%的变异量，标准化回归方程为：总成绩=0.795×KC4。

总的来说，学习者的知识建构行为与学习成绩呈显著相关关系，具体表现在学习者的 KC2、KC4 行为与总成绩呈显著正相关：学习者的 KC2、KC4 行为越多，则总成绩越高；反之，学习者的 KC2、KC4 行为越少，则总成绩越低。同时，多元回归分析的结果显示，KC4 行为对总成绩有显著预测力。KC2 行为是知识建构中的认知冲突阶段，主要是学习者通过对相关信息与资源的分析、比较，发现和分析各种思想、观点或描述中的认知冲突，以深化对问题的认识；KC4 行为是知识建构中的检验修正阶段，主要是学习者利用他人分享的观点、先前具有的认知图式、个人经验、搜集的数据、相关文献资料等来检验新建构的观点，以检验与修改观点。二者在知识建构过程中具有至关重要的作用，KC2 有助于学习者认识及明确问题、信息、资源中的不一致的观点及差异程度，以深化对问题的认识，KC4 是对观点及信息的再检验，再修正，因此二者对学习者的成绩具有显著正向影响。

三、研究结果与讨论

结合对问题解决行为、知识建构行为模式及其与学习成绩的相关分析和多元回归分析的结果，本章研究中的行为模式对学习成绩的影响机制如表 5-21 所示。

从问题解决行为模式与学习成绩的关系方面来看，学习者的 PS1 行为与总成绩呈显著正相关，并且 PS1 对总成绩有显著预测力；同时，PS4 行为与考试成绩和总成绩均呈显著正相关，但 PS4 行为仅对考试成绩有显著预测力。

从知识建构行为模式与学习成绩的关系方面来看，KC2、KC4 均与总成绩呈显著正相关，但仅有 KC4 对总成绩有显著预测力。

表 5-21 小组内问题解决行为、知识建构行为对学习成绩的影响汇总表

学习成绩	标准化回归方程式
考试成绩	考试成绩=0.811×PS4
总成绩	总成绩=2.769×PS1−2.032×PS2
	总成绩=0.795×KC4

基于此，我们认为学习者的 PS4 行为能够有效地预测考试成绩，KC4 能够有效预测总成绩，但是不同的行为模式对学习成绩的预测力不同，小组内问题解决行为、知识建构行为对学习成绩的影响机制如图 5-14 所示。

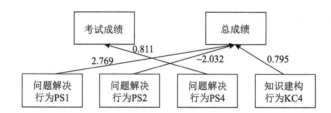

图 5-14 小组内问题解决行为、知识建构行为对学习成绩的影响机制

本 章 小 结

本章基于有意义学习理论、建构主义学习理论等，界定了有意义交互，即协作问题解决中的有意义交互首先是指向问题解决的交互，其次是促进知识建构的交互，同时还是有助于增强学习共同体成员间的信任与情感联系的交互。在此基础上，建构了一个包括交互过程与交互结果两个维度，通过多类数据综合采用多

种定性与定量分析方法的二维度多层次动态化的交互意义性评估框架。本章采用该框架对网络学习空间中协作问题解决学习的交互意义性进行了评估，研究结论如下。

第一，学习者的问题解决行为，集中于 PS3 与 PS2，而 PS1、PS4 较少；同时，呈现显著性的问题解决行为转换序列多为 PS1→PS2、PS3→PS3 等，也出现了较为深入的行为转换序列（如 PS4→PS1、PS2→PS1、PS4→PS2），但整体来看，较为深入的行为转换序列出现的次数较少。

第二，学习者的知识建构行为，集中于 KC1、KC2，而 KC3、KC4 较少，KC5 则未出现；同时，呈现显著性的知识建构行为转换序列多为 KC1→KC2、KC3→KC3 等，也出现了较为深入的行为转换序列（KC4→KC3、KC2→KC1、KC4→KC2、KC3→KC2），但整体来看，较为深入的行为转换序列出现的次数较少。

第三，学习者的问题解决行为、知识建构行为均对学习成绩具有显著正向影响。其中，学习者的考试成绩与 PS4 行为显著正相关；总成绩与 PS1、PS4、KC2、KC4 行为显著正相关；PS1、PS2、KC4 对学习成绩具有显著预测力。

第 六 章

交互网络结构对交互意义性的影响研究

　　在探索网络学习环境中交互行为对学习者问题解决、知识构建及学业成绩影响的复杂图景中，本章节致力于探究网络学习环境中交互行为对学习者问题解决、知识构建及学业成绩的复杂影响。研究综合采用描述性统计、相关性分析、多元回归分析以及独立样本 t 检验等统计技术，从宏观小组间交互网络、中观小组内部网络结构至微观学习者重要性程度三个维度展开。研究发现，小组间互动网络结构显著促进交互实质性，学习者参与度、认可度、影响力及自主性与学习成效紧密相关。同时，小组内部网络紧密性与平均连接强度对问题解决模式、知识构建成效及学习成绩具有显著预测力，凸显了优化内部互动网络结构的重要性。

　　此外，不同重要性程度的学习者在交互意义性上表现出显著差异，重要性较高的学习者在问题解决、知识构建及学业成绩上均优于重要性较低的学习者。这一发现为教育实践提供了有针对性的见解。本章节通过多维度、多层次的深入分析，构建了一个解析交互网络结构与学习者特征对学习成效影响机制的理论框架，为优化网络学习环境、促进有意义学习提供了科学依据与实践指导。

第一节　研究目的与假设

一、研究目的

本书的第四章分别从宏观、中观、微观三个层次开展了交互网络结构的研究，第五章分别从交互过程维度（问题解决行为模式及特征、知识建构行为模式及特征）与结果维度（作品成绩、考试成绩、总成绩）开展了交互意义性的评估与研究，本章旨在探究交互网络结构与交互意义性之间是如何相互影响的。本章综合运用了描述性统计、相关性分析、多元线性回归分析以及独立样本 t 检验等多种统计技术，围绕小组间与小组内交互网络结构的特性，以及学习者在网络中的重要性程度这三类交互网络结构参数，深入探索了它们如何影响问题解决行为模式、知识建构行为模式以及学习成绩的内在机制。

二、研究假设

（一）组间交互网络结构对交互意义性的影响关系

如前所述，学习者的"点出度"表示其在交互网络中的威望，"点入度"表示其参与交互的积极主动性，"中介中心度"反映学习者的控制性，"接近中心度"反映其受他者控制的程度，即是否具有独立性。基于此，本章提出以下研究假设，以探究学习者在交互网络中的中心性特征对其交互意义性是否有影响，以及如何影响。

研究假设 H1-1：组间交互网络中，学习者的点出度对交互意义性有显著性影响。

研究假设 H1-2：组间交互网络中，学习者的点入度对交互意义性有显著性影响。

研究假设 H1-3：组间交互网络中，学习者的中介中心度对交互意义性有显著性影响。

研究假设 H1-4：组间交互网络中，学习者的出接近中心度对交互意义性有显著性影响。

研究假设 H1-5：组间交互网络中，学习者的入接近中心度对交互意义性有显著性影响。

（二）组内交互网络结构对交互意义性的影响关系

研究者对交互网络的连接数、网络密度等参数对学习效果的影响均开展了研究。例如，王陆通过研究网络虚拟社区中的社会网络结构的节点数、连接数、密度等 11 个基本属性与网络教育效果（包括学习成绩、知识建构水平、社会存在 3 个维度）的关系发现，密度、互惠性等 4 个参数能够有效预测网络教育效果[①]。梁云真等通过研究网络学习空间中学习者交互发现，交互网络中的核心参与者与边缘参与者的知识建构水平存在明显的差异性，并且表现在核心参与者的知识建构水平高于边缘参与者[②]。基于此，本章研究提出以下研究假设，以探究不同小组内部交互网络的连接数、密度、点度数等参数对其交互意义性是否有影响，以及如何影响。

研究假设 H2-1：组内交互网络中，小组网络的连接数对交互意义性有显著性影响。

研究假设 H2-2：组内交互网络中，小组网络的网络密度对交互意义性有显著性影响。

研究假设 H2-3：组内交互网络中，小组网络的平均点度数对交互意义性有显著性影响。

研究假设 H2-4：组内交互网络中，小组网络的传递性对交互意义性有显著性影响。

研究假设 H2-5：组内交互网络中，小组网络的聚类系数对交互意义性有显著性影响。

研究假设 H2-6：组内交互网络中，小组网络的平均距离对交互意义性有显著性影响。

① 王陆. 虚拟学习社区的社会网络结构研究. 西北师范大学博士学位论文，2009.

② 梁云真，赵呈领，阮玉娇，等. 网络学习空间中交互行为的实证研究：基于社会网络分析的视角. 中国电化教育，2016（7）：22-28.

研究假设 H2-7：组内交互网络中，小组网络的凝聚力指数对交互意义性有显著性影响。

（三）学习者的重要性程度对交互意义性的影响关系

本书第四章中基于学习者在交互网络中的重要性受点度中心度、中介中心度、接近中心度、交互的对象等参数的影响与作用这一重要基础，建构了学习者个体重要性评估模型，并对组间交互网络及组内交互网络中学习者的重要性进行了评估。从组间交互网络中挑选出重要性程度最高的 5 位学习者 G3e、G6a、G2c、G4c、G5d，重要性程度最低的 5 位学习者 G1d、G6d、G2b、G5a、G7a。组内交互网络中，从每个小组中挑选重要性程度最高和最低的 7 位学习者，其中重要程度最高的 7 位学习者分别是 G1a、G2c、G3e、G4d、G5d、G6a、G7a，重要性程度最低的 7 位学习者分别是 G1d、G2b、G3c、G4e、G5e、G6c、G7c。基于此，本章提出如下研究假设，以探究学习者的重要性程度对其交互意义性是否有影响，以及如何影响。

研究假设 H3：组间交互中，重要性程度高的学习者的问题解决行为模式显著高于重要性程度低的学习者。

研究假设 H4：组内交互中，重要性程度高的学习者的问题解决行为模式显著高于重要性程度低的学习者。

研究假设 H5：组间交互中，重要性程度高的学习者的知识建构行为模式显著高于重要性程度低的学习者。

研究假设 H6：组内交互中，重要性程度高的学习者的知识建构行为模式显著高于重要性程度低的学习者。

研究假设 H7：重要性程度高的学习者的学习成绩显著高于重要性程度低的学习者。

第二节　组间交互网络结构对交互意义性的影响分析

一、组间交互网络结构与交互意义性的相关性

小组间交互网络研究中，以学习者个体的网络中心性和交互意义性为依变

量，研究学习者在组间交互时网络中心性参数与交互意义性的相关关系。研究采用皮尔逊相关性分析法，对于组间交互网络的点入度、点出度、中介中心度、入接近中心度、出接近中心度等中心性参数与问题解决行为模式、知识建构行为模式、学习成绩之间的关系进行了分析，结果如表 6-1 所示。

表 6-1　小组间交互网络结构与交互意义性的相关矩阵表

依变量/检验变量	点出度	点入度	中介中心度	入接近中心度	出接近中心度
PS1	0.504** （0.254）	0.468** （0.219）	0.472** （0.223）	0.352* （0.124）	0.425* （0.181）
PS2	0.466** （0.217）	0.448** （0.201）	0.601** （0.361）	0.256	0.574** （0.329）
PS3	0.608** （0.370）	0.236	0.474** （0.225）	−0.102	0.565** （0.319）
PS4	0.025	0.071	0.155	0.040	0.090
KC1	0.606** （0.367）	0.465** （0.216）	0.625** （0.391）	0.105	0.556** （0.309）
KC2	0.615** （0.378）	0.315	0.618** （0.382）	0.096	0.717** （0.514）
KC3	0.354* （0.125）	0.313	0.376* （0.141）	0.217	0.391* （0.153）
KC4	0.286	0.473** （0.224）	0.356* （0.127）	−0.080	0.362* （0.131）
作品成绩	0.227	−0.203	0.176	0.036	0.285
考试成绩	0.279	0.102	0.261	−0.117	0.338
总成绩	0.291	−0.087	0.248	−0.034	0.359* （0.129）

注：括号内为 R^2，余同。

如表 6-1 所示，组间交互网络结构与交互意义性具有显著相关关系，具体如下。

（1）点出度与交互意义性的相关性：学习者的点出度与问题解决行为的 PS1、PS2、PS3，以及知识建构行为的 KC1、KC2、KC3 均存在显著的正相关关系，但与 PS4、KC4 及学习成绩之间则无显著相关性。这表明，随着学习者点出度的增加，即其主动向他人发起交互次数的增多，其在问题解决和知识建构的早期至中期阶段（PS1—PS3、KC1—KC3）的活跃度也相应提升。点出度作为衡量学习者交互积极主动性的指标，其增长促进了更深层次和更广泛的问题探讨与知识构建过程。因此，可以推断，学习者的积极主动参与是提升交互意义性，尤其是在问题解决和知识建构初期至中期阶段的关键因素。在网络学习空间中，提高学习者参与交互的积极主动性对促进协作问题解决的交互的发生及提高意义性很有必要性。

（2）点入度与交互意义性的相关性：点入度是衡量学习者在交互网络中受关注程度的指标，数据分析结果显示，其与问题解决行为的 PS1、PS2 以及知识建构行为的 KC1、KC4 存在显著正相关，而与 PS3、PS4、KC2、KC3 及学习成绩无显著联系。这表明，当学习者的点入度较高时，即他们被其他学习者频繁选择为交互对象，其在问题解决和知识建构的初始至特定阶段（PS1—PS2、KC1、KC4）的参与度也相应提升。在此情境下，点入度不仅体现了学习者在交互网络中的威望或受欢迎程度，还促进了更多有意义的交流互动。因此，可以推断，学习者的威望对推动交互中的特定问题解决和提升知识建构阶段（如 PS1、PS2 及 KC1、KC4）具有积极作用。

（3）中介中心度与交互意义性的相关性：中介中心度是衡量学习者在交互网络中作为信息传递桥梁重要性的指标，分析结果显示，其与问题解决行为的 PS1、PS2、PS3，以及知识建构行为的 KC1、KC2、KC3、KC4 阶段均存在显著正相关关系，但与 PS4 阶段及学习成绩之间则无显著相关性。

（4）入接近中心度与交互意义性的相关性：入接近中心度这一指标，主要反映了学习者在交互网络中与其他节点的接近程度。分析结果显示，其仅与问题解决行为的 PS1 有显著正相关，而与 PS2、PS3、PS4，以及知识建构行为的 KC1、KC2、KC3、KC4 和学习成绩之间均不存在显著的相关性。

（5）出接近中心度与交互意义性的相关性：出接近中心度在问题解决的前三阶段（PS1—PS3）和知识建构的各阶段（KC1—KC4）中均与学习者的表现显著正相关，同时也与总成绩有显著关联，但在 PS4 阶段以及作品成绩和考试成绩上则未观察到显著的相关性。

二、组间交互网络结构与交互意义性的因果分析

为了深入探究交互网络结构对交互意义性是否具有显著的预测力，研究采用多元线性回归分析中的逐步多元回归分析方法，研究小组间交互网络的点入度、点出度等中心性参数对学习者的问题解决行为模式、知识建构行为模式及学习成

绩的预测力，即建立点入度、点出度等中心性参数与学习者的问题解决行为模式、知识建构行为模式及学习成绩之间的因果模型。回归分析的结果如表 6-2 所示，具体如下。

（1）研究假设能够预测学习者的问题解决行为模式的参数主要有点出度、中介中心度、出接近中心度，但是不同的参数对问题解决行为模式的预测力不同。

其中，"点出度"作为预测因子，对 PS1（问题解决的第一阶段）展现出显著的预测能力。具体而言，点出度与 PS1 之间的多元相关系数达到 0.504，说明两者间有较强的线性关系。进一步地，该预测模型能够解释 PS1 变异量的 25.4%（$R^2=0.254$），这一结论通过整体性检验得以确认。F 值为 10.540 且 $p<0.01$（$p=0.003$），表明结果具有统计显著性。因此，我们可以得出结论，点出度是预测 PS1 表现的一个重要因素，其标准化回归方程可表述为 PS1=0.504×点出度，这一方程揭示了两者之间的定量关系。

在探讨 PS2 的影响因素时，我们发现"中介中心度"、"点出度"及"出接近中心度"均展现出对 PS2 的显著预测效应。这三个变量与 PS2 之间的多元相关系数高达 0.826，揭示了它们与 PS2 之间强烈的关联性。进一步分析显示，这些变量共同解释了 PS2 约 68.2%的变异量，表明它们对 PS2 的表现具有显著的贡献。模型的 F 值检验（$F=20.735$，$p<0.001$）强烈支持了这一点，确认了模型的整体有效性。因此，我们可以总结说，"中介中心度"、"点出度"和"出接近中心度"作为预测因子，在解释 PS2 的变异上发挥了关键作用，其标准化回归方程为 PS2=1.787×中介中心度−2.643×点出度+1.463×出接近中心度，该方程精准地量化了各变量对 PS2 的影响。

在评估 PS3 的影响因素时，"点出度"与"中介中心度"被证实为显著的预测因子。两者与 PS3 之间的多元相关系数分别达到 0.608、0.506，显示了它们对 PS3 表现的较强预测能力。具体来说，这两个变量共同解释了 PS3 变异量的 50.6%，体现了它们在预测 PS3 时的重要性。通过回归模型的整体性检验，F 值高达 15.376 且 $p<0.01$（$p=0.00$），进一步确认了模型的有效性和显著性。因此，我们可以认为，"中介中心度"与"点出度"作为关键预测变量，能够有效地描述 PS3 的 50.6%的变异情况。其标准化回归方程为 PS3=1.824×点出度−1.272×中介中心度，该方程直观地展现了这两个变量对 PS3 的量化影响。

所有参数均未能有效预测 PS4。

表 6-2 小组间交互网络结构对交互意义性的逐步多元回归分析结果

依变量	预测变量	多元相关系数	R^2	增加量（ΔR^2）	F	净 F（ΔF）	B	β
PS1	截距						−0.220	
	点出度	0.504	0.254	0.254	10.540**	10.540**	2.966	0.504
PS2	截距						−15.414	
	中介中心度	0.601	0.361	0.340	17.495***	17.495***	83.371	1.787
	点出度	0.708	0.501	0.467	15.043***	8.409**	−38.812	−2.643
	出接近中心度	0.826	0.682	0.649	20.735***	16.538***	17.364	1.463
PS3	截距						0.225	
	点出度	0.608	0.370	0.349	18.168***	18.168***	22.511	1.824
	中介中心度	0.506	0.506	0.473	15.376**	8.304**	−49.846	−1.272
KC1	截距						1.175	
	中介中心度	0.625	0.391	0.372	19.919***	19.919***	19.818	0.625
KC2	截距						−6.196	
	出接近中心度	0.717	0.514	0.498	32.723***	32.723***	6.277	0.717
KC3	截距						−1.956	
	出接近中心度	0.391	0.153	0.126	5.608*	5.608*	2.412	0.391
KC4	截距						0.022	
	点入度	0.473	0.224	0.199	8.950**	8.950**	2.076	0.473
总成绩	截距						72.072	
	出接近中心度	0.359	0.129	0.101	4.578*	4.578*	6.664	0.359

注：***表示 $p<0.001$，余同。

（2）能够预测学习者的知识建构行为模式的参数主要有点入度、中介中心度、出接近中心度，但是不同的参数对知识建构行为模式的预测力不同。

其中，"中介中心度"对 KC1 有显著预测力，预测变量"中介中心度"与依变量"KC1"的多元相关系数为 0.625，R^2 为 0.391，回归模型整体性检验的 F 值为 19.919（$p=0.000<0.001$），因此，预测变量"中介中心度"能够有效解释依变量"KC1"39.1%的变异量，标准化回归方程为：KC1=0.625×中介中心度。

"出接近中心度"对 KC2 有显著预测力，预测变量"出接近中心度"与依变量"KC2"的多元相关系数为 0.717，R^2 为 0.514，回归模型整体性检验的 F 值为

32.723（$p=0.000<0.001$），因此，预测变量"出接近中心度"能够有效解释依变量"KC2"51.4%的变异量，标准化回归方程为：KC2=0.717×出接近中心度。

"出接近中心度"对 KC3 有显著预测力，预测变量"出接近中心度"与依变量"KC3"的多元相关系数为 0.391，R^2 为 0.153，回归模型整体性检验的 F 值为 5.608（$p=0.024<0.05$），因此，预测变量"出接近中心度"能够有效解释依变量"KC3"15.3%的变异量，标准化回归方程为：KC3=0.391×出接近中心度。

"点入度"对 KC4 有显著预测力，预测变量"点入度"与依变量"KC4"的多元相关系数为 0.473，R^2 为 0.224，回归模型整体性检验的 F 值为 8.950（$p=0.005<0.01$），因此，预测变量"点入度"能够有效解释依变量"KC4"22.4%的变异量，标准化回归方程为：KC4=0.473×点入度。

（3）能够预测学习成绩的参数只有出接近中心度，但是该参数对学习成绩的不同维度的预测力不同。

其中，"出接近中心度"对总成绩有显著预测力，预测变量"出接近中心度"与依变量"总成绩"的多元相关系数为 0.359，R^2 为 0.129，回归模型整体性检验的 F 值为 4.578（$p=0.040<0.05$），因此，预测变量"出接近中心度"能够有效解释依变量"总成绩"12.9%的变异量，标准化回归方程为：总成绩=0.359×出接近中心度。

所有参数对作品成绩、考试成绩均未有显著预测力。

总的来说，"点出度"仅对问题解决行为的 PS1、PS2、PS3 有显著预测力，而于 PS4、知识建构行为、学习成绩均未有显著预测力。在探讨各项网络指标对学习行为的影响时，我们发现"点入度"具有独特性，它仅对知识建构行为的最终阶段 KC4 显示出显著的预测能力，而对问题解决行为阶段及知识建构行为的初期至中期阶段（KC1—KC3）以及学习成绩，均未展现出显著的预测作用。同样地，"中介中心度"也表现出特定的预测偏好，它显著地预测了问题解决行为中的 PS2 和 PS3 阶段，以及知识建构行为的起始阶段 KC1，但对问题解决行为的初期 PS1 和末期 PS4，以及知识建构行为的中后期阶段 KC2—KC4，乃至学习成绩，均未表现出显著的预测效力。这一发现揭示了不同网络指标在学习过程中的特定影响范围和模式。"出接近中心度"仅对问题解决行为的 PS2、知识建构行为的 KC2 和 KC3、总成绩有显著预测力，而对问题解决行为的 PS1、PS3、PS4，知识建构行为的 KC1、KC4，以及作品成绩、考试成绩均未表现出显著预测力。而入接近中心度对交互意义性的 3 个维度均未有显著预测力。

据此，我们推断在组间交互网络中，学习者的多种网络属性（点出度、点入度、中介中心度、出接近中心度）均对交互意义性的核心维度产生显著预测作用。具体而言，学习者在交互中展现的积极主动性、威望、控制力及独立性等特征，均能有效预示交互的意义性，但各特征对交互意义性不同层面的预测力度存在差异。这表明，不同网络属性在塑造交互质量时扮演着各自独特的角色。

三、研究结果与讨论

结合对小组间交互网络结构与交互意义性的相关分析和多元回归分析的结果，本章从宏观层次上分析小组间交互网络结构对交互意义性的影响机制（表 6-3）。

表 6-3　小组间交互网络结构对交互意义性的影响汇总表

交互意义性		标准化回归方程式
问题解决	PS1	PS1=0.504×点出度
	PS2	PS2=1.787×中介中心度−2.643×点出度+1.463×出接近中心度
	PS3	PS3=1.824×点出度−1.272×中介中心度
知识建构	KC1	KC1=0.625×中介中心度
	KC2	KC2=0.717×出接近中心度
	KC3	KC3=0.391×出接近中心度
	KC4	KC4=0.473×点入度
学习成绩	总成绩	总成绩=0.359×出接近中心度

表 6-3 揭示了小组间交互网络结构与问题解决行为模式之间的紧密联系。具体而言，五个中心性参数（点出度、点入度、中介中心度、入接近中心度、出接近中心度）均对 PS1 有显著的正向影响，且点出度尤为关键，具备显著预测能力。进一步观察，四个中心性参数（去除入接近中心度后）与 PS2 也呈现显著正相关，其中点出度、中介中心度、出接近中心度成为预测 PS2 的重要指标。至于 PS3，三个中心性参数（点出度、中介中心度、出接近中心度）显示显著正相关，且中介中心度和点出度在此阶段具备显著的预测作用。而所有中心性参数均与 PS4 无显著相关。

从小组间交互网络结构与知识建构行为模式的关系视角审视，我们发现学习者的四个中心性参数（点出度、点入度、中介中心度、出接近中心度）均与KC1 存在显著正相关。然而，在预测 KC1 表现时，仅中介中心度展现出了显著的预测能力。学习者的点出度、中介中心度、出接近中心度等 3 个中心性参数均与 KC2、KC3 有显著正相关，但仅有出接近中心度对 KC2、KC3 有显著预测力。在分析小组间交互网络结构与知识建构最终阶段（KC4）的关系时，我们发现学习者的三个中心性特征（点入度、中介中心度及出接近中心度）均与其有显著的正相关关系。但深入探究预测力时，仅点入度对 KC4 表现出显著的预测能力。

从小组间交互网络结构与学习成绩的关系方面来看，仅有出接近中心度与总成绩存在显著正相关关系，同时出接近中心度对总成绩又具有显著预测力。但 5个中心性参数与作品成绩、考试成绩均无显著相关关系。

基于此，我们认为学习者的点出度、点入度、中介中心度、出接近中心度能够有效地预测包括问题解决行为模式、知识建构行为模式及学习成绩三个方面的交互意义性，因此，研究假设 H1-1、H1-2、H1-3、H1-4 均成立。组间交互网络结构对交互意义性的影响机制如图 6-1 所示。

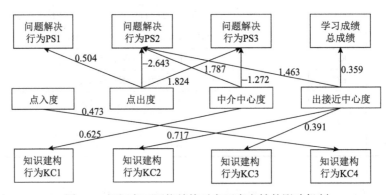

图 6-1　组间交互网络结构对交互意义性的影响机制

综上所述，组间交互中，学习者参与交互的积极主动性、威望、控制性、独立性均能够影响交互的意义性。因此，提高学习者的积极主动性，正确引导学习者参与交互，同时树立意见领袖等核心参与者的地位，能够提高交互质量，促进问题解决与知识建构。

第三节 组内交互网络结构对交互意义性的影响分析

一、组内交互网络结构与交互意义性的相关性

为了研究学习者在小组内交互时，交互网络的各参数对交互意义性的影响，研究采用皮尔逊相关性分析法，对组内交互网络的基本特征等参数与问题解决行为模式、知识建构行为模式、学习成绩之间的关系进行了分析，结果如表6-4所示。

（1）学习者的问题解决行为与组内交互网络的特征存在显著相关，只是问题解决行为的不同阶段与不同参数的相关性有差异。

PS1 行为与显著地正相关于平均点度数、聚类系数及凝聚力指数3个关键网络特征存在正相关关系，而与其余参数无显著关联。类似地，PS2 行为则与平均点度数、传递性、聚类系数和凝聚力指数4个参数表现出显著正相关，对其他网络特征无显著影响。PS3 行为与连接数、网络密度、平均点度数、传递性、聚类系数及凝聚力指数等 7 个网络参数均存在显著正相关关系，而与平均距离则显著负相关，而与其余参数间的相关性不显著。这些发现揭示了不同问题解决阶段与网络结构特征之间的特定联系。PS4 行为与网络结构基本特征均呈非显著相关。

（2）学习者的知识建构行为与组内交互网络的特征存在显著相关，只是知识建构行为的不同阶段与不同参数的相关性有差异。

在知识建构的各个阶段，网络结构的多个参数均展现出不同的相关性模式。对于 KC1，其行为显著地与连接数、网络密度、平均点度数、传递性、聚类系数及凝聚力指数正相关，而与平均距离则显著负相关，其余参数则无显著关联。类似地，KC2 阶段的行为也与网络密度、平均点度数、传递性、聚类系数及凝聚力指数正相关，与平均距离负相关，与其他参数关系不显著。进入 KC3 阶段，仅平均点度数和聚类系数与行为显著正相关，其余参数无显著影响。至于 KC4，平均点度数和凝聚力指数成为显著正相关因素，其余参数则未显示显著相关性。

表 6-4　小组内交互网络结构与交互意义性的相关矩阵表

依变量/检验变量	连接数	网络密度	平均点度数	传递性	聚类系数	平均距离	凝聚力指数
PS1	0.613	0.744	0.974** (0.949)	0.730	0.902** (0.814)	−0.744	0.756* (0.572)
PS2	0.714	0.753	0.964** (0.929)	0.799* (0.638)	0.881** (0.776)	−0.753	0.768* (0.590)
PS3	0.778* (0.605)	0.900** (0.810)	0.947** (0.897)	0.896** (0.803)	0.839* (0.704)	−0.900** (0.810)	0.901** (0.812)
PS4	0.102	0.297	0.507	0.222	0.442	−0.297	0.332
KC1	0.769* (0.591)	0.843* (0.711)	0.867* (0.752)	0.866* (0.750)	0.761* (0.579)	−0.843* (0.711)	0.844* (0.712)
KC2	0.700	0.830* (0.689)	0.994** (0.988)	0.819 (0.671)	0.910** (0.828)	−0.830* (0.689)	0.833* (0.694)
KC3	0.487	0.508	0.808* (0.653)	0.519	0.782* (0.612)	−0.508	0.526
KC4	0.531	0.732	0.772* (0.596)	0.678	0.617	−0.732	0.759* (0.576)
作品成绩	0.529	0.782* (0.612)	0.691	0.691	0.551	−0.782* (0.612)	0.771* (0.594)
考试成绩	−0.173	0.109	0.507	0.025	0.566	−0.109	0.138
总成绩	0.205	0.537	0.740	0.430	0.694	−0.537	0.550

（3）学习者的学习成绩与组内交互网络的特征存在显著相关关系，只是不同类型的学习成绩与不同参数的相关性有差异。

学习者的作品成绩与网络密度、凝聚力指数均呈显著正相关，与平均距离呈显著负相关，与其他参数的关系均未呈显著相关；学习者的考试成绩、总成绩与所有参数的关系均未呈显著相关。

二、组内交互网络结构与交互意义性的因果分析

为了深入研究小组内交互网络对交互意义性的预测力，本书采用多元线性回归分析的逐步多元回归分析方法，建立小组内交互网络的基本特征与问题解决行为模式、知识建构行为模式、学习成绩之间的因果模型。回归分析的结果如表 6-5 所示。

　　根据表 6-5 的数据分析结果可以得出以下结论。平均点度数在预测学习者的行为模式方面展现出强大预测力。具体而言，它与问题解决行为中的 PS2 阶段高度相关，其多元相关系数高达 0.964，通过回归分析发现，该变量解释了 PS2 变异量的 92.9%，模型的整体显著性检验（F=65.034，$p<0.001$）进一步证实了这一点。因此，我们可以说平均点度数是预测 PS2 行为模式的关键因素，其标准化回归方程为：PS2=0.964×平均点度数。

　　在知识建构行为方面，平均点度数对 KC2 阶段也具有极强的预测力，两者的多元相关系数达到了 0.994，这意味着平均点度数几乎完全解释了 KC2 的变异量（R^2=0.987），模型的整体检验也极为显著（F=384.796，$p<0.001$）。因此，我们确信平均点度数是 KC2 行为模式的核心预测因子，其标准化回归方程为：KC2=0.975×平均点度数。这些发现强调了平均点度数在理解和预测学习者行为模式中的重要性。

表 6-5　小组内交互网络结构对问题解决行为模式的多元回归分析结果

依变量	预测变量	多元相关系数	R^2	增加量（ΔR^2）	F	净 F（ΔF）	B	β
PS2	截距						−9.767	
	平均点度数	0.964	0.929	0.914	65.034***	65.034***	2.027	0.964
KC2	截距						−172.109	
	平均点度数	0.994	0.987	0.985	384.796***	384.796***	2.577	0.975
作品成绩	截距						63.246	
	网络密度	0.782	0.611	0.533	7.857*	7.857*	27.090	0.782

　　网络密度能够预测学习者的作品成绩，即网络密度与依变量作品成绩的多元相关系数为 0.782，R^2 为 0.611，回归模型整体性检验的 F 值为 7.857（p=0.038<0.05），因此，预测变量网络密度能够有效解释依变量作品成绩 61.1% 的变异量。标准化回归方程为：作品成绩=0.782×网络密度。

　　总的来说，在组内交互网络中，网络密度、平均点度数两个参数对问题解决行为模式、知识建构行为模式及学习成绩具有显著预测力，但是不同的网络参数对交互意义性的不同维度的预测力不同。

三、研究结果与讨论

结合对小组内交互网络结构与交互意义性的相关分析和多元回归分析的结果，本章从宏观层次上分析小组内交互网络结构对交互意义性的影响机制，结果如表 6-6 所示。

表 6-6 小组内交互网络结构对交互意义性的影响汇总表

交互意义性		标准化回归方程式
问题解决	PS2	PS2=0.964×平均点度数
知识建构	KC2	KC2=0.975×平均点度数
学习成绩	作品成绩	作品成绩=0.782×网络密度

如表 6-4 所示，从小组内交互网络结构与问题解决行为模式的关系方面来看，交互网络的平均点度数、聚类系数、凝聚力指数等参数与 PS1 行为均呈显著正相关，但对 PS1 均无显著预测力。在探讨 PS2 行为时，我们发现平均点度数、传递性、聚类系数和凝聚力指数等多个参数均与之有显著正相关，但仅平均点度数展现出对 PS2 的显著预测力，凸显了其在该阶段行为预测中的独特作用。对于 PS3 行为，连接数、网络密度、平均点度数、传递性、聚类系数、平均距离及凝聚力指数等参数虽均与其呈显著正相关，却未能显著预测 PS3，表明这些参数在预测 PS3 行为时的影响力较为分散。至于 PS4 行为，则与所有提及的参数均无显著相关性。

知识建构行为方面，小组内交互网络结构对其同样产生显著影响。对于 KC1 行为，连接数、网络密度、平均点度数、传递性、聚类系数、凝聚力指数等正面参数均与其呈显著正相关，而与平均距离则呈显著负相关，但这些参数均未能有效预测 KC1。对于 KC2 行为，网络密度、平均点度数、传递性、聚类系数及凝聚力指数的正向影响与平均距离的负向影响均显著，但仅平均点度数具备显著预测力，显示出其在 KC2 阶段中的关键作用。最后，虽然平均点度数和聚类系数与 KC3 行为显著相关，而平均点度数和凝聚力指数与 KC4 行为显著相关，却未能显著预测这两阶段的行为。

在探究小组内交互网络结构对学习成绩的影响时，我们发现网络密度和凝聚力指数与学习者的作品成绩之间存在显著的正向关联，而平均距离则与学习成绩呈显著负相关。尤为重要的是，网络密度被证实为对作品成绩具有显著预测能力的关键因素。所有参数与学习者的考试成绩、总成绩均未呈显著相关。

基于此，我们认为组内交互的网络密度、平均点度数两个参数能够有效地预测问题解决行为模式、知识建构行为模式及学习成绩三个方面的交互意义性，因此，研究假设 H2-2、H2-3 成立。组间交互网络结构对交互意义性的影响机制如图 6-2 所示。

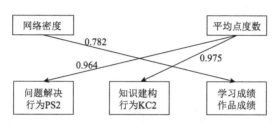

图 6-2　组内交互网络结构对交互意义性的影响机制

综上所述，组内交互中，交互网络的凝聚性能够影响交互的意义性。若要提升交互质量并推动问题解决与知识建构，关键在于积极引导学习者融入交互过程，并确立意见领袖等核心角色的领导地位。通过这些核心参与者的带动作用，能够激发更多学习者的参与热情，从而有效提升整体交互的活跃度和质量。

第四节　学习者的重要性程度对交互意义性的影响分析

一、重要性程度不同的学习者的问题解决行为模式的差异分析

（一）组间交互网络中的差异分析

基于第四章第四节的研究，我们识别了组间交互中影响力较大的五位学习者（G3e、G6a、G2c、G4c、G5d）与影响力较小的五位学习者（G1d、G6d、G2b、G5a、G7a）。随后，我们聚焦这十位学习者的问题解决行为编码数据进行了对比分析。

图 6-3 揭示了一个有趣的现象：无论是高重要性还是低重要性的学习者，在问题解决过程中均显著倾向于 PS2 和 PS3。具体而言，高重要性学习者在 PS2 阶

段占比 35.71%，PS3 阶段占比 48.21%；而低重要性学习者在 PS2 阶段占比稍低，为 28.57%，但在 PS3 阶段占比更高，达到 64.29%。这一对比显示了两者在行为分布上的相似性，同时也揭示了在不同阶段投入比例上的差异。

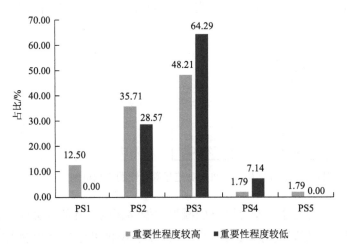

图 6-3 重要性程度最高和最低的 5 位学习者的问题解决行为（组间交互）

分析结果显示，问题解决的最高阶段 PS4 的交互在两组学习者中均较为罕见。具体而言，高重要性学习者在此阶段的交互仅占 1.79%，相比之下，低重要性学习者虽然同样有限，但比例稍高，达到 7.14%。值得注意的是，这一差异还伴随着另一现象：高重要性学习者在讨论中涉及的无关话题（PS5）比例（1.79%）明显高于低重要性学习者（0.00%）。

总体上，无论是高重要性还是低重要性的学习者，在问题解决过程中均普遍集中于 PS2 和 PS3 阶段，而对 PS1 和 PS4 的参与较少。然而，学习者的重要性程度与其在最高阶段（PS4）的参与度成反比，即重要性越高，达到 PS4 阶段的比例反而越低，并伴随着更多无关话题（PS5）的出现。

为了深入探索不同重要性水平的学习者在 PS1、PS2、PS3、PS4 等问题解决阶段是否表现出显著差异，研究采用独立样本 t 检验方法，其中学习者的重要性程度作为分组依据，而 PS1、PS2、PS3、PS4 作为关键检验变量。对于 t 检验中识别出的具有显著差异的变量，进一步引入效果值来量化这种差异的实际显著性（practical significance），以更全面地理解不同重要性学习者在问题解决行为上的区别。结果如表 6-7 所示。

表 6-7　不同重要性的学习者的问题解决行为模式的差异分析结果（组间交互）

检验变量	重要性程度	n	M	SD	t	η^2
PS1	高	5	1.40	1.52	2.064	
	低	5	0.00	0.00		
PS2	高	5	4.00	4.06	1.725	
	低	5	0.80	0.84		
PS3	高	5	5.40	2.51	2.761*	0.488
	低	5	1.80	1.48		
PS4	高	5	0.20	0.45	0.000	
	低	5	0.20	0.45		

根据表 6-7 的数据分析，在组间交互网络中，高重要性学习者与低重要性学习者在问题解决行为的某些阶段上存在显著差异。具体而言，高重要性学习者在 PS3 的行为表现显著优于低重要性学习者（t=2.761，df=8，p=0.025<0.05，η^2=0.488），这表明两者在 PS3 阶段的行为模式上存在差异。然而，在 PS1、PS2 以及 PS4 这三个阶段，两组学习者的行为并未表现出显著差异，即这些阶段的均值相当，不受学习者重要性的显著影响。

（二）组内交互网络中的差异性分析

第四章第四节的深入研究揭示了小组内部交互过程中，学习者因重要性程度不同而在问题解决行为上展现出的既相似又相异的特征。在这项分析中，我们特别关注了 7 个小组内被认定为重要性程度最高的 7 位学习者（G1a、G2c、G3e、G4d、G5d、G6a、G7a）以及重要性程度最低的 7 位学习者（G1d、G2b、G3c、G4e、G5e、G6c、G7c）。通过对这些学习者在问题解决行为上的编码数据进行筛选与对比，结果如图 6-4 所示。

首先，两组学习者在问题解决过程中均展现出了共同的行为特征，即他们的行为主要集中在 PS2 和 PS3 阶段。具体而言，对于重要性程度较高的学习者而言，他们在 PS2 阶段所占的比例为 38.13%，而在 PS3 阶段所占的比例则为 28.80%。同样地，重要性程度较低的学习者在 PS2 阶段也占据了相当高的比例，达到 37.96%，而在 PS3 阶段则占比 35.04%。这一结果表明，不论是重要性程度如何的学习者，在问题解决初期和中期都倾向于积极提供信息和参与讨论。

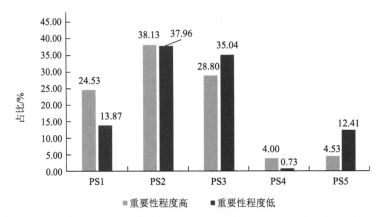

图 6-4 重要性程度最高和最低的 7 位学习者的问题解决行为（组内交互）

然而，当我们将目光转向问题解决的最高阶段 PS4 时，两组学习者之间的差异便显现出来。数据显示，重要性程度较高的学习者在此阶段的交互数量显著多于重要性程度较低的学习者，比例分别为 4.00% 和 0.73%。这一显著差异表明，在推动问题解决向更深层次发展、形成具体解决方案方面，重要性程度较高的学习者发挥了更为关键的作用。

此外，我们还注意到，在交互过程中出现的无关话题（PS5）的比例也存在显著差异。重要性程度较高的学习者在交互中涉及的无关话题较少，仅占 4.53%，而重要性程度较低的学习者则相对较高，达到了 12.41%。这一差异进一步体现了高重要性学习者在交互过程中的聚焦度和效率。

在组内互动中，不同重要性水平的学习者均展现出相似的问题解决路径，主要集中在 PS2 和 PS3 阶段，而较少涉及 PS1 与 PS4 这两个极端阶段。进一步观察发现，学习者的重要性与其在 PS4 阶段的参与度成正比，即重要性更高的学习者更可能深入至问题解决的最高阶段，并且其交流中的无关话题（PS5）比例显著降低。

为了深入剖析不同重要性学习者在 PS1 至 PS4 各阶段的行为是否存在实质性的统计学差异，研究采用独立样本 t 检验，将学习者的重要性视为分组基准，针对 PS1 至 PS4 这四个关键阶段进行逐一检验。对于检验结果显示存在显著差异的变量，我们进一步引入效果值来量化这种差异的实际重要性，以期更全面地反映不同重要性学习者在问题解决过程中的行为特征及其差异。结果如表 6-8 所示。

表 6-8 不同重要性的学习者的问题解决行为模式的差异分析结果（组内交互）

检验变量	重要性	n	M	SD	t	η^2
PS1	高	7	13.14	11.05	2.302*	0.306
	低	7	2.71	4.65		
PS2	高	7	20.43	13.21	2.314*	0.309
	低	7	7.43	6.80		
PS3	高	7	15.43	11.77	1.706	
	低	7	6.86	6.18		
PS4	高	7	2.14	1.46	3.500*	0.505
	低	7	0.14	0.38		

根据表 6-8 的数据分析，在组内互动网络中，相较于低重要性学习者，高重要性学习者在 PS1、PS2 和 PS4 这三个阶段的表现均展现出显著优势，而在 PS3 阶段则未表现出明显的差异性（t=1.706，df=12，p=0.114>0.05）。

具体到 PS1 行为，高重要性学习者在此阶段的参与度（M=13.14）显著高于低重要性学习者（M=2.71），t=2.302，df=12，p=0.04<0.05，达到了统计显著性水平。此外，重要性这一因素能够解释 PS1 行为总方差中约 30.6%的变异，显示出其在影响 PS1 行为上的重要作用。

同样，在 PS2 行为上，高重要性学习者的参与度（M=20.43）也明显优于低重要性学习者（M=7.43），t=2.314，df=12，p=0.039<0.05，表明这一差异具有统计显著性。重要性对 PS2 行为的解释力同样显著，贡献了约 30.9%的总方差变异。

对于 PS4 行为，高重要性学习者的参与度（M=2.14）远高于低重要性学习者（M=0.14），t=3.500，尽管 df 略有调整至 6.796，但仍保持 p<0.05 的显著性水平。值得注意的是，重要性在此阶段的影响力更为突出，解释了 PS4 行为总方差中高达 50.5%的变异，凸显了其在推动问题解决至高级阶段中的关键作用。

综上所述，无论是在组间交互还是在组内交互中，不管是重要性程度高还是低的学习者，问题解决行为模式均呈现共同的趋势，即较多停留在问题解决的 PS2 和 PS3 阶段，而最低阶段（PS1）与最高阶段（PS4）的比例都较低。但是，组间与组内交互的问题解决行为仍然存在差异：组间交互中，学习者的重要性程度越高，其最高阶段（PS4）的比例则越低，而无关话题（PS5）则越多；在组内互动中，学习者的重要性与其在问题解决最高阶段（PS4）的参与度成正比，即重要性程度越高，PS4 比例越高，相反，无关话题（PS5）的涉及则越少。在组间互动中，尽管重要性对 PS1、PS2 及 PS4 的直接影响不显著，但它在促进深入讨论与分析（PS3）方面却表现出明显的差异性。反观组内互动，重要性在激发 PS1、PS2 及 PS4 行为上的差异变得显著，而在 PS3 行为上的影响则未达显著水平。这种差异性的分布，揭示了不同互动环境及学习者角色在促进问题解决过程中的独特作用。

二、重要性程度不同的学习者的知识建构行为模式的差异分析

（一）组间交互的差异分析

基于第四章第四节的深入调研，我们确定了在组间交流中表现突出的 5 位高重要性学习者 G3e、G6a、G2c、G4c、G5d，以及相对应的 5 位低重要性学习者 G1d、G6d、G2b、G5a、G7a。随后，我们从全体学习者的知识建构行为编码数据中，精准提取了这 10 位特定学习者的交互数据，并进行了可视化呈现，如图 6-5 所示，以直观展示他们之间的行为差异。

图 6-5 揭示了高、低重要性学习者在知识建构行为上的共性与差异。共性在于，两类学习者均主要集中在 KC1、KC2 和 KC3 这三个阶段，体现了他们在知识分享、观点碰撞及共识形成上的普遍行为模式。具体而言，高重要性学习者在 KC1 阶段占 41.07%，KC2 阶段占 33.93%，KC3 阶段占 17.86%，如图 6-5（a）所示；而低重要性学习者在这三阶段的分布则更为均衡，各占约 33.33%，如图 6-5（b）所示。

然而，差异也显而易见。在知识建构的高级阶段 KC4，高重要性学习者虽不占主导，但仍有少量参与，KC5 阶段中并未有高重要性学习者参与，特别是 KC4 阶段高重要性学习者的占比达到了 5.36%，而低重要性学习者则完全缺席这两个阶段。此外，值得注意的是，高重要性学习者的交流中包含了更多与主题无关的 KC6 讨论，占比 1.79%，相比之下，低重要性学习者的此类讨论为零，这可能反映了高重要性学习者在交流中更为活跃和多元的特点。

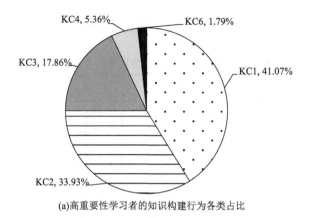

(a)高重要性学习者的知识构建行为各类占比

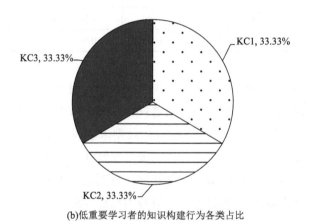

(b)低重要学习者的知识构建行为各类占比

图 6-5　重要性程度最高和最低的 5 位学习者的知识建构行为（组间交互）

　　总体而言，在组间互动中，无论学习者的重要性程度如何，其知识建构活动均倾向于集中在 KC1、KC2 和 KC3 这三个初步阶段，而对于更高层次的 KC4 和 KC5 阶段，参与则相对有限或完全缺失。值得注意的是，重要性较高的学习者中，有少数能够触及 KC4 阶段，而重要性较低的学习者则完全未能在这些高级阶段中有所贡献。此外，随着学习者重要性的提升，其交流中的无关话题（KC6）比例也相应提高，反之则降低。

　　为了更深入地分析不同重要性学习者在 KC1 至 KC4 这四个关键知识建构行为上的具体差异是否具有统计学意义，研究采用独立样本 t 检验方法，以学习者的重要性程度作为分组依据，对上述四个行为变量进行逐一检验。对于检验结果显示存在显著差异的变量，我们进一步利用效果值来量化这种差异的实际重要性，以期获得更为全面和准确的理解。结果如表 6-9 所示。

表 6-9 不同重要性的学习者的知识建构行为模式的差异分析结果（组间交互）

检验变量	重要性	n	M	SD	t	η^2
KC1	高	5	4.60	1.82	3.882*	0.653
	低	5	1.00	1.00		
KC2	高	5	3.80	1.48	3.810*	0.645
	低	5	1.00	0.71		
KC3	高	5	2.00	1.58	1.118	
	低	5	1.00	1.23		
KC4	高	5	0.60	1.34	1.000	
	低	5	0.00	0.00		

表 6-9 的数据分析揭示了组间互动网络中，学习者重要性对其知识建构行为的具体影响。具体而言，高重要性学习者在 KC1 和 KC2 阶段的表现与低重要性学习者存在显著差异，但在 KC3 和 KC4 阶段则未表现出显著差异。

关于 KC1 行为，高重要性学习者的参与程度（M=4.60）显著高于低重要性学习者（M=1.00），t=3.882，df=8，$p<0.05$，表明这一差异具有统计显著性。此外，重要性变量对 KC1 行为总方差的解释力高达 65.3%，凸显了其在该阶段行为差的主导作用。

同样，在 KC2 行为上，高重要性学习者的表现（M=3.80）也明显优于低重要性学习者（M=1.00），t=3.810，df=8，$p<0.05$，证明了两者之间的显著差异。重要性变量对 KC2 行为总方差的解释力也相当可观，达到了 64.5%，进一步强调了其在推动认知冲突阶段行为差异中的重要作用。而 KC3 行为（t=1.118，df=8，p=0.296>0.05）、KC4 行为（t=1.000，df=4.000，p=0.374>0.05）的重要性不同差异均未呈现显著。

（二）组内交互的差异分析

基于第四章第四节的研究结论，我们在组内交互环境中识别了 14 位学习者，其中包括 7 位重要性程度最高的（G1a、G2c、G3e、G4d、G5d、G6a、G7a）和 7 位重要性程度最低的（G1d、G2b、G3c、G4e、G5e、G6c、G7c）。

通过对这些学习者在知识建构行为中的编码数据进行筛选并可视化（图 6-6），我们发现他们在行为模式上既展现出了共性也呈现出差异。

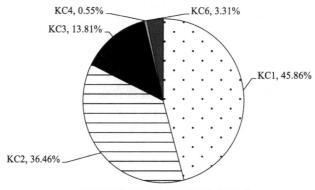

(a)高重要性学习者的知识构建行为各类占比

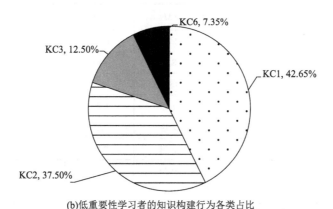

(b)低重要性学习者的知识构建行为各类占比

图 6-6　重要性程度最高和最低的 7 位学习者的知识建构行为（组内交互）

在组内交互中，无论是高重要性学习者还是低重要性学习者，他们的知识建构活动均显著集中于 KC1、KC2 和 KC3 这三个基础阶段。具体来说，高重要性学习者在 KC1 阶段占比 45.86%，KC2 阶段 36.46%，KC3 阶段 13.81%，如图 6-6（a）所示；而低重要性学习者也相应地在这些阶段表现出较高的参与度，其比例分别为 42.65%、37.50%和 12.50%，如图 6-6（b）所示。然而，当涉及更高层次的知识建构阶段 KC4 和 KC5 时，两者的参与均显得极为有限。值得注意的是，尽管比例微小，但高重要性学习者中仍有少数（0.55%）的交互触及了 KC4 阶段，而低重要性学习者则完全未能在这些高级阶段中有所贡献。

此外，就交流内容的聚焦度而言，高重要性学习者的讨论中无关话题

（KC6）的比例（3.31%）明显低于低重要性学习者（7.35%）。这一发现表明，随着学习者重要性的提升，其交流内容更加紧扣主题，减少了与学习任务无关的闲聊，从而可能促进了更高效的知识建构过程。

为了更细致地分析学习者重要性对其在组内交互中 KC1、KC2、KC3、KC4 这四个关键知识建构行为的具体影响，研究采取了独立样本 t 检验的方法。在这一过程中，学习者的重要性程度被设定为分组的标准，而上述四个知识建构行为则作为检验的核心变量。对于通过 t 检验发现存在显著差异的变量，我们进一步采用了效果值报告实际显著性来量化这种差异的实际重要性和影响程度，从而提供更全面、深入的洞察。通过这样的分析手段，我们揭示不同重要性学习者在知识建构过程中的具体表现及其背后的原因。结果如表 6-10 所示。

表 6-10　不同重要性的学习者的知识建构行为模式的差异分析结果（组内交互）

检验变量	重要性	n	M	SD	t	η^2
KC1	高	7	23.71	11.01	3.256**	0.469
	低	7	8.29	5.99		
KC2	高	7	18.86	16.36	1.662	
	低	7	7.29	8.48		
KC3	高	7	7.14	8.82	1.344	
	低	7	2.43	2.88		
KC4	高	7	0.29	0.76	1.000	
	低	7	0.00	0.00		

从表 6-10 的数据分析中我们可以观察到，在组内交互网络中，高重要性学习者在 KC1 阶段的行为表现显著优于低重要性学习者。相比之下，KC2、KC3 和 KC4 阶段的行为差异则未达到统计学上的显著水平，具体表现为：KC2（$t=1.662$，$df=12$，$p=0.122>0.05$）、KC3（$t=1.344$，$df=12$，$p=0.204>0.05$）、KC4（$t=1.000$，$df=6.000$，$p=0.356>0.05$）。

进一步聚焦于 KC1 行为，我们发现高重要性学习者（$M=23.71$）与低重要性学习者（$M=8.29$）之间存在显著差异，$t=3.256$，$df=12$，$p=0.007<0.01$，这一结果达到了 0.01 的显著水平。此外，重要性这一变量对 KC1 行为变量总方差的解释能力达到了 46.9%，这表明在分享与澄清阶段，学习者的重要性对其行为表现具有显著且重要的影响。

三、重要性程度不同的学习者的学习成绩差异分析

根据第四章第四节的研究结果，将组间交互与组内交互中筛选出来的重要性较高的 12 位学习者与重要性较低的 12 位学习者的学习成绩数据可视化，如图 6-7 所示。重要性程度高的学习者的考试成绩、作品成绩、总成绩均值均高于重要性程度低的学习者。

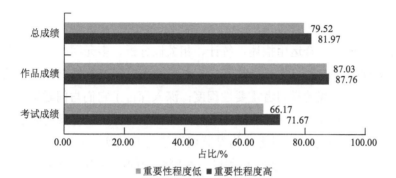

图 6-7　重要性程度不同的学习者的学习成绩的描述性统计

为了进一步探究不同重要性的学习者的学习成绩的差异是否显著，本书以学习者的重要性程度为分组变量，以作品成绩、考试成绩、总成绩为检验变量，进行独立样本 t 检验，并对均值差异达到显著差异的检验变量，进一步采用效果值报告实际显著性。结果如表 6-11 所示。

表 6-11　不同重要性的学习者的学习成绩的差异分析结果

检验变量	重要性	n	M	SD	t	η^2
考试成绩	高	12	71.67	5.94	2.180*	0.178
	低	12	66.17	6.41		
作品成绩	高	12	87.76	2.70	0.637	
	低	12	87.03	2.93		
总成绩	高	12	81.97	3.45	1.733	
	低	12	79.52	3.48		

如表 6-11 所示，不同重要性的学习者的考试成绩存在显著差异，$t=2.180$，$df=22$，$p=0.040<0.05$，表明高重要性学习者的考试成绩（$M=71.67$）显著高于低

重要性学习者的考试成绩（*M*=66.17），并且重要性变量可以解释考试成绩变量总方差中的 17.8%的变异量；而重要性不同的学习者的作品成绩（*t*=0.637，*df*=22，*p*=0.531>0.05）与总成绩（*t*=1.733，*df*=22，*p*=0.097>0.05）的差异均不显著。

本 章 小 结

本章研究通过综合运用描述性统计、相关性分析、多元回归分析及独立样本 *t* 检验等多种统计技术，从三个维度——宏观的小组间交互网络、中观的小组内部网络结构以及微观的学习者重要性程度，深入探讨了它们与问题解决策略、知识构建过程及学业成绩之间的相互关系与预测模型。主要发现概述如下。

首先，小组间的互动网络结构显著促进了交互的实质性，且这种结构特征（如学习者的参与积极性、受认可程度、在网络中的影响力及自主性，分别通过点出度、点入度、中介中心度和出接近中心度衡量）对交互的实质性（涵盖问题解决、知识建构及学习成绩）具有强有力的预测效力，只是各中心性指标对交互实质性不同面向的预测效力存在差异。这一结论揭示了学习者在交互中的积极性、声望、控制力及独立性对提升交互质量的关键作用。

其次，小组内部的网络紧密性与平均连接强度同样与交互的实质性存在显著正相关，并展现出对问题解决模式、知识构建成效及学习成绩的显著预测力。网络密度和平均点度数作为衡量小组内互动紧密程度与个体参与度的指标，对交互实质性不同层面的影响各有侧重，但均强调了内部互动网络结构优化对提升学习成效的重要性。这一研究结果表明，交互网络的凝聚性能够影响交互意义性。

最后，重要性程度不同的学习者的交互意义性呈现出不同的特征，高重要性学习者的问题解决行为、知识建构行为、考试成绩均显著高于低重要性学习者。其中，高重要性学习者在 PS1、PS2、PS3、PS4、KC1、KC2、考试成绩上与低重要性学习者之间存在显著差异，而在 KC3、KC4、作品成绩、总成绩上，两者差异不显著。

第七章

交互意义性的优化策略和未来展望

在数字化浪潮席卷教育领域的时代背景下，交互意义性成为影响学习效果与教育质量的关键因素。网络学习空间的普及，虽为学习者提供了多元的交流渠道，但也暴露出交互的积极主动性不足、教师引导不恰当、交互监测与评估机制不完善等问题，亟待解决。基于此，本章聚焦交互意义性，从理论与实践层面深入剖析。在优化策略部分，着眼于学习者、教师和交互机制三个关键主体，提出增强学习者参与交互的积极主动性；倡导引入适度的教师参与及引导，把握参与的时机与方式；主张构建数据驱动的交互监测与评估机制，以即时分析助力教学调整。

过往研究已对交互意义性的优化策略展开深入探讨，而站在时代前沿，展望未来发展趋势同样意义重大。当下，元宇宙、生成式人工智能以及多模态学习分析等正迅猛发展，并深刻影响着教育的各个层面。

本章将深入探究这些新兴技术在教育领域，特别是在提升交互意义性、促进协作学习等方面的潜力与应用前景，通过对前沿趋势的梳理与分析，为教育工作者、研究者以及相关从业者提供具有前瞻性的思考与方向指引，助力教育在新时代背景下实现创新发展。

第一节　交互意义性的优化策略

一、增强学习者参与交互的积极主动性

网络学习空间中学习者交互本质上是一种知识共享活动。知识共享是指不同的知识主体自愿相互传递和分享知识的过程。赵呈领等通过研究发现，学习者的自我效能感、结果预期对网络学习空间中知识共享行为均有显著正向影响，评价顾忌对网络学习空间中知识共享行为存在显著负向影响。[①]其中，自我效能感是指人们对自身完成某项任务或工作行为的信念，它涉及的不是技能本身，而是自己能否利用所拥有的技能去完成工作行为自信程度[②③]。网络学习空间中学习者知识共享活动中，其自我效能感越强，得到同伴认可的意愿则越强烈，越有助于知识共享行为的发生。结果预期是指个体对于自己将要采取某种行为所引起后果的信念[④]，对于结果有较高、较好的预期时，学习者会更加希望与同伴进行知识共享。评价顾忌是对社会助长效应的一种解释，指对他人评价的顾上，他人的评价可能提高内驱力，也可能引起主体的顾虑，影响任务表现。评价顾忌对学习者进行知识共享的意愿产生负面影响[⑤]。因此，学习者的自我效能感、结果预期、评价顾忌均对网络学习空间中学习者交互的积极主动性具有显著影响。

---

① 赵呈领，刘丽丽，梁云真，等. 网络学习空间学生知识共享影响因素探析. 开放教育研究，2016，22（3）：82-88.

② Bandura A. Self-efficacy: Toward a unifying theory of behavioral change. Psychological Review, 1977, 84(2): 191-215.

③ 赵呈领，梁云真，刘丽丽，等. 基于社会认知理论的网络学习空间知识共享行为研究. 电化教育研究，2016，37（10）：14-21，41.

④ 尚永辉，艾时钟，王凤艳. 基于社会认知理论的虚拟社区成员知识共享行为实证研究. 科技进步与对策，2012，29（7）：127-132.

⑤ Bordia P, Irmer B E, Abusah D. Differences in sharing knowledge interpersonally and via databases: The role of evaluation apprehension and perceived benefits. European Journal of Work and Organizational Psychology, 2006, 15(3): 262-280.

研究发现，学习者个体在交互网络中的积极主动性（点出度）普遍不高，因此为了增强学习者参与交互的积极主动性，有必要采取以下措施：①提供多元化的交互方式，增强学习者的自我效能感。目前网络学习空间中一般采用课程论坛的形式进行学习者交互，以异步交互为主，但是异步交互普遍存在得不到即时反馈的缺陷，因此有必要与即时通信技术相结合，构建无缝交互环境。如灵活使用QQ 群组讨论、微信群讨论等方式，或者将网络聊天室等即时通信技术嵌入网络学习空间。同时，在网络学习空间中设置多种形式的交互空间，如小组聊天室、专题讨论区等，满足学习过程中及时交互的需要，便于交流及问题的解决，以此增强学习者在交互过程中的自我效能感。②设置鼓励与强化机制，提高学习者的结果预期。③形成良好的学习氛围，降低评价顾忌。谢云等认为，良好的学习氛围有助于学习者对学习共同体产生参与感、认同感与归属性，更能促进学习者产生高度的学习动机，促进学习者积极参与学习活动[1]。当学习共同体内部具有良好的学习氛围时，学习者的评价顾忌如怕别人认为自己提供的资料无用、爱出风头、被人嘲笑等减少，学习者就会较为积极地参与交互，交互数量与质量也会因此提高。营造良好的学习氛围，可以通过异质分组（使学习者之间取长补短）、破冰之旅（帮助学习者快速熟悉彼此）、制定共同遵守的交互规则等方式达成。

二、引入适度的教师参与交互及引导

况姗芸通过研究发现课程论坛中学习者交互行为主要受交互主体（学习者和教师）、课程类型（理论型学习内容、操作实践型学习内容等）、论坛平台环境（稳定性、便捷性、可靠性等）三方面因素的影响，并以此为基础提出教师适度的参与及指导对课程论坛的建设具有重要意义。况姗芸认为教师参与交互主要有以下四种方式：①提出交互主题并组织安排交互活动；②引导学习者解决问题；③鼓励与表扬学习者的交互行为；④做论坛中的潜水者[2]。同时，李建生和张红玉的研究发现，教师参与的时间长短、参与的程度均对学习者网络学习社区中的社会性交互产生了重要的影响[3]。在教师组织的讨论中，交互内容主要与学习任

---

① 谢云，邱婷，何玲. 网络协作学习中的人际交互策略. 远程教育杂志，2009（2）：63-65.
② 况姗芸. 课程论坛中的交互行为促进策略研究. 中国电化教育，2006（12）：31-34.
③ 李建生，张红玉. 网络学习社区的社会性交互研究：教师参与程度和交互模式对社会性交互的影响. 电化教育研究，2013，34（2）：36-41.

务相关；而由学习者自由发起的讨论，则以交流情感、活跃气氛等与学习无关的内容为主。教师参与交互，关注学习者交互的情况，对学习者交互的过程及动态进行实时监测与把握，便于及时发现学习者学习过程中的困难，为学习者解决问题提供支持与帮助。但是教师参与交互的时间要适当，过多地参与及控制学习者交互的过程，会使学习者过于拘束，交流时不能大量创新，以至于会减少批判性的交流讨论，因此影响交互意义性。

本书第五章对交互的问题解决行为模式、知识建构行为模式的研究发现，与学习无关的内容（PS5、KC6）在组间交互及组内交互中均占有一定的比例。该现象可能与教师参与交互、对交互过程无任何干预措施有关。本书认为教师可以通过以下几种方式参与交互：①为学习者提供结构不良问题供学习者解决。交互主题的选择不仅要考虑与课程内容的相关性、和生活实际的关联性等，主题的开放性、劣构性也应该是教师在设计交互主题时要考虑的重要因素。结构不良问题的答案往往具有不确定性、非唯一性，比如本书中的确定视频主题、撰写分镜头脚本等交互主题均属于结构不良问题，往往需要多位学习者共同参与，齐心协力才能完成。②为学习者的问题解决提供脚手架支持。在结构不良问题解决的过程中，教师往往需要提供一定的引导与支持。如果教师过早地给出解题线索，或者直接给出解决方案之一，都容易打消学习者参与交互的积极性，因此仅能通过适时地提供问题解决的脚手架引导学习，如本书中在学习者讨论撰写分镜头脚本时，提供分镜头脚本撰写模板，将任务分解为镜号、拍摄景别、拍摄角度、技巧、拍摄画面、拍摄地点、解说词、长度、音效等具体的任务，调动学习者参与交互的兴趣及动机。③鼓励组长积极参与，并呼吁其他学习者参与。研究发现，组长在交互网络中相对于组员处于更为中心的位置，且其交互意义性均高于组员。因此，教师应该通过鼓励组长及重要性较高的学习者积极参与交互，使其带动和呼吁其他学习者参与交互的积极主动性。④时时监测学习者交互的过程。教师参与交互的方式不仅仅局限于设计交互主题、为学习者提供问题解决的脚手架及鼓励措施等，教师还可以通过时时关注学习者交互过程参与交互。该方式中教师可以不直接参与交互，而是通过观察交互过程中学习者的表现及问题解决的进度，在教学中或者与学习者面对面交互的过程中，适当地加以引导及支持。

本书认为网络环境下的交互中，应引入教师参与交互，对交互过程进行引导与支持，但同时要遵循适度原则，教师不能过量及过度地控制学习者交互的过程。

三、构建数据驱动的交互监测与评估机制

学习分析（learning analytics）自从在 2005 年美国高等教育信息化协会提出后，被美国新媒体联盟（New Media Consortium，NMC）与美国高等教育信息化协会合作发布的地平线报告连续作为影响教育发展的关键技术与重要趋势[①]。"数据驱动学校、分析变革教育"的大数据时代已经来临，大数据将为教育领域带来新的变革。利用教育数据挖掘技术和学习分析技术，构建教育领域相关模型，探索教育变量之间的关系，为教育教学决策提供有效支持，已经成为教育的发展趋势[②]。

国内外有关研究表明，学习分析及教育数据在教育领域的价值主要体现在以下几方面：①运用学习分析技术实时记录每个学习者的言语与行为，通过数据挖掘和分析来评估学生的认知水平、学科风格、情感态度、学习模式等信息，了解不同学习方式、学习内容对不同学习者的帮助，据此提供适合学习者的学习内容和学习方法，使课程内容更符合学习者需求，教学指导更具有针对性[③④]。②运用学习分析技术对学习者的学习进行过程性评价、成长性评价和发展潜力的综合评价，从学习者行为角度了解学习过程的发生规律，掌握学生发展的特点并提供发展性指导。运用大数据对教师的教学行为进行记录，发现教师的教学特长与不足，使得教师进行有针对性的教学反思，从而改进和优化教学过程[⑤⑥]。③运用学习分析技术分析教师在备课、上课、团队研讨、网络研修、教学反思以及各种教研活动中留下的数据碎片，以对教师专业发展历程做出过程性评估，并为教师提出个性化的、针对性强的策略、建议与支持[⑦]。④运用学习分析技术对教育资源、教学方式、教学环境、学习行为等涉及教育各层面的数据进行挖掘分析，辅助政府部门制定决策、教师调整教学策略、学生进行自我改进、家长了解学生的

---

① 郁晓华，顾小清. 开放教育下的学习分析：2015 AECT 夏季研讨会评述与延伸. 远程教育杂志，2015，33（5）：14-23.

② 刘三女牙，杨宗凯. 量化学习：数据驱动下的学习行为分析. 北京：科学出版社，2016.

③ 祝智庭，沈德梅. 学习分析学：智慧教育的科学力量. 电化教育研究，2013，34（5）：5-12，19.

④ 姜强，赵蔚，王朋娇，等. 基于大数据的个性化自适应在线学习分析模型及实现. 中国电化教育，2015（1）：85-92.

⑤ 何克抗. 大数据面面观. 电化教育研究，2014，35（10）：8-16，22.

⑥ 武法提，牟智佳. 电子书包中基于大数据的学生个性化分析模型构建与实现路径. 中国电化教育，2014（3）：63-69.

⑦ 李艳. 大数据教育应用且行且思. 中小学信息技术教育，2014（4）：30-32.

发展情况、社会机构了解教育现状①。

　　研究采用量化内容分析法、滞后序列分析法对交互的行动模式及序列进行了深入的研究与探讨，能够推导出交互过程的整体行为模式，以及发现可能存在的瓶颈，有助于教师把握交互过程，为教学策略的调整提供数据支持。但是本书中的方法还无法做到对交互行为模式的即时监测、评估。本书采用的研究方式与方法，均是在交互发生后通过交互关系数据、内容数据进行的总结性评价与分析，此种研究方式为事后型、发现式研究，以发现与探究学习活动中的交互特征及瓶颈为主，虽能够为教师教学设计及策略调整提供参考与指导，但无法进行动态化的、即时性的监测与评价。而学习者在交互过程中经常会出现冷场，或者是纠缠于与学习无关的内容，如果不能进行即时性的诊断及干预，可能会影响到交互意义性以及学习效果。因此，教师在网络环境中采用交互式教学策略时，往往需要对学习者交互的数量、内容等现状进行即时监测，方便为学习者提供及时的引导与支持；学习者自身也需要得到教师及时的指引。因此，基于学习分析及教育数据挖掘等方法与技术，建构即时的交互行为模式分析工具嵌入网络学习环境，有助于教师及学习者在交互过程中及时调整策略，提升交互意义性。

第二节　未来展望

一、元宇宙技术在网络空间协作问题解决学习中的潜力

　　2021 年被视为元宇宙时代的开端。元宇宙的崛起，为人类深入理解教育系统的复杂性和教育发展的内在规律开辟了新的途径。这一概念融合了模拟技术、增强技术、扩展现实、数字孪生及人工智能等尖端技术，构建了一种全新的虚实交融的学习空间，同时形成了兼具高度交互性与开放性的互联网教育应用生态和数字化社会体系②。教育元宇宙以其独特的视角，展现了虚拟与现实深度交织、人类与机器紧密联结、学校与社会广泛互动的智慧教育环境的高级形态，预示着

---

① 刘雍潜，杨现民. 大数据时代区域教育均衡发展新思路. 电化教育研究，2014，35（5）：11-14.
② 兰国帅，魏家财，黄春雨，等. 学习元宇宙赋能教育：构筑"智能+"教育应用的新样态. 远程教育杂志，2022，40（2）：35-44.

未来教育发展的崭新方向。

教育元宇宙的崛起将对现有的教育教学实践模式产生深远影响。这种影响主要体现在以下几个方面：①在物理空间的拓展上，教育元宇宙实现了"泛在化"的教与学。通过打破传统物理教学场所的界限，封闭的课堂被开放的学习空间所取代，使教与学不再受限于特定地点，实现了真正的"泛在化"。教师能够根据教学内容灵活选择教学地点，进行体验式教学的创新实践。②在教学方法的革新上，教育元宇宙突破了客观条件的约束，支持更为灵活多样的教学方式。通过提供沉浸式感官体验、多样化的交互手段、创造性的学习体验以及基于协作的社会学习，教育元宇宙能够支持诸如游戏化、探究式、情景式和项目式等多种以学生为主体的教学方法。这不仅促进了知识的有效转化，还推动了素质教育的发展，如创客教育和 STEM 教育等，帮助学生突破传统学科的界限，实现跨学科的深度学习，并培养他们的创新精神和实践能力。③在评价体系的创新上，教育元宇宙引入了多维数据支撑的素质教育评价体系[①]。在这个虚拟空间中，学生的所有学习行为都可以被数字化地采集和分析，为教育评价提供了更为全面和精准的数据支持。这种多维度的评价手段能够更好地反映学生的综合素质，推动教育评价体系的科学化和公正化。

近年来，教育领域已经开始积极探索元宇宙的潜力。例如，美国已经迈出了实质性的步伐，创立了全球首个专注于虚拟现实教育的高中——美国高中（American High School）。加利福尼亚大学伯克利分校也展现出了前瞻性的视野，通过在热门沙盒游戏《我的世界》中重建校园，并成功举办线上毕业典礼，为教育形式注入了新的活力。此外，美国莫尔豪斯学院（Morehouse College）更是建立了沉浸式虚拟实验室，为学生提供了身临其境的学习体验。这些实践案例不仅展示了元宇宙在教育领域的广泛应用，也预示着未来教育模式的变革与升级。

教育元宇宙的引入为协作问题解决提供了有力的支持，学习者可以利用其独特的探索性和操控性，以及数据全生命周期的监控功能，持续进行问题解决方案的协作性探索。这一环境创建了一个三维虚拟学习空间，实现了虚拟与现实的深度融合与无缝衔接。在这个环境中，师生通过数字映射获得虚拟数字化身，并借助先进的数字设备进入虚拟学习社区，进行虚拟团队协作。这不仅有助于学习者将思维过程具象化，还促进了学习理解的深化和团队间的有效交流。以 Meta 的

---

① 刘革平，高楠，胡翰林，等. 教育元宇宙：特征、机理及应用场景. 开放教育研究，2022，28（1）：24-33.

"工作室"（workroom）为例，这一虚拟会议空间为师生提供了参与虚拟会议和面对面交流的全新方式。师生们可以借助虚拟化身参与会议，从而极大地提升了远程虚拟团队协作的体验，促进了头脑风暴的产生，为学习创新和团队合作注入了新的活力。

综上所述，元宇宙为教育领域开辟了新的维度，催生了丰富多样的教育活动形式，为这些活动注入了源源不断的创新灵感。它通过集成多种先进技术，为教学场域注入了新的活力。在"虚实结合、互补共融"的学习活动设计理念的指导下，元宇宙凭借其"破除教育隔阂、搭建教育桥梁、实现虚实学习深度融合"的显著优势，将能够成功构建一个独具特色的教学环境，这一环境以多元化的教学模式、融合性的教学环境、多模态的教学资源、多样化的教学互动以及多维度的教学评价为标志。

综上所述，元宇宙打开了教育的另一扇门，并由此产生了无限、多元的教育活动形式，为这些形式各异的教育活动注入新的灵感。元宇宙利用多种技术为教学场域充电赋能，通过遵循"虚实结合、相互补充、能实不虚"的学习活动设计原则，发挥其"打破教育壁垒、搭建教育立交桥、虚实学习深度融合"的优势，可构建出以多样态教学模式、多融合教学环境、多模态教学资源、多形式教学互动、多维度教学评价为特色的教学场域。

我们正亲历元宇宙对在线教育领域所带来的革命性变革，这一变革正在重塑我们的学习方式和体验。元宇宙的视觉沉浸技术超越了数学推理和科学实验在认知上的局限，而且成为继这两者之后，人类认知自然规律的第三种基本方法[①]。元宇宙对在线教育的重塑具有划时代的意义，它将成为智能时代教育转型升级的关键创新点，引领教育行业迈向新的发展阶段。

二、生成式人工智能为协作学习带来新的变革机遇

当前，教育数字化转型的核心挑战在于应用场景的局限，这已成为其深入发展的首要瓶颈。为了突破这一瓶颈，我们迫切需要借助技术创新来打破路径依赖，并探索全新的应用场景。

---

① 刘革平，王星，高楠，等. 从虚拟现实到元宇宙：在线教育的新方向. 现代远程教育研究，2021，33（6）：12-22.

生成式人工智能（artificial intelligence generated content，AIGC），作为具备与人类相媲美的信息生成与创造能力的人工智能技术，基于训练数据和生成算法等模型，能够自主创造出新文本、图像、音乐、视频等多种形式的内容，具备信息抓取、分析和创新等多重价值①。AIGC 技术为教育数字化转型开启了新局面，创新了多模态学习的体验，它为教育领域带来了前所未有的变革机遇②。在此背景下，学习空间的优化显得尤为关键，它不仅是教育应用场景的基石，也是 AIGC 技术在多模态教育应用领域的必然趋势。

AIGC 技术正引领着教育理念、教育组织架构以及教学运行机制的智能化变革，不仅催生了教育新范式、构建了新型文化，还孕育了新型学习型人才的培养模式。在这一过程中，"工业化教育"正逐步被"智慧型教育"取代，形成了一种跨越班级、学科、学校和时空界限的全新学习共同体以及人机协同的智能决策体系。鉴于 AIGC 技术的多模态特性，其在教学内容展示、课堂环境管理以及教学互动等方面能够灵活调整和优化既有模式。通过融合物理空间与虚拟空间的学习环境，该技术能够创建出适应性强且灵活多变的教学环境，推动混合式教学模式的广泛应用，并使得以智能终端为学习工具的课堂常态化。此外，AIGC 技术还能构建支持学生协作学习和个性化学习的网络环境，满足师生多样化的需求。

协作学习作为一种核心学习方法，其重要性不言而喻，但在实践过程中，常面临学习者投入不足、学习辅助资源匮乏、团队知识构建效率低下等挑战。AIGC 技术凭借其卓越的文本理解和生成能力，能够深度参与小组讨论，提供独到见解，进而增强学习者的批判性思维能力，确保每位成员在协作中都能发声。通过动态小组管理和实时反馈，AIGC 技术能够显著提升协作学习的效率与效果。针对协作学习中常见的团队成员配置、学习资源或教师支持不足，以及个性化学习和反馈难题，AIGC 技术通过自适应群体构建、专家引导、智能虚拟代理和智能调节等多种策略，提供了针对性的解决方案③。此外，已有研究证实，基于 AIGC 的对话机器人技术对在线协作学习绩效的提升具有显著的正向影响④。对于实践者和研究者而言，AIGC 技术无疑是一个强大的工具。它不仅可以辅助

---

① 祝智庭，戴岭，胡姣. 高意识生成式学习：AIGC 技术赋能的学习范式创新. 电化教育研究，2023，44（6）：5-14.

② 祝智庭，戴岭，胡姣. 高意识生成式学习：AIGC 技术赋能的学习范式创新. 电化教育研究，2023，44（6）：5-14.

③ 白雪梅，郭日发. 生成式人工智能何以赋能学习、能力与评价？现代教育技术，2024，34（1）：55-63.

④ 郑兰琴，高蕾，黄梓宸. 基于生成式人工智能技术的对话机器人能促进在线协作学习绩效吗？电化教育研究，2024，45（3）：70-76，84.

教师备课与教学，还能帮助学生优化学习过程，为管理人员提供决策支持，甚至助力研究人员探索新的研究问题和解决方案[①]。

随着人机协同的深化、虚拟现实技术的交融以及混合云学习的兴起，学习领域正经历着前所未有的变革，这些趋势正在逐步打破传统的学习边界，为学习范式的创新提供坚实的条件和支撑。新型学习方式如发现式、合作探索式、游戏化以及项目式学习等，不仅更贴近学习的本质，有助于学习者掌握学习规律，还能有效提高学习效率，促进学生素养的全面提升，从而更好地适应智能时代社会发展的需求。互联网、人工智能等数字技术作为引领这场变革的核心力量，对教育领域的影响将是深远而革命性的。然而，教育变革的过程往往充满挑战，且进展相对缓慢。当前，我们面临着如何克服技术层面的重重障碍，以及如何利用AIGC 等先进技术发展新的学习范式，以培养适应未来社会和生活需求的人才。这一挑战既是技术发展的必然结果，也是教育自我改革的一次重要机遇。因此，教育领域应积极把握人工智能等技术带来的便利，推动大规模生成式学习的普及与实施，以期在变革中寻找新的发展机遇，为培养具有创新精神和实践能力的未来人才奠定坚实基础。

三、多模态学习分析将成为促进协作学习的中坚力量

在教育大数据的时代背景下，学习分析技术已成为洞察学习者学习历程的关键工具，对理解、研究并改进当代学习模式具有不可或缺的价值。近年来，随着数据分析和机器学习等先进技术与教育教学的紧密结合，学习分析正步入深化发展阶段。其研究焦点已逐渐从对学习行为模式的一般性探索，转移到对每个学习者的独特情感、认知结构、元认知能力和复杂问题处理能力的细致分析。与此同时，数据来源也从传统的单一模态向多模态转变。这种转变使得我们能够综合考量学生的行为模式、生理变化、情感状态以及认知心理等多个方面，为教育技术的研究开辟了新领域。多模态数据的融合分析，不仅有助于我们更全面地了解学习者的学习状况，也为教育技术的创新与发展提供了有力支撑[②]。

---

① 郑兰琴，高蕾，黄梓宸. 基于生成式人工智能技术的对话机器人能促进在线协作学习绩效吗？电化教育研究，2024，45（3）：70-76，84.

② 吴永和，郭胜男，朱丽娟，等. 多模态学习融合分析（MLFA）研究：学理阐述、模型样态与应用路径. 远程教育杂志，2021，39（3）：32-41.

当前，在混合式学习领域中，多主体、多因素、多场景交织的大规模多群组协作学习正逐渐成为主流方式。这种协作学习不仅涉及知识的建构，还包含丰富的情感交流，形成了一个错综复杂的系统。若仅从单一维度切入，无疑会限制我们对其全面而深入的理解。孤立的分析方式，不仅忽略了协作学习各维度间的互补性和交互性，也未能充分考虑到学习是一个融合了情感与认知的有机整体[①]。实际上，协作学习系统是一个由教师、同伴和学习环境三者相互交织而成的多维信息系统。在这个过程中，多个主体、维度和因素相互交织、相互影响。我们需要系统地收集协作学习过程中的多模态数据，从个体到群体，从行为到交互，从认知到情感，进行全面而细致的建模和分析。通过这样的方式，我们可以更全面地理解协作学习过程中的行为、交互、认知和情感及其相互之间的关系，从而实现对协作学习过程的全面而深入的分析。

多模态学习分析，根植于学习理论，依托交互、感知和语义理解技术，旨在通过整合学习过程中的声音、视频、问卷等多源数据，深入剖析学习者的生理和行为数据，以挖掘和揭示学习过程中的潜在规律。这一方法代表了技术与教学深度融合的典范，推动了协作学习测评从单一维度向多模态融合分析的转变。具体而言，多模态协作学习分析通过收集学习者、教师、同伴以及学习环境之间的多源异构数据，细致追踪学习过程中的人际互动、人机互动以及人与环境的交互，进而探究这些互动对学习者认知、情感和态度的影响。这种方法旨在提供一个全面、立体且精准的视角，以深入理解协作学习的复杂过程。

近年来，随着协作学习研究的深入，研究者们针对多样化的协作方式与环境，采集了文本、对话、手势及行为等多种类型的数据，全面剖析了群体学习者在认知、情感与互动等多维度的特征。从整体视角出发，研究者构建了基于多模态交互信息的小组协作学习分析框架与路径，以及多维度智慧课堂协作学习分析模型，为协作学习的有效实施提供了指导[②③]。同时，从学习者情感的角度出发，研究者构建了混合协作学习者情感研究框架，以深入理解学习者在协作过程中的情感变化[④]。在认知层面，研究者们进一步构建了涵盖激活、加工与反应系统的

---

① 丁继红. 多模态协作学习分析理论模型、实践逻辑和教育价值. 远程教育杂志, 2023, 41（2）: 95-104.
② 马志强, 岳芸竹, 王文秋. 基于多模态交互信息的协作学习投入分析. 现代教育技术, 2021, 31（1）: 47-53.
③ 吴军其, 吴飞燕, 张萌萌, 等. 多模态视域下智慧课堂协作学习投入度分析模型构建及应用. 电化教育研究, 2022, 43（7）: 73-80, 88.
④ 王小根, 陈瑶瑶. 多模态数据下混合协作学习者情感投入分析. 电化教育研究, 2022, 43（2）: 42-48, 79.

协作认知机制模型，揭示了协作学习中认知过程的发生机制[①]。此外，从特征画像的视角出发，研究者利用多模态交互分析方法，融合了多维特征并进行表征，从群体状态差异与时序变化等角度，精准刻画了协作知识建构中参与者的特征，为深入理解协作学习过程提供了新的视角[②]。

综上所述，智能技术的进步为解决协作学习投入度测评的单一性问题提供了新的路径。然而，当前研究尽管已收集了协作学习过程中的多维度数据，但普遍缺乏对多模态数据的整合与融合，更未能对融合数据进行深入的关联分析。在线上线下混合协作学习日益盛行的背景下，协作学习的边界不断拓宽，出现了多主体（个体与群体）协同、多场景（线上与线下）覆盖等新型特征，这进一步丰富了学习过程和线索。因此，我国多模态学习分析的理论探索和实践应用仍面临诸多挑战和机遇。随着人工智能与教育领域的深度融合，多模态学习分析有望成为推动协作学习发展的重要引擎。

---

① 田浩，武法提. 混合场景下协作认知投入的多模态表征与分析路径研究. 远程教育杂志，2022，40（4）：35-44.

② 马志强，孔伶玉，岳芸竹. 面向协作学习多重投入特征画像的多模态学习分析. 远程教育杂志，2022，40（1）：72-80.

参 考 文 献
REFERENCE

白雪梅，郭日发. 生成式人工智能何以赋能学习、能力与评价？现代教育技术，2024，34（1）：55-63.

崔佳，刘冲. 协作式在线教学交互模型及动力研究. 重庆高教研究，2021，9（2）：59-70.

戴维·H. 乔纳森. 学会解决问题：支持问题解决的学习环境设计手册. 刘名卓，金慧，陈维超译. 上海：华东师范大学出版社，2015.

戴维·H. 乔纳森，苏珊·M. 兰德. 学习环境的理论基础. 2 版. 徐世猛，李洁，周小勇译. 上海：华东师范大学出版社，2015.

丹尼尔·里夫，斯蒂文·赖斯，弗雷德里克·G. 菲克. 内容分析法：媒介信息量化研究技巧. 2 版. 嵇美云译. 北京：清华大学出版社，2010.

丁继红. 多模态协作学习分析理论模型、实践逻辑和教育价值. 远程教育杂志，2023，41（2）：95-104.

丁兴富. 论远程学习的理论和模式. 开放教育研究，2006，12（3）：17-27.

胡勇，殷丙山. 远程教育中的交互分类研究综述. 远程教育杂志，2012（6）：100-109.

黄荣怀. 计算机支持的协作学习：理论与方法. 北京：人民教育出版社，2003.

炕留一，朱珂，苏林猛，等. 跨学科视阈下在线协作学习知识创造螺旋模型研究. 电化教育研究，2023，44（11）：60-66.

况姗芸. 课程论坛中的交互行为促进策略研究. 中国电化教育，2006（12）：31-34.

兰国帅，魏家财，黄春雨，等. 学习元宇宙赋能教育：构筑"智能+"教育应用的新样态. 远程教育杂志，2022，40（2）：35-44.

劳伦斯·马奇，布伦达·麦克伊沃. 怎样做文献综述：六步走向成功. 陈静，肖思汉译. 上海：上海教育出版社，2011.

李建生，张红玉. 网络学习社区的社会性交互研究：教师参与程度和交互模式对社会性交互的影响. 电化教育研究，2013，34（2）：36-41.

理查德·E. 梅耶. 应用学习科学：心理学大师给教师的建议. 盛群力，丁旭，钟丽佳译. 北京：中国轻工业出版社，2016.

刘革平，高楠，胡翰林，等. 教育元宇宙：特征、机理及应用场景. 开放教育研究，2022，28（1）：24-33.

刘黄玲子，朱伶俐，陈义勤，等. 基于交互分析的协同知识建构的研究. 开放教育研究，2005，11（2）：31-37.

刘君玲，张文兰，刘斌. 在线协作交互文本编码体系的设计与应用：基于情绪交互视角的研究. 电化教育研究，2020，41（6）：53-59.

刘儒德. 基于问题学习对教学改革的启示. 教育研究，2002，23（2）：73-77.

刘三女牙，杨宗凯. 量化学习：数据驱动下的学习行为分析. 北京：科学出版社，2016.

刘英杰，杨雪，马捷. 远程学习的情感与认知交互层次塔模型的构建研究. 中国远程教育，2008（6）：23-25.

洛林·W. 安德森，戴维·R. 克拉思沃尔，彼得·W. 艾拉沙恩，等. 布卢姆教育目标分类学：分类学视野下的学与教及其测评. 蒋小平，张琴美，罗晶晶译. 北京：外语教学与研究出版社，2009.

马志强. 问题解决在线协作学习中的问题设计研究. 远程教育杂志，2013，31（3）：51-56.

彭绍东. 从面对面的协作学习、计算机支持的协作学习到混合式协作学习. 电化教育研究，2010（8）：42-50.

任友群，朱广艳. 有意义的学习源自问题解决：戴维·乔纳森教授访谈. 中国电化教育，2009（1）：6-10.

田浩，武法提. 混合场景下协作认知投入的多模态表征与分析路径研究. 远程教育杂志，2022，40（4）：35-44.

汪凤炎，燕良轼. 教育心理学新编. 3 版. 广州：暨南大学出版社，2011.

王辞晓，张文梅，何歆怡，等. 基于认知网络分析的协作问题解决教学交互规律研究. 中国远程教育，2023，43（5）：43-55.

王志军，陈丽. 远程学习中的概念交互与学习评价. 中国远程教育，2017（12）：12-20，79.

吴军其，吴飞燕，张萌萌，等. 多模态视域下智慧课堂协作学习投入度分析模型构建及应用. 电化教育研究，2022，43（7）：73-80，88.

吴永和，郭胜男，朱丽娟，等. 多模态学习融合分析（MLFA）研究：学理阐述、模型样态与应用路径. 远程教育杂志，2021，39（3）：32-41.

吴忠良，赵磊. 基于网络学习空间的翻转课堂教学模式初探. 中国电化教育，2014（4）：121-126.

武法提，牟智佳. 电子书包中基于大数据的学生个性化分析模型构建与实现路径. 中国电化教育，2014（3）：63-69.

肖连杰，吴江宁，宣照国. 科研合作网中节点重要性评价方法及实证研究. 科学学与科学技术管理，2010，31（6）：12-15.

谢幼如，尹睿. 网络教学设计与评价. 北京：北京师范大学出版社，2010.

徐晓东. 信息技术教育的理论与方法. 北京：高等教育出版社，2004.

杨宗凯. 促进信息技术与教育深度融合. 中国教育报，2016-08-27（3）.

俞树煜，王国华，聂胜欣，等. 在线学习活动中促进批判性思维发展的问题解决学习活动模型研究. 电化教育研究，2015，36（7）：35-41，72.

郁晓华，顾小清. 开放教育下的学习分析：2015 AECT 夏季研讨会评述与延伸. 远程教育杂志，2015，33（5）：14-23.

张文兰，陈力行，孙梦洋. 弹幕交互为大学生在线学习带来了什么？：基于扎根理论的质性分析. 现代远距离教育，2022（5）：12-19.

郑兰琴，高蕾，黄梓宸. 基于生成式人工智能技术的对话机器人能促进在线协作学习绩效吗？电化教育研究，2024，45（3）：70-76，84.

祝智庭，管珏琪. "网络学习空间人人通"建设框架. 中国电化教育，2013（10）：1-7.

L. W. 安德森，D. R. 克拉斯沃尔，P. W. 艾雷辛，等. 学习、教学和评估的分类学：布卢姆教育目标分类学修订版. 皮连生主译. 上海：华东师范大学出版社，2008.

Ally M. Foundations of educational theory for online learning//Anderson T. The Theory and Practice of Online Learning. 2nd ed. Athabasca: Athabasca University Press, 2008: 15-44.

Baker M, Andriessen J, Lund K, et al. Rainbow: A framework for analysing computer-mediated pedagogical debates. International Journal of Computer-Supported Collaborative Learning, 2007, 2(2/3): 315-357.

Bordia P, Irmer B E, Abusah D. Differences in sharing knowledge interpersonally and via databases: The role of evaluation apprehension and perceived benefits. European Journal of Work and Organizational Psychology, 2006, 15(3): 262-280.

Dillenbourg P, Järvelä S, Fischer F. The evolution of research on computer-supported collaborative learning. Technology-Enhanced Learning: Principles and Products. Dordrecht: Springer Netherlands, 2009: 3-19.

Garrison D R, Anderson T, Archer W. Critical thinking, cognitive presence, and computer conferencing in distance education. American Journal of Distance Education, 2001, 15(1): 7-24.

Gunawardena C N, Lowe C A, Anderson T. Analysis of a global online debate and the development of an interaction analysis model for examining social construction of knowledge in computer conferencing. Journal of Educational Computing Research, 1997, 17(4): 397-431.

Hirumi A. The design and sequencing of online and blended learning interactions: A framework for grounded design. Canadian Learning Journal, 2012, 16(2): 21-25.

Hou H T, Sung Y T, Chang K E. Exploring the behavioral patterns of an online knowledge-sharing discussion activity among teachers with problem-solving strategy. Teaching and Teacher Education, 2009, 25(1): 101-108.

Janssen J, Erkens G, Kanselaar G, et al. Visualization of participation: Does it contribute to successful computer-supported collaborative learning? Computers & Education, 2007, 49(4): 1037-1065.

Perrenet J C, Bouhuijs P A J, Smits J G M M. The suitability of problem-based learning for engineering education: Theory and practice. Teaching in Higher Education, 2000, 5(3): 345-358.

Stacey E. Social presence online: Networking learners at a distance // Watson D, Andersen J. Networking the learner: Computers in Education. Boston: Springer, 2002: 39-48.

Vrasidas C, McIsaac M S. Factors influencing interaction in an online course. American Journal of Distance Education, 1999, 13(3): 22-36.

Woo Y, Reeves T C. Meaningful interaction in web-based learning: A social constructivist interpretation. The Internet and Higher Education, 2007, 10(1): 15-25.